湛庐CHEERS

与最聪明的人共同进化

HERE COMES EVERYBODY

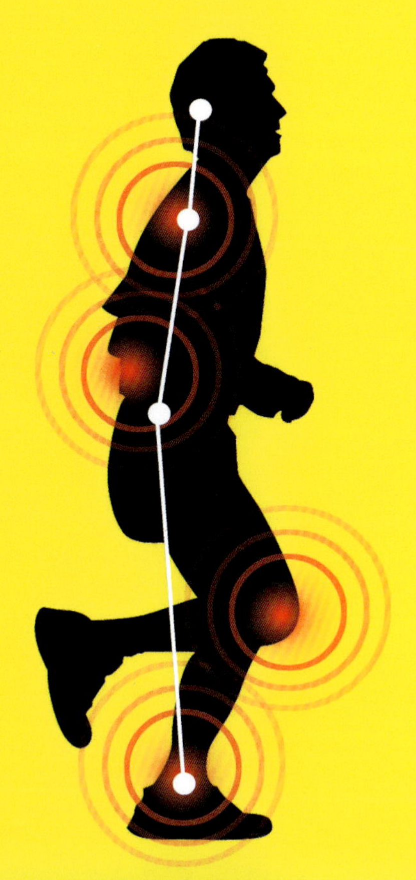

| 太极跑的开创者 |

丹尼· 德雷尔

DANNY DREYER

成绩显赫的超级马拉松跑者

丹尼开始有规律地跑步是在 1971 年。同一年，他开始向一位印度师傅学习冥想，学会了如何使自己的大脑平静下来以倾听来自身体的声音。

到了 1991 年，丹尼跑的时间和距离越来越长，他将此作为探索身体潜能的方法。1995 年，丹尼在科罗拉多州博尔德跑了第一个 80 公里的超级马拉松比赛（后文简称“超马”）。自那以后，他完成了 40 多场超马，包括 50 公里、80 公里、100 公里和 160 公里，赢得了 14 个所在年龄组第一名。2002 年，丹尼跑了平生第一个国际马拉松——大苏尔国际马拉松，以 3 小时 4 分钟的成绩获得了本年龄组第一名。

西方的太极实践家

1997 年，跑龄超过 25 年的丹尼在科罗拉多州的博尔德遇到了太极大师朱希林（音译），并被他强劲且毫不费力地移动身体的方式所吸引。于是，丹尼开始和朱希林合作把太极应用到跑步中。“在跑步结束后我感觉比开始跑时更舒服，我能够跑 48 公里，回来时没有太强烈的不舒服，这真是一次让人兴奋的实践。”丹尼这样说道。

1998 年，丹尼搬到旧金山后又遇到了一位良师益友——太极大师乔治·徐，他帮助丹尼巩固了太极跑的原理。

在旧金山湾区授课多年后，丹尼和他的妻子于 2004 年出版了《太极跑》一书，销量超过 20 万册。

之后，丹尼利用太极的原理，创造了“太极走”，又出版了《太极走》《太极马拉松》等一系列著作，并发行了视频和网上在线培训计划。

让跑者免受伤痛之苦的明星讲师

丹尼一直秉承着太极的精髓，融会贯通，不断推广以太极为中心的跑步、健走与生活之道。

他的学员们从自己的表现中看到了立竿见影的效果，调查显示：

- 95% 的人反映，他们的跑步舒适度提高了。
- 91% 的人感觉太极跑可以预防跑步伤病。
- 90% 的人反映，太极跑可能或肯定能够改变他们的跑步技术。
- 60%的人反映，他们能够在 1 个月内在训练方式上获得显著的改善；31% 的人说他们马上就获得了这样的效果。
- 69% 的人感觉练习太极跑后他们的速度提高了。
- 40% 的人在练习太极跑之前因伤停跑的时间超过 10 天，在练习之后只有不到 12% 的人停跑时间超过 10 天。
- 91% 的人说他们会向其他跑者推荐太极跑。

丹尼巡回各地为跑者们演讲，并在著名的波士顿、芝加哥、旧金山、洛杉矶和圣迭戈等马拉松赛事中发表演说。CNN、NBC、探索频道等媒体曾对其进行专访，他也曾是《跑者世界》《跑步时代》的封面人物，并受到《纽约时报》《华盛顿邮报》等数百家媒体的关注。

此外，丹尼还在《跑步时代》等期刊上开设专栏，为跑者答疑解惑，并分别于 2004 年、2006 年、2012 年与妻子凯瑟琳合著了《太极跑》《太极走》《太极马拉松》，更好地将“太极跑”“太极走”等技巧传播给每一个人，让更多的人能够轻松、快乐地跑步。

CHI RUNNING

太极跑

[美] 丹尼·德雷尔 Danny Dreyer
凯瑟琳·德雷尔 Katherine Dreyer 著

吴洪涛 译

浙江科学技术出版社

你了解如何轻松快乐地跑步吗？

扫码激活这本书
获取你的专属福利

扫码获取
全部测试题及答案，
一起了解太极跑的
精妙之处

- 加厚脚跟的跑鞋能更好地减少跑步对腿部、膝部和关节带来的冲击吗？（　）

  A.能

  B.否

- 对于太极跑的初学者，以下哪项建议是有益的？（　）

  A.每天抽出20～30分钟练习

  B.试着保持5：1的跑走比率

  C.遇到不舒服时咬牙坚持

  D.进行有节奏的快慢交替跑

- 在跑步之前吃东西，一定要提前（　）个小时。

  A.1

  B.2

  C.3

  D.4

扫描左侧二维码查看本书更多测试题

CHI
RUNNING

各方赞誉

每个人都对自己的命运有无穷的期盼，试图创造生命的意义。跑步是一个完整的体验，一个学会参与、磨砺韧性、尊重生命、把握自己的过程。在湛庐跑步书系中，众多世界顶级跑者将自己丰富的经验跟大家分享，而这些都将为拥有不同能力和不同经验的跑者开启一个可以提高成就的新视野。

王　石 万科集团董事会名誉主席

每个人都能成为跑者，但要想成为一名真正的马拉松跑者，必须有勇有谋。湛庐跑步书系以其系统性、专业性、权威性，如师亦友般陪伴我们站到起跑线上！

毛大庆 优客工场创始人

跑步是让身心焕发活力的运动，可如果错用方法，便会带来不同程度的损伤。湛庐跑步书系引进了世界范围内最受认可且经过实践验证的科学跑法，并将它们系统、全面地呈现给大家，以帮助我们健康、高效、不受伤害地跑步。借助这套书系，我们可以根据科学的方法完善自己的训练方式。更重要的是，跑步会促使我们重新思考人生和世界，并且不断地在身体中建立起专注与活力。我们要在这个过程中更多地了解自己，发现自己的潜能，培养自己的心智与精神，进而超越自己。

李小白 新丝路时尚集团创始人，
2016 年中国马拉松十大跑步人物，中国马拉松大满贯形象大使湛庐跑步书系一直是我最喜欢的跑步书籍。这套书系不仅仅是我学习跑步的启蒙者和引路者，也在我遇到技术问题时为我提供了许多解决方案。最重要的是，书中的一些理论和理念已经变成我生活方式的一部分。比如，正是《耐力》让我走出伤病误区，走上了科学、健康、快乐的马拉松之路……

卞大巍 合众厚生创始人

我接触的第一本跑步图书是《太极跑》。从那时起，我开始执迷于提升跑步技术，在跑步教学的路上越走越远。迄今为止，我将这本书推荐给了很多人。曾经，我也尝试使用了多种训练方法，来提升我的马拉松成绩。2017 年，我有幸参加了《耐力》一书的发售会，它改变了我的训练理念。从此，我的马拉松成绩有了一次又一次的突破。湛庐跑步书系旨在全面解决跑者可能遇到的各类问题。为此，它全方位聚合了最值得信任的科学跑法方面的图书，组成了一套完整的书系。每一个跑在路上的人都值得拥有这套图书，它会为你打开科学跑步训练的大门。

石春健 春见慢跑俱乐部创始人，
“小低高”跑法提出者，
自媒体栏目“石春健－跑步你问我答”主理人

无论是疯狂喜欢跑步却不知如何提高运动水平的初跑“菜鸟”，还是已创高峰仍想精益求精的跑界高手，都希望拥有能切实帮助自己提高运动水平的理论依据。湛庐跑步书系也许会是最好的选择，无论你属于哪个群体，都能从中找到适合自己的那一本书。只凭自己实践总结，花费时间长，心里没底；有了这套书，也许就能事半功倍。相信我，这是一套对中国跑步事业有着革命意义的书籍。

于 嘉 中央电视台体育评论员、主持人

今天，马拉松成为普通人难以攀登的“珠穆朗玛”。湛庐跑步书系中讲述了一些面对生命里最大挑战而怀有希望、毅力和耐力的人的感人故事。作者通过自己的实际经历告诉我们，无论年龄多大，只要怀有自我信念和积极的态度，就能取得伟大的成绩。我相信，读过这套书，你会迫不及待地盼望着下一次跑步！

金飞豹 著名探险家，《绝地撒哈拉》作者

你是不是还在为没有时间接受专业的跑步训练而苦恼？在湛庐跑步书系中，你会收获诸多教练和良师益友。这些作者是最慷慨、最有天赋的教练。如果你无法亲自接受他们的训练，那么这套书就是最好的选择，它们将会送给你开启精彩跑步旅程的钥匙。

谭　杰《篮球报》总编辑

跑步是最简单的运动，然而把最简单的事情做至完美，则是最难的。湛庐跑步书系体系完整，既有历久弥新的经典之作，又有源自著名跑者的切身体验和科学总结，几乎涵盖了跑步的方方面面。读完这些书，你对跑步的认识和你的跑步生涯，必将上升到一个全新的高度。

晏　懿《跑者世界》（中文版）副总编

CHI RUNNING

推荐序

无疼痛，不收获?

马克·库库泽拉
医学博士、西弗吉尼亚大学家庭医疗中心副教授

我从13岁开始跑步，后来成了大学里的比赛型选手。我对医学的兴趣源于队医为我们疗伤的经历——他用一种十分新颖而又非正统的方法来给我们治疗跑步损伤。他是第一个让人在游泳池里跑步的医生，还用烤箱制作矫正器。他认为，一定有更好的方法来医治跑步损伤，于是，他开创了一套属于自己的独特的治疗方法。伤病不断的玛丽·德克尔·斯莱尼（Mary Decker Slaney，前奥运会选手）就是经他诊治获得新生的运动员之一。现在，跑者进行水中训练不仅仅是为了伤病恢复，也是将其作为低冲击力的补充训练。而今天，在结束大学比赛生涯20年后，在见证了太极跑是如何帮助包括我自己在内的很多人重获跑步新生后，我又重新找回了大学时代的激情。

现在，我们治疗跑步损伤的方法依然是，休息、冰敷、穿固定靴、拉伸、强化肌肉力量以及使用各种康复设备。但是，尽管有这么多的方法，跑

步受伤率依然很高。很多跑者放弃跑步不是出于他们的本意，而是出于健康顾问的建议（他们只看到了症状却不去探究产生跑步损伤的内在原因）。通常，健康顾问给出的唯一解决方案就是停止跑步。相比之下，太极跑不仅仅找到了伤病的原因，还给出了治疗方法，更教会了我们如何通过改变跑步方式来预防跑步伤病——这种预防医学的方法是我们未来医学的发展方向。

我也经历过伤病与康复的循环过程。年轻的时候，我的双脚很疼，最终不得不因严重的关节炎在 2000 年进行了脚部手术。由于退行性病变，我的两个大脚趾的关节都无法向上弯曲，我想，我的跑步生涯要结束了，骨科医生也是这样对我说的。是不是该从事另一项运动？不可能，因为没有哪项运动像跑步一样方便而轻松了！

后来，在 2005 年 12 月《华盛顿邮报》周日版上，我看到了一篇有关太极跑的文章，它激发了我的兴趣并促使我买了《太极跑》（*ChiRunning*）这本书。在看完一遍并进行了一些训练之后，我发现这正是我一直想要寻找的不受伤病困扰的跑步方法。并且，其中的很多建议也非常适用于我的另一个爱好——越野滑雪，所以，我很容易地就理解和接受了这种方法。

在学习太极跑后，我取得了以下成绩（这时我 40 岁了）：

- 2006 年 4 月波士顿马拉松，全部参赛选手中第 53 名，用时 2 小时 31 分 27 秒。
- 2006 年 5 月渥太华马拉松，全部参赛选手中第 8 名，用时 2 小时 32 分 3 秒。
- 2006 年 9 月空军马拉松，全部参赛选手中第 1 名，用时 2 小时 31 分 28 秒。
- 2006 年 10 月海军陆战队马拉松，全部参赛选手中第 11 名，大师组第 1 名，用时 2 小时 32 分 27 秒。

我在 6 个月内跑了 4 个马拉松（全部在 2 小时 31 分和 2 小时 33 分之间），在所有比赛中都觉得很舒服，而且几乎不需要什么恢复。这种技术中一定含有某种特殊的东西，因为即使是在年轻的时候我也无法做到这一点。

关注跑姿使我们每个人都可以不断地进步——有时可能是一小步，但大多数情况下都会取得长足的进步。没有人可以拥有“完美”的跑步姿态，但我确实见证了很多跑者通过练习太极跑取得了令人瞩目的成绩。

2008 年 10 月，我有幸参加了为期 4 天的太极跑辅导员培训课程。这种浸入式课程加快了我的学习进程，也使 2008 年成为我一生中最成功的赛季。而更重要的是，我学会了如何更好地帮助别人。

太极跑延长了我的跑步寿命，使跑步变得更容易、更不易受伤，也让我有信心可以一直跑到老。太极跑的方法综合应用了物理学与生物力学，它能使每一位跑者都从中获得帮助。“无疼痛，不收获”[①]已成为过去，“谢谢你，不要疼痛”才是太极跑之道。

① 此处是“No pain, no gain”的字面翻译，为了突出“疼痛”以便与后文对应。——译者注

CHI RUNNING

新版序

太极跑，一个循序渐进的过程

距我们写出《太极跑》第 1 版已经 5 年了，该书在北美的销量约为 20 万册，并被翻译成 5 种语言在很多国家出版。

比这些更重要的是，它帮助成千上万的跑者远离了伤病的困扰，重新获得了轻松快乐的跑步体验。那些已经放弃为跑步而努力的初跑者，还有那些感觉不得不考虑放弃跑步的老手们发现，他们又可以继续跑步了——成功与快乐取代了失败和自卑。那些成功的运动员跑得更快、更轻松了，那些参加铁人三项的运动员发现太极跑让跑步环节变得不再可怕了。无数的医生、按摩师、理疗师和教练员都已认可并向他们的患者推荐太极跑。

现在，我们有超过 100 名经过认证的太极跑辅导员，他们在全美和很多国家进行教学，你可以在我们 ChiRunning 官网上找到离你最近的培训班。

没有比收到读者来信更让我们高兴的事情了，他们的来信本身就可以编成一本书——你可以在我们的网站上看到一些最新的来信。非常感谢那些帮助我们使太极跑成为一种跑步革命的人们。下面是我最喜欢的来信之一：

> 学习太极跑至今已两年半了，我已经变成了一个跑者。最近，我深切体会到了放松和“气”的流动。我好像可以完整地做到你书中提及的在跑动中应用站姿的动作了——在我的脚落到地面时，脚前掌、脚中掌和脚跟各占 1/3，两只脚落地的时间和承受的压力感完全相等。这就调整了我的跑姿，不仅让我的脚伸直了，还让我的身体保持了良好的前倾。并且，当我的脚触及地面时，脚部肌肉可以得到充分放松，这种感觉非常美妙！
>
> 乔·米勒

这些词语在我听来就如诗歌一般美妙，它们抓住了太极跑的本质。2007 年 12 月我们携手西弗吉尼亚大学以及家庭医生马克·库库泽拉（Mark Cucuzella，2 小时 35 分的马拉松跑者）发起了一项调查，将调查表发送给了 25 000 名太极跑学员并收到了超过 2 500 份回复。调查显示：

- 95% 的人反映，他们的跑步舒适度提高了。
- 91% 的人认为，太极跑可以预防跑步带来的伤病。
- 90% 的人反映，太极跑可能或肯定能改变他们的跑步技术。
- 61% 的人反映，他们在练习太极跑之前是用脚跟着地；71% 的人反映，在练习太极跑之后他们改用全脚掌着地。
- 60% 的人反映，他们能够在一个月内就取得显著的改善；31% 的人反映，他们马上就取得了这样的效果。
- 54% 的人有伤病，而其中 88% 的伤病者反映，太极跑可能或肯定可以帮助他们恢复。
- 45% 的人反映，在学习太极跑之前，他们跑步时的费力感或不适感很强或比较强；而少于 5% 的人反映在学习太极跑之后这种情况依然存在。

- 69% 的人认为，练习太极跑后他们的速度提高了。
- 因伤停跑的时间大幅度减少：40% 的人在练习太极跑之前的停跑时间超过 10 天，在练习之后，只有不到 12% 的人停跑超过 10 天。练习太极跑之前从未因伤停跑的人数比例为 31%，练习之后的比例为 61%。
- 91% 的人反映，他们会向其他跑者推荐太极跑。

关于太极跑生物力学的进一步研究正在进行当中。通过调查我们也获得了大量信息，它们将帮助学员更好地掌握太极跑技术，这一版中将详细介绍。

为能量的流动创造条件

太极跑就是为更轻松、更高效以及无伤病地跑步创造条件。我们发现，在工作、教学以及生活的各个方面，为能量的流动创造条件是一切努力的核心所在。如果能够建立起合适的条件，那么一切都将顺理成章。在太极跑中，最先要建立的就是良好的姿态，当你的姿态是对直的时候，“气”就会沿着脊柱上下流动，传遍全身。在我的培训班上，只要能够让学员调整到放松的状态，他们的学习就会变得非常容易。我们已经为这个新版本的写作创造好了条件——包括从我们的认证辅导员和学员那里获得反馈、梳理这些年我们所做的记录、利用一天中最好的时间进行写作等。而这本书的内容就是凯瑟琳和我轻松喜悦之情的流露和表达。

在这一版中，你将会看到更多为轻松地进行更高级别的跑步而创造条件的内容。

新版本中的新内容

我们传授太极跑技术的方法，是新版本中最重要的改进。在课堂上，我一直尝试着如何将这些信息用最清晰、最简单的方式传递给学员们——这是一个永远持续的过程，就如同学习和练习这项技术也是一个需要不断训练的过程一样。在这个新版本中，我们将梳理出这 5 年中收集到的所有与辅导员培训和学员培训相关的信息。我几乎完全重写了第 4 章“跑姿动作：太极跑的基础”，这样，书中的内容就与我现在教授学员的方法以及如何将跑姿动作以一种最高效、最易学的方式融入跑步中的解释相一致了。另外，书中第 5 章还包含了 10 节练习课程。

从第 1 版到现在的一个重要突破就是，太极走的发展——它已经成为了我每堂课的必备。我们发现，当学员先学习了太极走以后就会更容易学会太极跑。我们开发出了太极走并且形成了专著《太极走：健康与充满能量的走路方式》（*ChiWalking:Fitness Walking for Lifelong Health and Energy*），而预防跑步损伤的一个关键因素——骨盆扭转，也随着太极走的产生而更加全面地呈现了出来。

这听起来有些荒诞不经，一个颇似临床用语的概念怎么可能对跑步如此重要呢？事实上，骨盆的稳定性以及以身体中心线为轴进行的扭转可能是减少损伤、强化核心力量、提高速度和流畅性的两个关键因素。我们在这一版中增加了对“骨盆扭转”的解释，因为我们觉得在旧版本中对这一点没有给予足够的重视，而在过去的 5 年中，我们切实体会到了它的强大力量。同时，就像我们所说的那样，骨盆扭转通过走路会更容易学会。

我们对第 7 章“山坡、越野和跑步机”的内容进行了更新和扩展，在第 9 章“解决问题：伤病的预防与恢复”中，我们阐述了如何用太极跑来解决最常见的跑步伤病。

全脚掌着地

目前，跑者的全脚掌着地意识正在提升。自 1999 年开始，我们就向跑者教授全脚掌着地，但是没有强调“全脚掌着地”这个概念。在这一版中，我们把为什么以及如何进行全脚掌着地解释得更加全面、透彻。

探索的过程：太极跑的细微之处

我们已经认识到，作为一种概念来说，太极跑技术有其革命性；但对于你的身体来说，它不应是一种革命而应是一种进化。这就意味着，它是一个探索的过程，而你不能墨守成规。“身体前倾”是太极跑的一个重要概念，不过，这种前倾是非常轻微的，而且每个人都需要发现自己的“甜点”。我们会教你如何正确地前倾，但你需要自己找到最适合你的位置。过分前倾会使你的小腿紧张而疼痛，正确地前倾才会让你感到毫不费力。

骨盆倾斜（是的，又是关于骨盆）同样也是个细微的动作。很多人并不关注自己的骨盆，并不在乎它是不是倾斜的。但是，骨盆过分倾斜会引起下背的疼痛。用身体感知来发现骨盆的“甜点”是一种自我发现，它可以使你延长跑龄、改善跑步姿态、保持髋部与下背的健康、避免髋关节移位以及髂胫束综合征，对身体非常有利。骨盆倾斜是一个细微的动作，我们将在这本书、视频[①]以及培训班里向你详细讲解，但是最终还是要由你自己来发现最完美的倾斜角度。

循序渐进：一种训练和一个过程

很多学员来信说，他们只看了这本书的几章后就可以跑得比以前更快了——他们打破了自己的纪录而且觉得更省力了。这很好，不过，我们通常会让这些人遵守“循序渐进”的原则，并建议他们在半年或一年后回到这里让我们了解一下他们做得怎么样。我们要求他们花一些时间慢慢地、仔细地完成这些改变，经常检查自己的身体并逐渐找到最适合自己的方法。只需要

① 请扫描本书封底二维码，下载“湛庐阅读”App，获取配套视频资料，更直观地了解不费力、无伤害的革命性跑步法。——编者注

一点点太极跑训练就可以给你的跑步带来巨大的正面效果，但是更深层次的整合工作需要你用更多的训练时间来完成。

我们有些学员一直在使用这个方法——从 1999 年我刚开始在旧金山教授这门技术直到现在。我很高兴从他们那里收到了很多来信，他们说当将太极跑应用于自己的生活、走路以及跑步时，他们可以一直无伤病地跑步，并且比以前跑得更好了。这些是我们最为珍视的反馈，因为他们的训练经受了时间的考验。

凯瑟琳和我非常高兴能帮助这么多人跑步。我们知道，一项安全而又可靠的训练计划可以让你的生活产生巨大的变化，没有任何一项运动能像跑步一样让你感到如此生机勃勃而又心态平和。太极跑可以使你的内心充满力量和自信，同时又不会伤害你的身体。

我们希望你能够像我们在创作时一样喜爱这个新版本，我们也深深地感谢那些将太极跑与家人和朋友分享的读者！

CHI
RUNNING
引　言

从一位太极拳师傅那里学到的跑步课

春末暖洋洋的一天，我路过一所小学。这时，孩子们都出来活动了，他们忙着捉迷藏、踢皮球，或者玩他们最擅长的游戏——相互追逐着跑来跑去。我停下来，边喝水边看他们，当看到他们飞奔的小腿儿时，我再次意识到为什么我那么爱看孩子们跑步——他们每个人都有那么好的跑步姿态：良好的身体前倾、充分打开的步幅、向后高高摆起的双腿、放松的肩膀和手臂摆动——他们全都做到了！

徐师傅

像孩子一样跑步

作为教练，我最大的心愿之一就是，帮助成年人找回他们童年时的跑姿。孩子们的动作是那样的自然，看起来是那样的省力且令人愉悦。很多跑步书都会告诉你要像孩童时期那样跑步，但这个建议却忽略了一点：你现在的身体和你小时候已经不一样了。如果你还能像当初那样跑步，我愿意让你当我的老师。

那么，为什么成年人不能像孩子一样放松而愉悦地奔跑呢？在跑了 30 多年又与成千上万名跑者相处之后，我总结出两个主要原因：压力和紧张。我来说说我自己，你可以顺便联想一下你的情况。从小学六年级以后，我的身体便经历了各式各样的身心紧张状况，比如忧虑时缩紧双肩、整天懒坐在桌前、开车时梗着脖子……数不胜数。单个来看，这些都不算什么大问题，但日积月累，它们将成为一个影响你运动方式的大问题。我还曾做过一些更剧烈的、损耗身体的运动，比如滑雪跳下悬崖或是滑板时做倒立动作。就像《慧眼视心灵》（*Anatomy of the Spirit*）的作者卡罗琳·密斯（Caroline Myss）说的："你的个人传记就是你的个人生物学。"所有这些储藏在我身体中的陋习都使我无法再像孩童时那样跑步了。值得庆幸的是，对每个人来说，只要付出一点儿耐心和坚持，是有可能恢复到从前那个状态的。

仅美国就有超过 2 400 万人在跑步，但是据统计，其中约有 65% 的人曾于一年内至少受过一次伤，并因此而暂停训练。这就意味着今年就有 1 560 万人在跑步中受伤，无怪乎人们为什么对跑步又爱又恨了。跑步是保持体型的最简便、最省钱的方法之一，而与此同时，无论是在文章里、书籍中，还是在医生的诊室里，到处都在昭告着它的危险性。大多数人将伤病当作运动的一部分，并且学着接受"它迟早会来"这一现实。"车到山前必有路"，当我问旧金山湾的人是否担心地震时，我得到了类似的回答。

但是，大量的教学经验使我得出了这样一个结论：跑步并不会伤害你的身体。我再重复一遍，听仔细了：跑步并不会伤害你的身体，伤害你的身体并引起疼痛的，是你的跑步方法。

当 42 岁的安德莱内（Adriane）来找我的时候，她正为获得良好的状态进行着不间断的大运动量训练，随后她受伤了，不得不休息两周。在这之后，她便不停地循环着“大运动量训练—受伤—休息”这一过程。她认为自己应该持续地进行速度与力量练习以提高马拉松成绩，但不断出现的伤病以及在训练中给自己施加的过大压力并没有使她取得任何进步。通过学习太极跑，她学到了如何在跑步时放松自己，更重要的是，在生活的其他方面她也得到了启示——她意识到自己不仅是个动力十足的跑者，同时也是个动力十足的人。抛掉了身上所有的紧张，她在跑步时不再伤害自己，而她的训练也得以不断地登上新台阶。

杰里（Jerry）是一位 59 岁的跑者，第一次来上太极跑课的时候，他正打算放弃跑步。他已有 40 年的跑龄了，曾做过膝盖手术，可当跑步时他觉得通过手术治愈的部位又像先前那样疼起来了。他担心，如果坚持跑步膝盖就要毁了，而疼痛可能将伴随他的余生。从上第一次课到现在已经两年了，他仍在有规律地跑步，包括每周一次一个半小时的跑坡训练。他憧憬着自己还能够快乐地跑很多年。

卡门（Carmen）是一个 35 岁的初跑者，她对自己的身体运动能力非常不自信。上了三节太极跑课程后，她来找我和我的妻子凯瑟琳。我们一起观看了她上课时的录像，凯瑟琳点评了她在课上的良好表现并问她是否喜欢这门课程。“噢，这门课程改变了我的生活，”她回答道，“我生平第一次觉得自己也可以擅长一项运动。”

不论是对初跑者、运动员，还是对那些年龄超过 40 岁担心跑步会随着年龄的增长而伤及身体的人，太极跑可以满足所有跑者的需求。它可以强健一个人的身体，不会使其因错误或过度使用身体而受到伤害。

太极跑与肌肉跑

当前，跑步姿态的范例及预防伤病的方法均是以肌肉力量为基础的，其原理可概括为以下三点：①如果想跑得更快，你需要更强壮的腿部肌肉；②如果想跑得更远，你需要更强壮的腿部肌肉；③如果想避免受伤或想从伤病中复原，你需要更强壮的腿部肌肉。注意到这里的韵律了吧？这些目标的实现全需仰仗肌肉的力量，而且腿部肌肉肩负着最主要的责任，这可是个巨大的责任。但是从太极的理论上讲，这却是一种极不平衡的运动模式。力量练习的问题在于，它并没有解决导致身体受伤的最主要、最根本的问题：糟糕的跑步姿态。大多数的跑者都想在他们跑步生涯的某个时刻能够跑得更远或跑得更快，但是，没有良好的跑姿，增加距离只能是延长错误跑步的时间并增加受伤的概率。如果你试图用错误的跑姿加速，那你就是在放大自己在生物力学方面的坏习惯，并最终会因此受伤。所以，一定要打好基础，平稳、流畅、放松、高效地跑步，在没有伤病风险的前提下增加距离和速度。

这本书在肌肉跑之外提供了另一种选择——太极跑。太极跑源于历经几个世纪的太极理论——这个理论就是“少便是多”。回到孩童时的跑步状态并非要练出更多的肌肉，而是要放松肌肉、打开紧张的关节，以重力驱动身体的方式代替容易造成伤病的肌肉驱动身体的方式。大多数跑者，特别是那些 35 岁以上的跑者会告诉你跑步可以使你保持良好的身材，但同时也会给身体带来很大的压力。我开发出了太极跑，因为我真的不相信对身体的冲击以及伤病必须是跑步的一部分——我完全不能为那个观点买单！

太极跑的发现

我从不认为自己是个伟大的跑者，小时候我喜爱跑步，但在高中阶段放弃了。说实话，我是被我们田径队里那些队员吓着了，他们中的大多数人能在 10 秒钟内跑完 90 多米，1 分钟内跑完 400 多米。在一个有 2 600 名学生的市内高中，教练员们都是百里挑一的，都是精英中的精英，而我甚至都不认为自己是个“潜力股”。于是，我加入了滑雪俱乐部并经常参加一些聚会，不再跑步。不过，我报名参加了体操课，因为每周三体操班都要到附近的一个湖边跑步，而我当时几乎无法想象自己能够不间断地跑 12 分钟。

请别误会，我一直喜欢运动，也愿意学习新的运动，而且每当接触一项新的运动时，我都会发挥自己的另一个爱好——搞清楚事物的工作原理。打从记事起，我的脑子里就总会冒出各种各样的问题，如“为什么钟表会滴答作响”“是什么样的机器把一块黄油包了起来”……小时候，我喜欢把东西拆开看个究竟，然后再组装起来。虽然我这辈子的平均组装成功率是 75%，但我通常能够搞清楚它们的工作原理。

在进行滑雪、攀岩和帆船运动时，我就是这样做的，我把每项运动的组成部分拆解开，以使我的身体能够理解各个部分是如何组合在一起并协调运动的。当体会到进步的时候，我就会更加兴奋也更加投入，我的激情驱动着我不厌其烦地练习——我喜欢让我的身体学习新的技能。

在 20 岁出头的时候，我以同样的方式开始了跑步。我开始有规律地跑步是在 1971 年——那年，我应征入伍了。以轻松的配速围着基地跑步可以使我的身体放松，同时也能使我的头脑保持清醒，这是我第一次将一项运动用于锻炼身体以外的用途：我不适应军队，所以我用跑步来躲避待在营房和需执行的侦察任务。在当了 18 个月的兵后，我“光荣”退伍了，不过在此之前，我发现了这个令我欣喜的新的消遣方式。

当成为了一个成熟的年轻人以后，我的好奇心由只想知道事物的工作原理延伸到了对那些物理世界以外的不可见的驱动力的探究上。我不再仅仅满足于知道“为什么”，我还想知道“怎么样”。我总是有种感觉——在我看见的东西之外还有更多的东西。因为没有更好的专业名词，我将其称为“隐形的世界”——对它的好奇一直是推动我探究生命的驱动力。最终，它驱动我学习了太极，还让我将太极应用到了跑步当中。

在我开始跑步的同一年，为了研究“隐形的世界”，我开始跟一位印度师傅学习冥想，并练习了很长时间。我最大的收获就是，学会了如何使自己的大脑平静下来倾听身体发出的讯息。当我将冥想融入跑步中时，跑步就变成了对自己的生理特性和能量的探索。

转眼到了 1991 年，经过 20 年的时间，我已经可以很好地将跑步与对“隐形的世界”的探索融为一体了。我开始跑得越来越长，并以此作为探索身体潜能的方法，这带来的结果就是我参加了超马比赛（超过马拉松 42.195 公里的长距离跑步比赛）。1995 年，在科罗拉多州的博尔德，我跑了第一个 80 公里[①]的超马比赛。在那以后，我完成了 40 个超马，赢得了 14 个同年龄组第 1 名（其余全部位于同年龄组的前 3 名，仅有 1 次除外）。我完成的超马距离包括 50 公里、80 公里、100 公里和 160 公里。2002 年，我跑了平生第一个马拉松——大苏尔国际马拉松，并以 3 小时 4 分钟的成绩获得了同年龄组第 1 名，考虑到赛道有 300 多米的落差，我对这个成绩还是很满意的。

在此我必须强调，太极跑不是用于超长跑的技术。我选择超长跑是因为我把它看成了了解身体的一种方法，但绝非要推荐给每一个人。如果你非要个说法，那么我只能说，太极跑确实会令长距离跑步变得愉悦，但更重要的是，太极跑代表的是一种身体运动方式——这种方式不是以强壮的肌肉而是以集中的意念和身体的放松为驱动力的。在这本书中，你将学到“跑姿、距离、速度”三原则，也就是说，你的基础学习将从正确的跑姿开始。当这个基础打牢了，你就能够跑得更远了。随着正确技术的应用以及跑步距离的增加，速度作为一个副产品就会自然产生，它将不再依赖于肌肉的围度和力量。归根结底，你并非在训练距离和速度，而是在训练“姿态”——这种“姿态”可以用于所有的距离和速度当中。

我刚开始跑超马时是十分痛苦的，一路都在与疼痛做着斗争。我努力让

①1 公里 =1 千米。为与跑者日常表述习惯相一致，本书用常用单位“公里”表示跑步里程，未采用国际标准计量单位“千米”。

自己拥有积极的心态，告诉自己"如果你能做正确的话，也许就不会再疼了"。在进行长距离跑步训练的某一时期，只要跑到 32 公里，我的膝盖就会疼起来，但是我从不抱怨是跑步伤害了我的身体。相反，我认为那全是我自己的错，我要弄清楚我的跑步姿态到底是怎样伤害了我的膝盖。我相信这个问题是可以纠正的，并以此为前提反复进行着实验。

太极拳课程

1997 年，我看到了一个全新的世界，那一年，我遇到了朱希林师傅——一位来自中国的太极拳师。他向我介绍了一种运动观念，即以人的中心部位（丹田，即肚脐下方的小腹部位）的运动带动四肢的运动。他活动身体的方式看起来既省力又充满力量。毋庸置疑，如果我能够在跑步中应用这一理论，意义将十分重大。

太极拳源于对动物运动模式的研究。根据中国的理论，"气"是一切事物的驱动力，它沿经络传遍全身。通过练习集中意念和放松身体，一个人可以学会感知"气"并把这种微妙的能量传递给运动系统，这种运动就是太极拳。因为测量设备并不能观察到"气"的存在，因此，这一概念并未得到科学的支持，同时也被西方医学所忽视。但有趣的是，不论你信或不信，"气"都要传遍你的全身，因为如果它不在你的体内运行了，那你就已经死亡了。这实在是足够公平的事情！

目前的运动训练趋势是使用核心肌肉，对于已经发展了 5 000 多年的中国文化来说，这仅仅触及了其皮毛。太极拳告诉我们的一个理论就是，以躯干上的点来带动身体的运动，这样你就能够从身体的中心线发力而不是从外周组织发力。通过对自然界的观察我们可以得知大树的力量来自树干而非树杈和树叶，那为什么我们人类就会有所不同呢？为什么我们将储存重要器官的部位称为躯干呢？你是不是已经开始点头了？

让我们看看猎豹的运动方式吧。它是地球上跑得最快的动物，四肢并不像老虎的那样粗壮，相反却像灰狗的那般皮包骨头。那么，凭什么它能跑得那么快呢？秘密就在于它的躯干——那里是储存“气”最多的地方。当一头猎豹奔跑的时候，你会看到它的力量源于躯干而不是四肢。

要想让“气”通过躯干把力量传递到腿上，需要身体非常放松才行。朱师傅一直向我强调要挺直躯干，但同时要放松身体的其他部位，使“气”如“水流过管道”一般传送过去——我恍然间意识到这个理念完全可以用于跑步。

我开始学习和掌握“以身体中心部位为运动核心、双腿随动”的理念。放松四肢后随之而来的就是另一个连锁问题：肩膀与臀部都需要放松。在适应了身体的放松以后，我便能够感受到，没有了身体其他部位的阻碍，我的躯干是多么有力量。当开始提升到一个更加平和、放松的层次时，我觉得自己好像是在一个传送带上滑动。通过应用这些新技术，我感到跑步越来越流畅、高效，不再那么痛苦了。我的呼吸不再困难、肌肉不再酸疼，很多次我都觉得跑步结束时比开始时还要舒服。我可以出去一跑就是 48 公里，回家时还没有一点儿不适，这完全是一种令人兴奋的体验。“跑后恢复”完全成了另一码事——几小时变成了几分钟，有时甚至完全不需要。这时我才意识到，这是一件多酷的事啊！从 1998 年开发太极跑以来，尽管有很多繁重的教学、训练和比赛，但我从未在跑步中遭受过任何伤病。

1999 年，我从博尔德搬到了旧金山，离开朱师傅令我备感失落。一到旧金山我就跑过金门大桥，打算去寻找一位新的太极拳老师。我每天都会看到很多小组在练习太极拳，而唯独徐师傅通常只有一个徒弟。徐师傅可以随意使身体做出各种姿态，就好似一个艺术家在摆弄一个泥人。他教徒弟的方式也与众不同，观察良久后，我决定问他愿不愿意收我为徒。我对他进行了这样的自我介绍：“我不在乎是否能学会太极拳，我要学的是如何将您所做的用于跑步。”他的眼睛顿时一亮。“我一直有一个理论，”他说，“太极拳的理念是可以用于很多体育运动的。你三个月之后再到这里来吧。”

就这样，他没给我他的名字和电话，就给了这么一句“你三个月之后再到这里来吧”。我能说什么呢？于是，在苦等了 90 天之后，我又回到了当初见到他的地方。我提醒了他我是谁，他回答说：“好吧，明天开始。”我真希望他在这句话后面加上一句“小蚱蜢”。后来我才知道，徐师傅是一位享誉国际的太极拳大师，他在全世界开办教学培训班并把大量中国武术大师的技艺制成录像带。自那天起，徐师傅便对我所说的“太极跑”产生了巨大而深远的影响——他不仅肯定和阐明了我所学过的知识，还帮我把太极拳与太极跑很好地糅合在了一起。

我总是喜欢看人们跑步，因为观察各式各样的人采用千姿百态的方式跑步是件有趣的事情。但是，如果你想了解一个人跑步的真正感受，那就看他的脸吧。看看孩子们的脸，他们基本上都是笑着的，但我所看到的那些成年跑者的脸则更多的是介于难受与恐怖之间。许多跑者留给我的印象都是，他们并不快乐——难怪跑步有这样的坏名声。笑容都去哪儿了？

我们需要重新教会自己我们原本就已经具备的跑步方法。大多数人都没有学过如何跑步，人们理所当然地认为学会了走自然就学会了跑。在任何一个健身房、体育馆或提高培训班，你都能看到地球上几乎所有的体育项目的培训目录，唯独没有跑步！这一点促使我下决心成为一名全职跑步教练。当我把太极拳中集中意念的方法更多地应用于跑步并传授给我的学员时，效果立竿见影。随着太极跑技术的普及，我重新看到了越来越多的笑容。

我从太极拳老师那里意识到，丧失儿时放松的运动模式是人类成熟化的一个必然结果。孩子们是自然的，但却是不自知的。作为成年人，我们应该自觉地在生活中学习那些流畅而优美的运动方式，通过自知和理解我们就能够变成自己身体的主人。太极跑技术就是为了让你在跑步中重新感受到体内的力量。

我从未认为自己是个优秀的跑者，在跑步时我依靠的是集中的意念和太极跑技术，而不是天赋与身体的力量。总之，太极跑不是教你如何成为一个成功的跑者，而是教你如何回归。它会让你学习倾听来自自己身体的声音，调整自己的跑姿，提升自己的表现；它会教你学习感知身体、动作以及动作的效果，教你从动作与感知中获取信息；它会教你学着将跑步作为探究自身的媒介。

如果你希望改善跑姿、减少伤病、提高训练水平、将跑步持续到老，那么，这本书就是为你而写的。

如果你希望身体健康，保持良好状态，这本书就是为你而写的。

如果你希望在跑步乃至生活中更加专注，这本书也是为你而写的。太极跑并不仅仅与跑步和“气”有关，它也与在你的身体中建立起专注与活力有关。这也意味着你要学习如何做自己的朋友、老师与向导，如何在同一时刻兼具专注、平静与活力。听起来是不是很棒？当然啦！

如何使用本书

我想在这里花一点时间提示你在后面的章节中会有哪些内容。需要注意的是，我在第 4 章之前不会解释太极跑的技术。如果这使你觉得我好像永远都不打算拿出最好的东西的话，我需要解释一下这样做的原因：这本书不仅仅是要告诉你如何做一名更优秀的跑者，更是要给你一个机会—— 一个将跑步的好处应用于生活其他方面的机会，而最佳的理解方式就是充分了解背景知识和所用逻辑。前三章的设计就是陈述太极跑的哲学基础，这样，在后面讲到某项技术时，你就会觉得容易理解了。

第 1 章，比较现存的主要跑步方式——肌肉跑与太极跑这个新来的“小家伙”。第 2 章，介绍太极拳及太极跑的三个原则，或称自然法则。当你的运动与自然法则相一致时，你就有了最好的帮手，要与之和谐相伴。第 3 章，我将向你解释太极跑的“内功”——我称之为“太极跑技能”。学习这 4 种脑 / 体技能将给你带来一种全新的跑步体验。

第 4 章，介绍太极跑动作，这些特殊的身体和心理方法可以使你跑得更加流畅、高效，且避免伤病。第 5 章，用 10 节课程教你如何练习第 4 章中提到的跑姿动作，并使这些动作按一定的时间顺序融入你的跑步训练中。

第 6 ～ 11 章，教你如何将太极跑引入跑步训练，包括训练提高、最佳表现训练、进阶动作以及营养。

第 12 章，我将告诉你如何将太极跑的原则应用于你的日常生活。

我建议你先将本书通读一遍，然后回头重读一遍你不太明白的部分。我学习一本手册时最爱使用的一招就是，在所有我喜欢的部分加一个标签以方便查阅。如果你想留一些更长久的标记，可以到办公用品商店买一些即时贴来做标签。我会标记所有练习、训练、动作及提示，以便在出去跑步的时候方便参阅。相信我，如果能让所有的信息随手可得，你将能更多、更好地利用这本书。我们有太极跑视频、在线培训课程、太极跑辅导员，在我们的网站上还有其他培训工具。

我发现身体和大脑学习的最佳方法就是重复。为此，我建议你多读几遍这本书，随后每年至少看一遍，以使自己的身体和大脑重温一下这些过程和术语。花些时间，你将学得更多、学得更快。

对于一般跑者而言，学习太极跑的基本技术要 1 ～ 6 个月。但是如果你经常练习，你将从这些方法中学到更多的知识，从而会深深地影响你一生的思想和行为。

CHI
RUNNING

目 录

第 1 章
太极跑：跑步的一场革命

善行无辙迹。

——老子

跑步的好处

人们为什么会受伤

肌肉跑：无疼痛，不收获

太极跑中的“气”

与两种力量合作

当埃米莉（Emily）在跑道上跑过我们的小组时，我们都被她优美的跑姿深深地吸引了。她好像毫不费力就飘过了地面，几乎没有脚步声，那一刻给人一种不真实的感觉。她成了全班关注的焦点，而这完全是因为她的跑姿。

埃米莉是个 3 岁的孩子，她的父母那天正在跑道上学习太极跑。

孩子的奔跑是自然的，当他们在玩追逐游戏的时候，他们所做的就是紧盯着那个被追逐者，然后，他们的身体就会自然地跑动起来。他们并不想着跑步的事，只是享受着追逐的乐趣，而且并不觉得费了多大力气。正因为他们在跑步时只花了很少的力气，所以也就没有多少受伤的机会。他们的关节没有受到任何撞击，肌肉也没有任何紧张感，这便消除了引起疼痛的主要诱因。当人们的运动是基于乐趣和游戏时，那会是一种什么情形呢？

萨拉·休斯（Sarah Hughes）在摘得 2002 年奥运会女子花样滑冰金牌时说："我当时并没有想着金牌，我就想着去好好玩儿……我所要做的就是，滑出最好的自己。"你能够一眼看出她是多么的快乐，她那自由欢快的感觉使她体内的能量洋溢在整个比赛现场，也极大地感染了观众。而另一位选手，获得了 5 次世界冠军的关颖珊刚一上冰便吸引了摄影镜头，从她焦虑的神情便可以看出她的压力有多大——她太想为自己的国家夺得这枚金牌了。她看起来既不放松也不欢乐，我为她揪心。紧张限制了她最大限度地发挥体内能量，结果，她以逊于平时的表现取得了铜牌。

我敢说大多数人在小学时都会跑得很轻松，因为那时没有成绩的压力。但是自从有了成绩的压力后，就失去了那份轻松的感觉，就如关颖珊一样，我们常常会为成绩和表现而焦虑，这使我们紧张也使我们无法更好地感知自己和发挥正常水平。为了重获轻松与愉悦，我们需要有意识地教会自己如何放松和运动，以跑得像儿时那样轻松自如。

对我来说，学习放松的一个最好的方法是我研究多年的一个概念——我称之为“努力感知度”，它指的是你感觉自己付出了多大的努力来做你正在做的事情。举例来说，琼（Joan）是个拥有标准体型的普通跑者，她以每公里 5 ～ 6 分钟的配速进行晨跑。她这样跑步已经有几个星期了，现在，她的身体非常清楚地了解这种配速的感觉，对她而言这种配速是舒适而轻松的。有天晚上，她参加了一个派对，喝了两杯啤酒，还跳了一阵激烈的摇滚。第二天一早，她把自己从被窝里拎出来和邻居一起晨跑，那个邻居也喜欢以 5 ～ 6 分钟的配速跑步。当他们跑起来后，她问邻居他们在以什么速度跑步，因为她觉得有些费劲，邻居说他们正在用 5 ～ 6 分钟的配速跑，而这时琼感觉自己就像是在追赶公共汽车——她感到双腿无力，气喘吁吁，不知道还能不能坚持下去。她觉得自己的努力感知度超过了昨天，而实际上他们是在用同样的配速跑步。

你的努力感知度只是你对正在做的事的感觉而不是实际的情况。太极跑的重点就是，使你建立起正确的运动方式，去除身体内的障碍，让能量在体内自由地运行。我们是通过以下三点来实现这一目标的：①保持良好的跑姿；②确保关节是打开而放松的；③跑动时身体的肌肉完全放松，没有任何紧张感和僵硬感。如果你能够这样练习，那么不论用什么速度跑，你都会觉得自己的努力感知度比平时要低。你的跑姿越高效，你将以越少的付出获得更快的速度、更长的距离。而想获得优美的体型就必须付出伤病与疲劳的代价是毫无道理可言的。你的跑动能力增强了，快感也会随之增加，反过来，你的快感增加了，也会增强你的跑动能力。

太极跑将会完全改变你的跑步方式，它将放松与符合人体生物力学的正确跑姿融合在一起。这本书将教会你如何训练大脑来指挥和监测自己的运动，从而使身体不必过分消耗。我最喜欢的徐师傅的一句格言就是“外力是会耗尽的，内力才能永续”。

这里有一个简单的练习能够让你体会到努力感知度，还能够帮助你体会用腿部肌肉移动双腿（费力 / 高努力感知度）与用核心力量移动双腿（省力 / 低努力感知度）的区别。

- 放下这本书，站起来，挺直。
- 原地踏步 10 秒钟。
- 10 秒钟后，向下弯腰至 90 度，就好像你在鞠躬，然后再原地踏步 10 秒钟。
- 现在，直起腰来，再原地踏步几秒钟。

弯着腰踏步的感觉如何？直起腰来踏步的感觉又如何？后者是不是更轻松些？如果你觉得直起上半身踏步更容易，那么我告诉你，这是对的。

原因如下：当站直的时候，你的腰肌是拉伸开的；踏步时，腰肌会像皮筋一样将你的腿拉起。这两块肌肉是身体里最强壮的核心肌肉，抬起腿部的重量对它们来说是“小菜一碟”。而当弯下腰后，你的腰肌就无法起作用了，你不得不用股四头肌抬起腿部重量，这就意味着要花费更多的力气。

这个练习是想告诉你，如果不是挺直身体而是弯着腰，你的双腿需要付出多大的努力。在第 4 章，我会谈到如何获得一个良好的直立姿势，还会谈到在跑步时将直立的身体前倾从而获得更低的努力感知度。

在我告诉你如何才能跑得更轻松之前，让我们谈谈为什么你应该跑步。

跑步的好处

听上去我有点儿像个狂热分子，不过我确实热爱跑步。当你想在精神上得到提升的时候，它就像老朋友一样永远在你身边。无论是沮丧还是欢畅，当跑到户外时我都会感到世界向我敞开了。我可以叫上一个伙伴一起去探寻一条新的小径，或者花一早晨的时间游历峡谷、观赏瀑布。跑步使你走到户外，如果你常年跑步，便可以亲身体会到四季的更迭。

啊，你知道我的生命中还发生了什么吗？我的心脏更加有力了，我的骨头更加结实了，我的卡路里被大量燃烧了，我的有氧运动能力提高了——一天的跑步游戏带来的效果还不错吧。

跑步只需要很少的装备而且并不昂贵，你可以随时随地跑步。没有任何一件事情能像一次感觉良好的跑步那样使你头脑清醒，从一个更积极的角度去看待生活中的问题。当你到达一个新城市时，跑步不失为一个感受城市、熟悉环境的好方法。没有比跑步更好的让自己放纵的身体得到净化的方法了。

通过跑步你还能够在生活中激发出其他优秀的品质，比如坚持不懈、始终如一、意志顽强等。扎扎实实地坚持一项跑步训练可以使你学会如何制定目标并为之努力，也可以使你学会如何制定策略，还可以使你学会如何从失败中吸取教训。实际上，跑步中所学到的知识和体验可以应用到生活中的任何地方，跑步本身就是对生命的探索。

人们为什么会受伤

跑步可以带来那么多好处，不过它对我们的身体也存在着潜在的威胁。它有可能伤害你的膝盖、胫部、髋部和背部，也有可能损害你的双脚，甚至有人说它所产生的震动会损害你的视力。这些说法使人们相信跑步确实会造成这些损伤，而我要打破这些误区。

普遍的理论认为，训练过度是造成运动伤病的最主要的原因。虽然这是一个因素，特别是在那些以结果为导向的训练中更是如此，但我同样认为这也是个误区。在我看来，糟糕的跑姿和错误的生物力学才是真正的元凶。跑步是一项自然的运动，错误的生物力学就意味着你在以不自然的方式运动，这将导致肌肉、关节和韧带过分受力，使其变得脆弱且容易受伤。如果你的跑姿糟糕，那你在任何距离的跑动中都有可能受伤——我看到过有人只跑了800 米就发生了胫前疼痛。只要你的生物力学不是完美的，它最终就会以疼痛的形式显现出来。只要你跑得够远，那些小小的不完美成分就将积累起来，最终一起施加到你的身体上，我向你保证这一点。

反过来说，如果改善了生物力学和跑姿，你就能大大降低在所有距离的跑动中受伤的概率。

35 岁的保罗（Paul）是一个普通跑者，他希望用完成一次马拉松来挑战一下自己。他跑过的最远距离是 10 公里，因为只要一跑步，他的胫前部就开始疼。保罗是 7 月份来上第一节太极跑课程的，他的目标是参加 12 月初的火奴鲁鲁马拉松。在太极跑技术的帮助下，他不仅完成了所有跑量的积累，还减轻了胫部的疼痛。在全身心地练习新跑姿几个月后，他以 3 小时 37 分的成绩完成了平生第一个马拉松，而且并未发生严重的外胫夹（胫前疼痛）。保罗后来告诉我，在练习跑姿之前他从未想过有可能完成一场马拉松。而现在他想的是，要尽力获得波士顿马拉松的参赛资格！

我相信，令跑者大受伤病之苦的就是当前最流行的跑步技术，我们称之为“肌肉跑”。

肌肉跑：无疼痛，不收获

这句充满大男子主义的豪言壮语依然掷地有声、深入人心，就好似一枚金灿灿的荣誉勋章。其实无论是跑步，还是国际关系，乃至制作馅饼皮，总是有比使用蛮力更好的方法。

肌肉跑可以从两个角度来解释：技术和思维模式。这两个方面都反映了西方人在体育和思维模式上“无疼痛，不收获”的理念。别误会，肌肉跑是有效的，但它确实也能耗较高、容易受伤。想想每年有超过 1 600 万的跑者受伤，而这本来是可以避免的。

肌肉跑的方法

肌肉跑的主题就是提升腿部力量和速度，从而跑得更快、更远。它强调通过有规律的训练来强化腿部力量，这样就能使你跑得更好。为了使你成为一个更优秀的跑者，会有大量的训练计划来帮你加强小腿、股四头肌和臀部肌肉的力量。

从训练的角度来看，对于超过 40 岁的人来说，增加和使用更多的肌肉都是很困难的。而任何增长肌肉的方法都需要花更多的时间，承担更多的伤病风险。另外，驱动更多的肌肉就要消耗更多的能量，也就会产生更多的代谢废物（乳酸），其结果就是，在跑步、比赛或大运动量训练后需要更长的恢复时间——想想就让人累得慌。

我看到过一篇来自丹麦的比较研究类文章，内容是关于丹麦跑者与肯尼亚跑者的区别的。下面是刊登在《坎帕拉观察者》（*Kampala Monitor*）的文章中的他们不得不承认的事实：

> 总之，我们发现，来自肯尼亚卡兰津族的精英跑者和该地区未经过训练的孩子们与丹麦对照者相比，前者在跑动的经济性方面有着巨大的优势。这可能源于他们有更细的双腿，使得他们在跑步时的能耗更低。

他们说对了一部分。肯尼亚人是能耗更低，但并非因为他们的腿更细。其实是另有原因，他们的腿细源于他们出色的跑步经济性，他们是如此高效以至于并不需要很强壮的腿部肌肉。肯尼亚人的小腿只相当于我的小臂粗细，股四头肌只相当于我肱二头肌的围度，而我可是个细胳膊！但是肯尼亚人却用他们的“细腿”赢得了从 10 公里到马拉松的所有冠军。我认为，使他们赢得冠军的是他们的技术——他们的技术中包含了大量太极跑的特征，包括身体的前倾和脚掌着地的方式。肯尼亚人在跑步时有非常漂亮的前倾，这样做有两个好处：第一，可以利用重力拉动身体前倾；第二，他们用全脚掌着地，从而避免了过分使用小腿肌肉。由于拥有漂亮的前倾和充分的骨盆扭转，他们的核心力量变得很强，而骨盆正是太极跑姿态中的中心部位，我们会在第 4 章中学到。

从伤病的角度来看，肌肉跑对跑者可能是有害的，因为它并不关注错误的生物力学这一主要元凶。肌肉跑把所有的注意力都放在增强肌肉上，并以此作为避免伤病或恢复身体的解决方法。加强力量的确可以为你赢得一些时间，但是除非纠正了跑步中产生低效率的真正问题，否则你还是需要肌肉付出更多的努力，从而使关节承受更多的冲击，患上同样伤病的可能性依然存在。

举个例子，假如你患有外胫夹，你会停跑一段时间进行治疗，然后花时间采取用脚跟走路的方式强化胫骨前肌。但是，如果还用令你受伤的跑姿跑步，那么你就很有可能再次患上外胫夹。用太极跑技术，你就不会再做用脚趾推动身体的动作（导致外胫夹的主要原因），也就会很少用到胫部肌肉，外胫夹将不再是个问题。你也不必强化肌肉来弥补跑姿上的缺陷。

几乎所有我看到的人都在进行肌肉跑（除了肯尼亚人、足球运动员以及所有 8 岁以下的儿童），几十年来，从中学到大学的各级教练都在教授着“挺直上半身跑步”的方式。但是，当我想到每年 65% 的伤病率这一统计数字时，我总是忍不住去想，我们的跑步方式一定存在某种严重的问题。是时候转变肌肉跑这种模式了，而太极跑就代表着模式的转变。

肌肉跑的思维模式

大部分肌肉跑者的思维模式就是“以结果为导向”，我认为这是导致过度训练的主要原因。人们总是不切实际地想着他们应该跑多远、跑多快。

这不仅仅会招致失望，更会导致伤病。过度训练指的是，训练水平高于你的身体承受能力。如果你是个初跑者，给你的训练计划是每周跑三天 3.2 公里，那么这就是过度训练了。要是你连 1.6 公里都没跑过，那后果会怎样呢？

你有时会被驱动着做力不从心的事情，而驱动力一般都是来自外界的动力——可能是跑步杂志上的一篇文章，也可能是电视上看到的一名伟大的运动员。下面是一些常见的外部动力：

- 来自同伴的压力使你想做得更好。
- 努力跟上跑伴的速度。
- 希望比去年跑得更快。
- 向你的父母证明你的价值。
- 想要赶上一些对你而言很重要的人。
- 在婚前减掉 6.8 千克体重。
- 希望在某个年龄或某个时间跑一个马拉松。
- 想跟上你的狗……

这份名单可以无穷无尽，你可能没意识到这全都是“以结果为导向”的思维模式的产物。

大量的外部原因驱动着你，但是真正能够促使事情发生并取得成功的因素实际上来自我们的内部。不幸的是，西方文化越来越被市场化所影响，其表现在于，脱离自我，购买那些送到你眼前的产品和服务。肌肉跑的书籍和杂志不断地向我们灌输类似“越大越好”、“强者生存”以及人们最爱说的“无疼痛，不收获”的理念。只要随便看看现在的跑步或健身杂志的封面，你就会被诸如“你也可以拥有结实的腹肌”或“6 天内获得一个强壮的身体”这样诱人的标题所吸引。好吧，可要是我们已经超过 18 岁了呢？

太极跑中的“气”

我相信，在生活中你一定见过有些人对某项技能有着“超能力”，他们与身边的人完全不在同一层次上。对他们而言，做一些难度很大的动作就像小孩“过家家”一样。不管他们是否知道，任何人在用身体做这些高难度动作的时候，其实就是在指挥着他的“气”来工作。这是种高水平的技能，虽然对他们来说可能轻而易举，但这确实是门技能。在我的记忆中，有几位具备这种技能的人，其中我最喜欢的一位是底特律雄狮队的跑卫巴里 · 桑德斯（Barry Sanders），他能够从一群试图全力阻止他的 136 千克重的防守队员中迂回穿越，冲向球门线，就好像除他以外别人都在做慢动作一样。他的身体似一枚巡航导弹而又轻如狸猫，可以用人类想象不到的速度改变方向——我喜欢看他如何在穿越险阻时还能保持那样的速度和平衡。即使他可能并没想过用“气”来实现这些，但他却是以大脑的专注和快速运转来指挥身体、运动身体的大师，这完全符合太极的理论。

像巴里·桑德斯、塞雷娜·威廉斯（Serena Williams）、马友友（Yo-Yo Ma）、迈克尔·费尔普斯（Michael Phelps）、梅丽尔·斯特里普（Meryl Streep）、泰格·伍兹（Tiger woods）和阿波罗·大野（Apolo Ohno）这样的人都会使你惊呼：“啊！多么难以置信！他们的身体能做出这样的动作！他们是怎么做到的？怎么会看起来那么轻松？”从他们的访谈中我了解到，他们能做到这些是因为他们其实什么也没有做，他们只是让自己放松然后静候事情的自然发生——无为而治。这个名单上的人不全是运动员，但他们都在各自的领域达到了极高的水平，他们的表现都堪称“精彩绝伦”，他们精湛的技艺使其能够在身体的表现和运动方面超越众人达到更高的层次。他们能够做到这些是因为在面临挑战时，他们已经不需要考虑如何去做，而只需体随心动。他们的注意力转向哪里，他们的“气”就跟向哪里，结果就自然而然地出现了。他们从不被迟疑、焦虑、紧张、恐惧或过多的自我意识所干扰，而这些恰恰是那些低水平竞争者失败的原因。

每次给我上课的时候，徐师傅都会用一个又一个例子告诉我“气”如何比肌肉更有力量。他翻来覆去地翻转我的身体，好似翻转一根羽毛，看起来毫不费力。在移动我的身体的时候，他的肌肉没有任何隆起，他只是转动着自己的身体就好像我不存在一样，而一旦我的身体遇到他的胳膊，我就会马上被撂倒。他从不流汗或气喘吁吁，他对此的解释是“我是让‘气’来做这些的”。然后他会说：“正确地调整好你的身体，让‘气’顺利地通过。用你的意念来做，让身体放松。不要用肌肉去做，要用‘气’去做。”

“气”也是生命的动力源。它使物理世界产生运动，使生命充满活力，同时又是运动产生的能量，所以“气”既是工具又是产物。它是与生俱来的能量，将身体、大脑、精神联系在一起。它又是一种无法测量的隐形力量，你只能通过效果观察到它，就如同空气，你只能在风吹起树叶或人们吹起气球时才能观察到它的存在。

我喜欢园艺，但就像所有园丁一样，我并不能使作物生长，我能做的就是为作物的生长提供最佳的条件。我可以将种子播撒在阳光充足的地方，给土壤施肥，提供充足的水分来滋养种子。这每一步都是为了确保“气”能够充满种子，让它有足够的生命力发芽。在沙漠中，一粒种子可能会在印第安废墟下的黏土层中沉睡上千年，除非有足够的“气”，否则它是不会发芽的。所以作为园丁，我的职责就是创造合适的条件，太极跑也是这样，而你要做的就是学会创造最佳的条件让“气”通向全身，然后等着瞧吧，你很快就会跑起来啦！

太极跑的方法

以下是高效率跑步所应具备的最佳条件以及太极跑的基础：

- 正确的姿势。
- 放松的四肢。
- 自由活动的关节。
- 核心肌肉的使用。
- 专注的意念。
- 良好的呼吸技术。

下面是太极跑带来的好处：

- 正确的姿势。
- 放松的四肢。
- 自由活动的关节。
- 核心肌肉的使用。

- 专注的意念。
- 良好的呼吸技术。
- 更多的能量。

看到没有？过程就是目标！太极跑的益处还有很多，但我想强调的是，太极跑是一个整体，任何一个技术的组成部分都可以对其他部分提供支持。这一特点使你不必在一开始就掌握所有的组成部分，我的一些学员只学习了一个小时太极跑就已经使自身的跑步姿态有了很大的改善。任何一个单独的部分都会给你的跑步带来益处，而当所有的部分一起发挥作用的时候，效果就会凸显出来了。

与肌肉跑不同，在上面的名单中你很难看到可能使你受伤的因素。这些功能都不会伤害你，并且由于这里面没有任何“过火”的东西，你也就不会因此而状态下滑。

随着把太极跑的方法渐渐融入跑步当中，你将逐步减少对腿部肌肉的依赖。重力会产生向前的拉力，你放松身体的能力越强，速度就会越快，你将不再需要依靠肌肉的推动力来跑步，我将这称为“聪明地使劲”。

就个人而言，我真不愿意花费无穷无尽的时间来练习和保持肌肉，也不愿意为了满足那些饥饿的肌肉而喝蛋白质饮品，或者吃布洛芬来缓解肌肉疼痛……所以，我决定还是劳驾我的脑子。

太极跑的思维模式

太极跑的思维模式是教你仔细地倾听内在的声音，而不是更多地受到外部目标的影响。它的思想基础是在你的大脑和身体之间建立起一种清晰的联系，使过程转化为目标。你的身体既是你自己的老师也是你自己的学生，仔细倾听它传递的讯息，你就会知道哪些是它能做到的，哪些是它做不到的，在此基础上，便可以教给它新的技能和习惯了。你首先要做的就是，在任何时刻都要感知自己的身体，然后立即做出回应，这称为“身体感知”，我将在第 3 章告诉你更多这方面的技巧。太极跑就是教你如何成为自己身体的主人，同时也成为自己最好的教练。

在我们的社会中，作为一名运动员或具备一副好身板要承受很大的文化压力。我遇到过很多人，即使每周进行 4 次跑步或健步走，他们仍然没有自信，因为他们不认为自己是运动员——这种不自信使他们无法倾听身体所传递的讯息。而当看到那些初跑者研究并纠正自己低效率的运动方式时，我时常能看到自信的笑容浮现在了他们的脸上。

56 岁的雪莉（Shirlee）与我的很多学员一样自我感觉很差，原因是她在跑步的时候呼吸困难。她因自己沉重的呼吸声感到非常难堪，根本无法把注意力集中在课堂上。当最终取得了她的信任以后，我教给了她一些更有效的呼吸技巧，现在，她已经能将注意力集中在正确地呼吸上而不是总处于尴尬之中了。

太极跑的思维模式就像是在你的大脑与身体之间跳一曲优雅协调的探戈，两个搭档之间始终有一种清晰双向的对话，这种交流为和谐的运动创造了最佳条件。太极跑的思维模式不仅是训练你将大脑与身体相联系，而且还要用这种联系来应付环境给你带来的各种挑战，比如上下坡、崎岖的小路、恶劣的天气、糟糕的路面、马拉松的 29 公里处、疲倦以及所有在前进中能感觉到的阻碍。太极跑就是你的大脑和身体用来应对一切困难的工具！

与两种力量合作：重力和道路的反向力

> 愿原力与你同在。
>
> ——欧比旺·肯诺比

在太极拳中我们首先要知道的就是，应对一种力量的最佳方式是顺应而非抵抗。如果你抵抗一种力量，只会使它变得更强。反之，如果你顺应它的方向（与之合作），便可消除这种力量。如果你想正确地应付任何外力，那就要学会接受它，这样一来，这种力量会成为你的朋友，甚至变成你的帮手。

在跑步时，你的身体受到两种力量的影响：向下的重力和向前跑动时道路传来的反向力。在太极跑中，我们要学习如何与这两种力交朋友，使它们在每一次迈步时都成为你的帮手。而良好的跑姿就是处理这两种力量的主要方法。

重力作用

重力是一个巨大的力量，它可以帮你前进（如果你合作的话），也可以让你遇到更多困难（如果你不合作的话）。科学的论述是，当你直立（就像在肌肉跑中那样）时，你身体的重心在双脚的正上方，你的姿态与重力的方向是对齐的——这样的站立姿态就成了牛顿第一定律的一个范例"一切静止的物体都将保持静止，除非在它上面施加外力"（见图 1-1）。这样站立时，你的身体是静止的，除非你用双腿的肌肉推动它向前运动，这就是为何我们最初将其命名为"肌肉跑"。在肌肉跑中，所有的动作都依赖于你的力量，由于你是在推动身体离开地面向前移动，因此你是在对抗重力。

太极跑技术不是让你直立身体与重力对齐，而是要你前倾，这样便可以与重力合作。你的身体变成了一个向前倾倒的物体（就像一棵被伐倒的树），身体的中心部分（骨盆）位于你与地面的接触点（脚部）之前，你的上半身向前倒，你必须抬腿向前跟上自己的重心（见图 1-2）。

当能够在这种轻微的前倾中找到平衡时，你就学会了与重力合作，这种方法与踩独轮车向前的方法是一样的。所以，当重力向前拉你的时候，跟着它走就是了，这种跑步方式产生的效率会超出你的想象。你那过度疲劳的小腿终于可以休息一下了，因为不再需要它们来推动身体了。当双腿仅用于短暂地支撑一下身体而不再用于提供动力时，你能想象到它们是多么高兴吗？

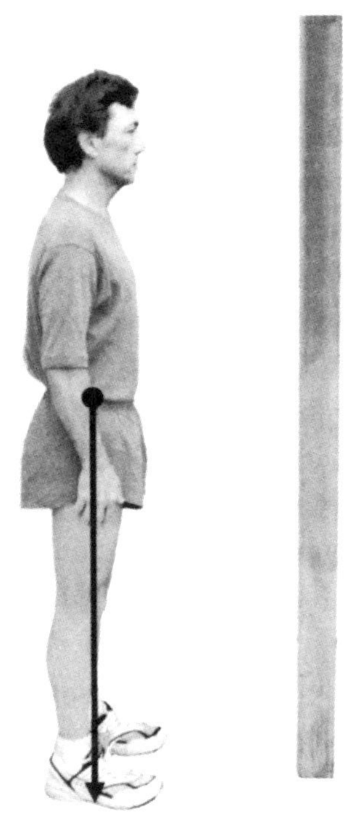

图 1–1　身体重心垂直

图 1–2　身体重心前倾

道路的反向力

现在来说说如何与另一种力量进行合作：道路的反向力。无论何时，当你向前跑时，道路总是在以同样的速度向相反的方向运动。大多数的肌肉跑者是将腿向前伸，然后用后脚跟在体前着地。如果你的腿向前伸，那么你就是将腿迎向了道路传来的力量，多数情况下你还会用脚跟着地，这就好像在你的脚与地面之间发生了一场冲突，脚跟所受到的冲击会传递到你的腿，潜在地威胁你的脚跟、脚踝、胫部、膝盖、髋部或下腰部——你身体上薄弱的部位都要受到威胁。脚在体前着地其实就相当于刹车，因为每次着地都会使你的身体停顿一下。不得不说，这实在太低效了。不信的话你可以看看自己的鞋底，检查一下是否已经磨损了，因为它们就是“刹车片”。

所以，如果你是个直立着身体的肌肉跑者，在跑步时你会在用一条腿推着自己向前的同时，用另一条腿踩“刹车”，这是什么景象？你是否愿意在开车时一脚踩油门一脚踩刹车？

利用太极跑技术，我们会教你如何让脚在身体重心略微靠后一点的位置落地，使你的重心位于落脚点之前，这样你的腿就会向后摆而不会在迈步时加上刹车动作了。以柔和的全脚掌着地代替脚跟着地，可以使来自地面的阻力全部化解，而且不会降低速度，也不会对身体造成冲击。当你被上半身引导着向前而下半身充分放松的时候，道路的反向力会帮你把腿向后摆动起来。第 4 章中所有关于下半身动作的内容都是为了帮助你与道路反向力进行合作，使之成为你的助手。

把跑步当成一种修炼

我们想谈论的一个新的理念是，太极跑其实就是人们一直以来希望通过跑步能够得到的东西——从一种体育运动转化为一种修炼。想想看，如果仅仅将跑步当作一项体育运动，你就是将自己限制在只能从中获得身体上的好处上。这就相当于拉伸运动与瑜伽的区别，也相当于在等候室呆坐与冥想打坐的区别，还相当于训练自己的身体能够跑得更远或更快与训练自己以一种谨慎而自主的方式跑步之间的区别。

把一项运动变成一种修炼是一个自我把控的过程。你不再仅仅是练习这一运动，而是在运动的同时学习和理解如何掌控自己的身体。在太极跑中，你不仅有机会锻炼身体、减少伤病，还有机会学习掌控自己的身体，使大脑更加专注、更加善于观察，甚至可以促成精神上的觉醒与解放。

练习某项技能可能就是为了在用到它时信手拈来。想想看，如果你练习拉小提琴，你的目标就是要更好地掌握这种乐器以便演奏起来更容易，拉练习曲是为了使手指更加灵活以便用更快的速度演奏音符。如果练习瑜伽，你的目标就是为了获得柔韧性并强化自己的大脑与身体，体验更轻松的感觉。如果经常性地练习冥想，你会发现即使是在紧张忙碌的一天你仍然可以很容易地保持平静和专注。如果反复地练习高尔夫挥杆，完美的击球就会多起来。

当你将跑步当成一种修炼时，不仅能够获得身体的健康，同时也会收获个人的成长。这是一项有规律的、用心的活动，它将提升你的生活质量。一种好的修炼可以帮助你在身体、情绪、大脑和精神方面都取得进步，而太极跑训练就是要使你成为一个好的倾听者、一个好的学生和一个好的实践者。

以下是一些学员的表述：

> 仅跟你训练了一次便使我受益匪浅，通过训练我学着重新走路和跑步，我将把新学到的东西应用到生活中的所有方面。
>
> 达里尔·登顿，54 岁
>
> 我对你的教学感到惊喜而激动，我已经开始在坐着和走路的时候挺直脊柱，我的新口头禅就是“正确的姿势”。
>
> 帕特里克·诺兰，37 岁

当你将太极跑当成一种修炼时，它就远远超出了一项体育运动的范畴，因为它将在你的大脑与身体之间建立起紧密的联系，提高你的整体健康水平。

探索与发现

教授太极跑最大的乐趣之一就是，看着人们以他们从未想过的方式学习跑步并了解他们自己。人们一次又一次地向我表达他们是多么享受跑步——从誓言再不跑步者到只有一点自信的初跑者，再到希望提高比赛成绩的经验跑者，太极跑在此过程中都取得了很好的成果。

能取得这样的成果是因为，太极跑的所有基础原理都符合自然运动法则。当你学会倾听来自自己身体的声音的时候，就不会再强迫自己，顺利地取得进步也就成了自然而然的事情。总之，太极跑是基于对自身的探索与潜力的开发，它给人们提供了一个近距离感悟身体与生命的机会。

太极跑将你带入了一个新的领域，在这里，你不再是被外因而是被内因所驱动。这里强调的不再是跑得更快、更远，因为这都是恰当高效的跑步姿态所带来的副产品。对于那些追求速度的人来说，完全不必担心这样会牺牲速度或者距离，事实上，情况恰恰相反，在没有伤病并且能够保持高效率的情况下，你可以跑得更快、更远。如果你不是那种速度很快的跑者呢？你完全可以享受作为一个心满意足的跑者的快乐——无关年龄，无关水平。我们的目标是，能够在余生自由快乐地奔跑，并全身心地享受跑步，当然，还有给精神上带来的全部好处。

第2章
太极跑的原则：与自然同行

获得持久成功的人士付诸实践的，是七个放之四海而皆准的、永恒的、不证自明的原则，是可以应用于任何境遇、任何文化环境的原则。

——史蒂芬·柯维

与自然法则相抵触的后果
顺流而行
绵里藏针
循序渐进
动作中的平衡

太极跑是基于一整套理论的，这套理论可以帮助你以一种更高效、更安全的方式进行跑步和训练。这套理论是我太极跑课程中的重要组成部分，是我从徐师傅的太极课上学到的，我被深深地打动了，因为它不仅让我懂得了应当如何移动身体，而且教会了我怎样理解世界，并进而指导我的生活。

几千年前，中国的大师们开始研究自然发展之道，并将这些理论写入了《道德经》和《易经》中。除此之外，他们还创制了太极拳（中国武术的鼻祖）。但是，并不是只有中国人研究了这些理论，爱因斯坦和牛顿等人也大量地将这些自然之道定义为物理定律。

自然界的法则运行得如此完美，难怪智者们要不断地研究它们。每个人都可以看到自然界的运行是多么得良好，自然界中的万物对秩序与公平都有着深刻的认识——这就是和谐，在条件不适宜的地方你是看不到动植物的。即使是在分子层面上，所有的东西也都有其相应的秩序和位置，并达成了一种平衡！

这些法则可以被看作宇宙法则。作为宇宙法则，它们必须在 4 个基本层面上具备真理性：物理上、心理上、情绪上和精神上。举个例子，有一个法则说“一切静止的物体都将保持静止，除非在它上面施加外力”。下面是这个法则在不同层面发挥作用的例子：

- **物理层面**：除非停电、电视黑屏或要出去买薯条，否则一个“电视迷”是不会活动的。
- **心理层面**：这是一种思想观念的改变，比如，当哥伦布发现新大陆时就发生了这样的变化。
- **情绪层面**：我可能一整天都沉浸在自己的情绪中，直到我女儿用胳膊搂住我的脖子说：“爸爸，我爱你。”我会立即跳出自己的情绪而被深深地打动。
- **精神层面**：如果某些人知道了他上辈子过的是什么日子，他可能会立即崩溃。

宇宙法则的美妙之处在于，当你在一个层面学到一个法则时，它就会向你展示其他层面上的生活是怎样的。

与自然法则相抵触的后果

我可以十分肯定地告诉大家，打破一条宇宙法则比说声“我再也不这样做了”要严重得多。从短期看这会加大你的付出，从长远看这必将导致你的失败。在跑步中，你有可能跑得挺快，但代价却是遍体鳞伤，也许你比赛成绩优秀，但第二天却如坠地狱。违背物理法则就会无法借助自然的力量，只能更多地依靠自己的力量。

太极跑可以与自然法则和谐相处，但肌肉跑不行。美国每年有 1 600 万人受伤本身就是一种警告，难怪《体育运动伤病通告》（*Sports Injury Bulletin*）一书中将跑步列为具有高伤病风险的体育项目。这就带来了两个问题：①人们应该跑步吗？②有没有更好的跑步方法？

对于第一个问题，答案是肯定的，我们具有非常适合跑步的生理学特征，我们是为跑步而生的。对于第二个问题，从我自己以及成千上万学习过太极跑的人的经验来看，我可以毫不含糊地说：“是的，有一种更好的跑步方法。”

你有没有进行过逆水游泳？如果你足够强壮的话是能够做到的，如果你不够强壮，那么可以通过锻炼肌肉而最终做到。但是无论如何，你都是在逆着水流游泳，这必将耗费大量的体力。鲑鱼便是这样做的，但它们到达目的地后就死掉了。只要你在水中，你就要遵从水的法则。但是从另一角度来说，如果你想轻松地到达上游，其实只需从河里出来然后遵从另一套法则——也许到达上游最简单的方法不过是沿着一条铺满蕨类植物的小路漫步而行。正如西席·地密尔（Cecil B.DeMille）谈论他的史诗影片《十诫》时说的：“我们不可能自己打破法则，我们只能打破自己来适应法则。”

顺流而行

当你顺应自然法则的时候，跑步就不会再像肌肉跑那样费力了。高效率地跑步并不需要那么多的体力来维持跑动，也不会轻易感到疲劳，恢复起来也只需要很短的时间。不再过分使用肌肉和关节，你受伤的概率就会小很多。当顺应宇宙法则时，你将在各个层面都变得更有力量，包括你的态度也会变得更加积极，跑步回来的时候也会觉得比休息时还要舒服。当你将自然法则融入自己的思想意识时，你就可以学会如何将它们用于跑步和生活，从而为能量的流动创造条件。

主要原则

这里来谈一下太极跑的主要原则。这一章我会说一下定义，在第 4 章我会将这些原则应用到一些特别的动作中，通过练习这些动作来帮助你以更顺畅、更高效、更优雅的方式移动身体，每一次学一个动作。自然运动法则有很多，但我们将使用 3 个最有利于跑步的原则。这 3 个原则是：

- 绵里藏针：对直与放松。
- 循序渐进：一步一步来。
- 动作中的平衡：物理平衡和互补平衡。

当将这些原则融入跑步当中并且在训练中变得更加适应时，你就会开始觉得移动身体是件轻松的事情。这时，你的身体不再是跑步的工具，跑步将成为你身体的工具。

绵里藏针：对直与放松

这是太极拳的主要原则之一，也是身体运动的基础。“绵里藏针”形容的是太极拳师练习姿态时应有的感觉——让身体成一条直线，将“气”的能量集中于腹部，同时四肢要像棉花一样柔软，毫不紧张。

可以想象一下这样一个画面：一根针垂直地立在一个棉花球里，这根针就代表身体的中心线，也就是你跑步时转动的轴。中国人说针时往往有“集中”的含义，这意味着将能量集中于一个中心。当你在空间中移动的时候，你所需要的姿态是薄、直、硬，将能量从四周集中到中心线，使身体的外围变得像棉花一样柔软。太极跑和太极拳一样，认为一切运动均来源于中心部位——这是你动力的源泉，是所有运动的轴心。根据太极拳的说法，你的中心（或称丹田）就在你的肚脐下方、脊柱前面——脐下小腹部分。它由一系列的骨头、韧带、肌腱与你的四肢相连接，所以是你运动的中心，你的四肢随中心的运动而运动。但是，为了让中心能够高效地运动，你的脊柱（针）必须要成一条直线以便让躯干自由转动，而身体其他的运动部位（胳膊、腿、肩膀和臀部）则要像棉花一样柔软（灵活、放松），并且能够自由地活动，这样就不会对中心所产生的运动形成任何阻碍。

太极跑的重点就是，学习如何用身体的中心部位带动跑步，掌握得越好就越不必依靠双腿。我知道这听起来与常识相悖，但这是真的。徐师傅教我的时候，让我将能量和意念都集中于丹田，同时放松身体的其他部位，这样我的动作就会来自中心而非肌肉了。当这样做时，我能感到自己灵活的步伐是由中心部位产生的，我的注意力不再放在双腿上——它们已经变成了运动的次要因素。

当你的跑动来源于中心以外的部位时，能量就减少了，因为你是在以一种不平衡的状态跑步。由于身体的其他部位不能提供帮助，双腿就要使出更大的力气。当你不是由中心驱动跑步时，跑姿就是零散的，胳膊、腿和躯干就变成了 3 个独立的运动物体而不是一个和谐流畅的整体。我观察过很多跑者，他们在跑步中尽力地调动着四肢，却独独缺乏一个由强有力的中心所带来的完整感。

我们的方法就好似银河中有一条轴，所有的星星都围绕着它转动。我们的太阳系也有一个中心，就是太阳，所有的行星都围绕着它转动。我们的地球也有一个中心并且绕着穿过这个中心的地轴转动。我们的国家也有一个中心，据说在密苏里州的某个地方，不过我没去过。在太极跑技术中，你首先要做的就是，在跑步的时候找到并感知你的中心。

试试以下动作：以你最好的姿态站直，一只脚在前，另一只脚放在稍稍靠后的地方，髋部放松，肩膀放松，两臂完全放松地垂于身体两侧。现在，假想你的躯干是一个轴，向一边扭转，再向另一边扭转。在你左右转动躯干时，你的胳膊也随之摆动，让它们轻轻地抽打你的身体。记住，你的躯干是一个轴，感觉一下你的肩膀、手臂和手腕是多么得放松。这就是一个“核心做功而手臂随动”的例子。

有一个形象而简便的方法让你可以随时练习：想象在你的头顶和尾椎骨之间有一条线——这就是你的中心线。不论是走路还是跑步的时候都想着这条线，即使你在静止地站立时也要集中意念想着它。要和它交朋友，记住它，像熟悉自己的呼吸一样熟悉它。不用让它做任何事，只需要了解它，感知它，知道它就在你身体中的某一个地方就可以了：

- 在你的身体内找到你的中心。
- 在你的感觉中感知你的中心。
- 在你的头脑中看到你的中心。
- 让你的精神拥有一个中心。

循序渐进：一步一步来

循序渐进原则指的是逐步递增，从少到多，从弱到强。采用这个原则，每一步都可以成为下一步的坚实基础。不管是一个物体、一个主意、一种感情，还是一个生物，这个原则适用于任何生长过程。在植物生长方面的典型例子就是一粒种子变成了参天大树，细胞由很小倍增分裂到很大。企业的成长也可以是一个例子，它可能仅仅从企业家的一个主意开始起步，最终发展成为上市公司。在商界中，如果企业家具有前瞻性，小企业完全可以成为一个蒸蒸日上的大企业。

如果你违背这个原则或跳过一些步骤，则可能产生负面的效果或者收获甚微。有些恋人一见钟情，在 4 天的热恋后就前往拉斯维加斯结婚，然后，在大约 3 个星期后离婚——只因为他们忘了应该先建立友情。

你应该已经猜到了，遵循这一原则的关键就是时间。有很多人告诉我他们想跑马拉松，我问他们的第一个问题就是“你现在能跑多远”，如果他们的回答是 10 公里以下，我的下一个问题就是“你打算哪年跑马拉松”。如果你能够花时间慢慢提高跑步技术、积累公里数，跑马拉松就不是什么难事。我所完成的第一个比赛是 80 公里，作为第一个比赛这确实是够长的，但是我花了三年半的时间来训练。我从 16 公里起步，只有在感觉良好的时候才增加距离。慢慢加量使我的身体逐渐适应了更长的距离，也使我有时间去改善那些可能让我受伤的错误跑姿。不过最重要的是，这使我逐渐建立起了信心，让我觉得跑 80 公里不算什么太难的事情，也不会伤害我的身体。

据我观察，比赛的当天打破这一原则的跑者就更多了。所有人站在起跑线上，枪声一响，他们如离弦之箭一般冲了出去，就好像终点线就在下一个街区。当我在终点线旁溜达的时候，总会看到那些在起跑线上像兔子一样飞奔的熟悉身影，只不过这时他们会像西部片里背部中枪的坏蛋一样步履蹒跚。

这一场景在肌肉跑中大量出现，其基本的理论是：①为比赛努力训练；②起跑后使劲跑，尽量保持住速度直至精疲力竭；③尽量在吃完从家里带来的饼干之前越过终点线。

不论是一次跑步还是一个跑步训练计划，循序渐进原则始终贯穿在太极跑之中。在开始阶段，一定要慢慢起步、一点点加速，好让你的身体适应跑步。这就和开车的道理一样，你不能从第 4 挡起步，而应该逐渐换挡加速直至达到你想要的行驶速度。你的身体也不例外，不要在跑步计划的开始阶段就跑得太快、太远，否则身体可能受伤，大多数伤病的产生都是因为跑者在身体没有生长出新的肌肉细胞之前就提前上路。任何坚实的结果都来自于一步一步、扎扎实实的积累，不要漏掉成长中的任何一个步骤。如果跳过一些步骤，你就是在违背这一原则，其结果可能就是疲劳、疼痛乃至受伤，有 60% 的跑步伤病都是由于提速过快和距离过长造成的。从情绪上说，如果在实施一个跑步计划的开始阶段跑得太快，因强度过大而崩溃，最终你可能会再也不想跑步了。我会在第 6 章中更多地应用这一原则。

如果我在跑步时违背这一原则，就会付出一个又一个的代价：以更慢的速度达成目标，疼痛的双腿，更长的恢复时间，甚至是伤病。要是我在生活中违背这一原则，就会增加失败的概率。一步一步来，逐步增加，在前一步的基础上迈出下一步。循序渐进是我们一生都应当遵循的原则。

动作中的平衡：物理平衡和互补平衡

你应该见过下面这个阴阳鱼符号（见图 2-1）——在一个圆中间有一条 S 形的线将黑白两个相等的部分分开。不同于一条垂直直线将一个圆从中间分成两个相等的部分，这种 S 形线的划分表示的是能量互补和达到平衡。你可以注意到，当中线一边的面积加大时另一边就相应缩小，一边扩张另一边就收缩，一边硬另一边就软，一边轻另一边就重，一边活跃另一边就收敛。平衡并非绝对相等，它表示的是两种互补的力量相互和谐地交汇在一起时达成的一种平衡与集合状态。

图 2-1　阴阳鱼

在跑步中，你需要通过两种方式达到平衡：效率的平衡和物理运动的平衡。太极跑与太极拳一样都有 6 个物理运动方向：从左至右、从上至下、从前至后。当身体的一个部分向前时另一个互补的部分就向后：当身体向前倾的时候，你的腿就会向后摆动；当一边身体伸展时，另一边就会收缩。下半身的运动是用来平衡上半身的运动的，在运动时，你总是会尽量做到均衡而不是只强调一边的运动。

如果只利用双腿而不让身体的其他部位来协助跑步，那么你就是以一种不平衡的姿态跑步，你的双腿就会过度劳累。如果要滚动一块大石头，让 5 个人一起推就会容易得多，因为劳动量可以被分担。太极跑就是让你身体的所有部位在一个整体中运行，每个部位都承担着一定比例的工作。当所有的部位协调工作时，你的身体就是以平衡的方式运动。猎豹跑步的时候没有一个部位是不工作的，因而它的跑动就是平衡的。

寻找平衡的关键是，搞清楚自己的中心在哪儿，这样才能让自己在这个中心的周围保持平衡。检查身体是否平衡的方法就是，看看你的左边再看看你的右边，一边的肩膀是否比另一边高？是否有一只脚向外撇？你的中心点就是你的中心线，尽量让中心线的两边平衡。在第 4 章中，我们将帮助你达到全身平衡，这样你的跑动就平衡了，也就更加有效率了。下面是一些显示平衡的例子：

- 液体的平衡：你流汗越多就越需要多喝水。
- 训练的平衡：轻松的休息和艰苦的训练。
- 补充的平衡：运动量越大越需要补充更多的能量。
- 努力的平衡：跑得越快就越需要放松双腿。
- 工作和玩的平衡：工作越辛苦，玩就越重要。

除非学会与自然法则合作，否则我们前进的路上将会一直伴随着伤病、疲劳、失望或其他顽症。当你遵从这些原则时，跑步将使你获得终生健康，所有关于跑步对你是否有益的疑问都将烟消云散。以自然的力量为后盾，成功和喜悦的可能性将会无限扩大。

第 3 章
4 项太极技能

只有通过长期努力，走上精益求精之路，坚持不追求短期目标的持续练习，才能把事情做到最好，最终获得成功。

——乔治·伦纳德，《如何把事情做到最好》

让你的大脑更加专注

身体感知：高速通路

呼吸：挖掘你的“气”

放松：减小阻力之道

我做过 15 年木工，深谙不断提高技能的价值。每当出现严重计算失误的时候，我都得想方设法帮自己“灭火”。坦白来讲，从无数次错误中学到的技能比我从书架子上的木工书中学到的要多得多。我还非常幸运地拥有几位颇有天赋的良师益友，他们教会了我如何将一棵树变成精美的家具。

手工艺者和工匠们靠他们的技能战胜各种挑战，从这一点来看，跑步和生活其实没有什么不同。我这两个看起来毫不相干的兴趣有 4 个相同的基本技能，我称之为“太极技能”：专注、身体感知、呼吸和放松。

太极技能是我跑步的必备工具，我很愿意与你们分享。当跑 50 公里时，我用这些技能使自己以最小的努力发挥出了最佳的水平。太极技能可以让跑步变得更加多维，使你的训练拥有更多的深度和宽度——因为它关注的不仅仅是跑步本身。你将以全新的方式接触跑步而不再只是停留在更远、更快的范畴内。

这些技能可以帮助你更轻松地实现生活中的任何目标。虽然我们每天都在使用这些技能，但却是无意识的。通过在跑步中有意识地练习太极技能，你将会提高专注力，增强身体的感知力，更加放松身体（不是有很多人都做不到这点吗），并且最大限度地强化最基本的能力——呼吸。

如上所述，在太极跑中，过程就是目标，太极技能既是有价值的技能同时又是值得追求的目标。因此，每当练习专注力的时候，你就是正在实现变得更加专注这一目标——这是非常令人满意的效果。

在第 6 章，我们会细致地讲解如何将太极技能与技术动作融入你的跑步当中。但是现在你要做的是，在跑步中用 5 分钟的时间练习这些技能中的任意一项，你也可以在做其他任何事情的时候练习它们（从刷盘子到洗尿布）。这样做将使你更好地掌握这项技能，也自然会提高你的跑步与运动水平。显而易见，这些技能既可以提高你的跑步水平，也可以提高你的生活质量。

让你的大脑更加专注

太极跑是有头脑的人使用的跑步方法，永远都不会有“阿呆学会太极跑”这回事。虽然具备一定的身体运动能力和经验是十分重要的，但在太极跑中大脑承担的工作才是最多的：它要停止倾听各种各样喋喋不休的声音，以便专注于倾听来自自己身体的声音；要指挥肌肉去运动或放松；要设计完美的跑步方案，慢慢起步，找到一个完美的频率，将周边环境中的“气”和一切美好的事物融入你的跑步中，帮助你轻松、精力充沛地完成一天的跑步。

我们有很多理由去学习新的东西——不论它是太极跑、一门外语、一种乐器还是一个菜谱。我们需要学习，这是我们与生俱来的权利。如果停止学习，我们也就停止了成长，我们的大脑也将变得迟钝。要是不用它，你就要失去它了。

学习和练习太极跑的两个关键因素（也是最大的好处）是：**一个专注的大脑和一个有响应的身体**。能够让大脑来指挥身体的活动是使你成为自己身体主人的重要一步。太极跑的专注练习就是要训练你的大脑，以使之不论是在跑步、站立、坐着还是走着的时候都能够感知、回应并且指挥你身体的活动。

如果你可以通过双眼让大脑指挥身体的能量和运动，你就是在应用我们所说的“意极”了。这是一个需要全身心专注的技能，如果你想提高效率和速度就一定要掌握它。这还是一种完全不受干扰的专注力，就像一条狗眼都不眨地盯着一只鸟、一名网球手在等待对手发球或者一名女交警在开罚单时的样子。

猫捕食的过程就是一个很好的理解意极的例子：你肯定见过一只猫盯上了旁边的一只小鸟，它用目光死死地盯着猎物，如凝固了一般定在那里。然后，它开始眼都不眨地、缓慢而安静地向鸟爬去，此时它只能被形容为“一只打太极拳的猫”。它的四肢是柔软的，爪子软软地落在地上，悄然无声。唯一不变的是，它始终注视着那只鸟，这就是意极。猫的视觉注意力指导着它的身体进行行动，对它来说，这不是一个思考的过程，是它的意极在将它拉向那只鸟。

其实所有伟大的运动员都在使用意极，不管他们是否知道。在足球比赛中，球员从未将他们的目光从足球上移开，在冰球比赛中那就变成了冰球，在篮球比赛中，则……你明白了吧。当"老虎"伍兹站在高尔夫球旁，他会先看一下目标，然后向下看着球，在挥杆之前，他先将全部的注意力集中到球上，接着在保持注意力集中的同时开始挥杆，在杆头接触球之前他的眼睛都会始终盯在球上，这就是意极。当你的身体、你的愿望、你向前的运动、你的大脑和你的心连在一起时，意极就出现了。

通过练习意极你会感到自己充满能量、头脑清晰，这是因为你的注意力变得十分专注于目标。当你能够保持不受干扰地始终盯着一个物体或一个目标时，你的大脑就不会再胡思乱想了。我会在第 4 章中具体讲解如何练习意极。

"但是谁需要那么专注呢？"你可能会问，"我只是想跑一跑，放松放松，让大脑休息一下。"就像冥想练习一样，在太极跑中当对大脑和身体进行训练时其实比你胡思乱想时要轻松得多。研究表明，静静地坐着比看电视要轻松，大脑保持专注时比漫无目的地想着日常琐事时要轻松。当你专心地学习新东西时，你的收获就会远远大于付出。当你的太极跑姿态最终变得自然时，你的大脑和身体也就成为了一个整体。你将不再需要努力地集中注意力，甚至连想都不用想，因为那时你的状况和反应是同步的，就像猫捕鸟一样，你是被意极拉着向前。练习太极跑的动作就是为在任何情况下使用和开发意极做准备。

当 48 岁的鲍勃（Bob）来上太极跑课的时候，他已经是一个有着 15 年跑龄的快乐跑者了。他告诉我，在过去的 3 年中每星期有 5 天他都会绕着邻居的房子跑 4.8 公里。他跑得很有规律，连跑到自己家门口所用的时间都可以精确到秒。在参加了太极跑课程后的第二天，他像往常一样跑圈，在这次跑步中他应用了所有自己能记住的太极跑动作。每天鲍勃对这种训练都会有十分明确的感觉，这天，当他跑到自己家门前时看了看表，想着还应该看到与平时相同的数字，令他吃惊的是，他比以前的最好成绩快了 3 分钟。鲍勃说他以为是表在跑动的过程中停了，于是，他还敲了敲手表确认了一下它是否正常。不仅如此，他还觉得完全不累。于是，他又马上出去跑了 3 公里！鲍勃做得非常好，他始终让自己保持用太极跑的动作跑步并使身体充分地放松。

保持太极跑的动作就是一种冥想练习，可以训练你的大脑减少杂念。与冥想一样，太极跑的伟大之处在于让你学会了如何让大脑与身体发挥作用，那才是真正的自由所在。

如果你希望学到的是在跑步中免于受伤或跑得更快、更远些，太极跑可以帮助你实现这些目标。如果你想从冥想中受益或体会集中注意力所带来的力量，太极跑也能够帮助你实现这些目标。专注的大脑、放松与有响应的身体将最终带给你一个轻松的运动。

如果你想体会一下大脑专注的感觉，可以这样做：以你将在本章后面部分学到的姿态在椅子上站直，绝对不要躬腰。就是这样！你的专注力会使你保持好的姿态。我会在本章的结尾部分问问你是怎样做到的。

身体感知：高速通路

在太极技能中，身体感知是最重要的，如果不能感知身体的运动是否正确那也就无从提高跑步技术了。清晰地辨认和感知身体在运动时所传来的细微差别，可以使你在任何速度的跑动中做出相应的调整并提高效率，从而减少不必要的无用功。

身体感知技能使你的大脑与身体成为一个团队，越多地练习在大脑与身体间建立清晰的沟通联系，就能够越快地进入轻松愉快的跑步境界。

小时候，我和哥哥玩过一种用两个锡杯和一条线打电话的游戏——那是一种原始的通信方式，但却是可行的。现在有了更多的通信方法，比如电脑和调制解调器，我可以发电子邮件、音乐和照片。但最基本的目的没变，还是为了提高我们的交流能力。

锡杯的例子很像身体感知，很多年前我刚开始跑步的时候身体感知就处于锡杯的水平：我的大脑告诉我的身体要出去跑步；当我的身体累了的时候，身体感知就会促使我的大脑做出停止今天的跑步的决定。那就是当时我的身体与大脑间交流所处的水平。

现在，我更好地掌握了身体感知，能够仔细地倾听和辨认跑姿中传来的细微差别，然后做出微调。每当做出调整时，我就会更加仔细地倾听身体传递的声音。我从不判断身体的回馈是好是坏，它们只是反馈而已，而我只负责收集信息。就像老夫老妻一样，这种大脑和身体之间的交流更多的是依赖第六感。我不仅仅是在享受这种互动，简直就是依赖它。只要我能够仔细地倾听，我的身体便会告诉我一切我想知道的，以便让我得到最好的结果。

锡杯还可以说明另一种情况，当我跟哥哥用那个原始的连线进行通话时，在线路上常常伴有大量的静电干扰，简直使我无法听清哥哥说的话，如果这根线碰到我们之间的任何物体还会增加更多的噪声。与此类同，也有一些因素会在你的“线路”上增加“静电干扰”,使你无法听清身体传来的声音。我所说的这些“静电”源自你的思想活动——你对自己正在做的或可以做的事情所给出的判断和采取的态度。身体感知不是一个思维过程，而是一个感知过程。要小心诸如“我应该”、“我不能”、“我不是”或“我不得不”这样的词语。任何负面或判断性的想法都将在“线路”上产生“静电”，没有人在接电话的时候想听到这些。

身体感知是我在学习和开发太极跑时用到的技能，而现在它已经成为了我的本能。

太极跑不仅仅是一个跑姿方法，还是一种在你的头脑与身体之间建立良好沟通的运动。在学习太极跑的时候，我们会要求你以一种特殊的方式运动自己的身体，然后感知自己的身体，这样你就能知道自己正在做的是否有效率。

如何进行身体感知

这是我最喜欢的练习身体感知的方法之一，你将学到如何辨别感知与现实之间的区别，这是一个我们都会用得到的技能。

练习：镜子练习

1. 站在一面大大的镜子前，闭上双眼，双脚平行，双膝微屈，肩膀端正，手臂和双手放松地垂于身体两侧。
2. 开始感知你放在地上的脚和它们的位置，感觉你的双腿、臀部、躯干、胳膊、双手、肩膀以及头部的位置。想象着你感觉到的自己的样子，花些时间真正地感觉一下你的身体。
3. 做完这些大约要用一分钟，然后睁开眼睛，观察一下你想象的身体的模样与镜子中实际的样子之间的所有差别。
    * 你的脚是真的平行吗?
    * 你的肩膀两边平衡吗?
    * 你的手指是直的还是弯曲的?
    * 你的头部是摆正的吗?

现在，侧身对着镜子，然后再一次闭上双眼，双脚平行，保持最好的姿态，再用一分钟来感觉一下自己身体的各部位。睁开眼睛，转头看看镜子中的自己，看看你感觉到的自己和镜子中的样子有什么不同。

- 你的脊柱是垂直于地面的还是佝偻的?
- 你的下巴是上扬的还是下沉的?

经常练习这些动作，你将对自己的四肢和身体产生真实的感知，也会更加熟练地指挥自己的身体做出你希望它做出的动作。

这个练习跟我给学生们拍摄录像是一样的，他们都认为自己是在以某种方式跑步，但是当看到实际情况时，他们都会对自己所做的感到吃惊。从录像中看到真实的自己可以使他们更准确地进行调整。

我希望你每天早晨在做其他事情之前先做这个镜子练习，到体育馆后的第一件事也是做这个练习。整个练习的时间大约不超过 5 分钟，当然，花的时间越多越好。别急着跳过这一步，要花些时间去享受对自己身体的感知和了解，更快并不意味着更好。坚持做这个练习，你就能感知到身体所有部位所发生的事情。

身体感知的 3 个步骤

下面介绍身体感知的 3 个常用步骤，试着感受一下每一步对你意味着什么。它们是掌握身体感知技能的重要指南，你应该尽可能多地重复这些步骤。

1. **仔细倾听**。每当你对跑姿的练习做出调整的时候，都要仔细地倾听你能感知到的任何细微的变化：你的身体是怎样运动的？那样做感觉如何？你的身体各部位感觉如何？
2. **信息评估**。问问自己，你的身体是否正按着你所希望的方式运动，尽可能地辨别你所做的每个调整是否有效。如果你觉得比原来轻松了，那么记住这种感觉以及你是如何做到的；如果你觉得更困难或更不舒服了，那就感知一下是什么地方不对劲儿。
3. **逐步调整**。进行微调从来都是最好的策略，任何突然的改变都有可能对身体造成伤害。

在第 4 章中，你将学到如何用大脑来帮你完成太极跑的跑姿动作练习。在做那些动作的时候，必须用身体感知技能来确定自己做的是否正确。打个比方，你的动作是练习在跑动中放松脚踝。首先，你的大脑会告诉你的脚踝要放松，然后你就要感觉自己的脚踝是否真的放松了。如果做对了，那么你的脚踝会感到又柔软又放松，你将会记住这种感觉并且会在下次跑步时找到这种感觉。如果你没有完全放松脚踝，则可能会感到自己的跟腱被拉扯或小腿紧张，那是你的身体在告诉你你并没有放松，你就需要再一次要求脚踝做出调整。最好多重复几次这样的循环，直到你对自己的运动方式感到满意了，或至少是在向着正确的方向发展了。

当刚开始学习身体感知的时候，如果能有人在你跑步的时候帮你录像就再好不过了。你可以回放录像带，用静止或慢速播放的方式来观察自己跑步的每一个细节，这样可以非常直观地对比实际的跑步效果与你想要的效果之间的差别。你可能觉得自己是在做前倾，但实际上并没有那样做；你可能觉得自己正在疯狂地摆臂，但其实你的胳膊只是挂在身体两侧。当人们在录像带中看到自己的姿态后，往往会取得重大突破，这是因为他们记得自己的在跑步中的感觉，并将之用来与录像带中的自己进行对比。

练习：身体扫描

另一个重要的身体感知工具就是身体扫描，你应该经常性地做身体扫描（可以在早晨起床时乃至在全天当中做，特别是在跑前、跑中和跑后），要把身体扫描变成一种习惯。

从头开始，然后一路向下扫描，你所要做的就是，将注意力集中到每一个区域，看看自己是否觉得那里有紧张、僵硬、不适或疼痛感。如果没有，谢天谢地，你可以继续向下；如果觉得什么地方不对劲，就将意念集中到那个区域并做一个深呼吸，试着放松那里，把所有紧张和不适清除出去。

如果你觉得有个区域需要特别关照，暂时不要花太多精力，先去扫描身体的其他部位，在放松了其他所有部位之后再返回来给这个区域以特殊的照料。

下面是身体扫描的顺序，为了让自己熟悉每个区域，请先从第一个开始。在操作的时候，将你的手放在那些不能轻易感觉到的部位，触摸可以促进大脑与那个部位的联系。在每个位置停留几秒钟，检查一下是否有紧张或疼痛感，然后继续扫描并在每个区域倾听。如果你正坐着看这本书，不要站起来，你可以坐着来做这件事。

感知你的头—颈—肩膀—双臂—肘部—手腕—双手—上背—胸部并进行呼吸—腹部—下背—骨盆—髋部—臀大肌—股四头肌—双膝—小腿胫骨—脚踝—双脚。

扫描完成后，再用 10 秒钟的时间从头到脚连续扫描一遍。

掌握了身体扫描以后，你就变成了自己最好的老师和教练。一旦习惯了身体感知的这 3 个步骤，你就不会被“下一步应该做什么”以及“做得对不对”这些问题所困扰。记住：①仔细倾听；②信息评估；③逐步调整。

呼吸：挖掘你的“气”

同身体感知和专注一样，呼吸也是一项技能，在东方的很多学科（如瑜伽、密宗、气功和冥想）中，它都居于核心地位。同时，全世界也有大量的专著来论述呼吸以及正确呼吸的重要性。呼吸是“气”进入身体的一种方式，在瑜伽中，呼吸训练被称为“调息”，其中的能量与“气”是一样的。与所有有氧运动一样，呼吸在跑步中起着提供氧气的关键作用，可以帮助肌肉燃烧能量。如果你的肌肉缺乏足够的氧气，它就失去了燃烧能量的主要动力。你的身体从大气中提取氧气输送给肌肉的效率越高，在跑动时你就会觉得越轻松（在第 6 章中，我会给你一些提高需氧条件和效率的提示）。

很多人在跑步中都有过喘不上气来的经历，这不是坏事，当你的速度和距离超出能力范围时，这必然会发生。有很多人向我坦白，他们会让自己慢慢呼吸以使别人看不出他们已经扛不住了，这看起来还不错的状态实际上却损伤了大量的脑细胞。还有些人对呼吸困难有着极大的恐惧。呼吸沉重是每个人的噩梦，也会使人说出带有不安全感的消极话语，比如：

- 我要死了。
- 我坚持不住了。
- 我干不了这个。
- 我感觉不好。
- 这太困难了。
- 我可真是难堪啊。
- 我简直不能相信我已经扛不住了！

沉重的呼吸使人在跑步中耗尽氧气、呼吸困难，还会导致缺氧或引发心脏病，使人产生快要昏倒的感觉。

以下是一些让你感觉呼吸沉重的原因：

- 有氧能力低。
- 浅呼吸。
- 肌肉紧张。
- 某顿饭吃得太多了。

有氧能力低

如果你刚开始练习跑步，那很有可能会呼吸困难，这是因为你的肌肉还不能吸收更多的氧气以维持体力的消耗。增强有氧能力的最好方法是 LSD，不，那指的不是麦角酸二乙基酰胺（一种迷幻药），而是长距离慢跑，进行长距离慢跑可以提高你的有氧能力（我将在第 6 章讲到这些）。在你的训练计划中加入长距离慢跑可以使肌肉能够跟得上自己的需氧量。增强有氧能力的窍门在于，以一种可以聊天的配速进行长距离慢跑，也就是说，绝不要让速度快到使自己喘不上气来，你应该能够毫不费力地与同伴边跑边交谈。

浅呼吸

如果你是用肺的上半部呼吸，那么你就不可能得到足够的氧气。在我的学习班上有一个医生跟我说，一个人的氧交换区域主要是在肺的下半部，因此，就算你像个蒸汽火车似的大口呼吸，如果你只将空气吸进肺的上半部，你的血液中也不会有足够的氧气。改善的方法就是深呼吸，将空气吸入肺的下半部。如果你喘不上气来，那不是因为吸入的不够，而是因为呼出的不够。将肺底部无用的空气彻底呼出非常重要，这样才能让你吸入大量新鲜的氧气。

这里有一个浅呼吸和腹式呼吸的比较，浅呼吸会引起交感神经的逃生反应——战或逃的反应，这反过来会引起肺部的应激反应并加速心跳。逃生反应会触发压力荷尔蒙氢化可的松和肾上腺素的分泌，使得身体燃烧血糖和贮存的脂肪。由于肌肉氧化率低，还将导致血压升高，最终使得肾上腺负担过重，从而使身体崩溃。

腹式呼吸（横膈膜式呼吸）是将空气吸入肺下部的肺叶中，刺激身体的副交感神经产生反应，使身体分泌一种有益的荷尔蒙混合物（即血清素和 β– 内啡肽）。这会降低心率和血压，改善循环，起到镇静作用并使身体感觉良好。

下面就是进行腹式呼吸的方法：站着或坐着，将双手放在肚脐上。现在，将嘴唇缩拢，就好像你要吹蜡烛一样，吐气，将肚脐向脊柱方向压缩，使肺部的空气全部排出。尽可能地吐完空气，放松腹部，空气就会自然地被吸入。如果你还想向肺中吸入更多的空气，可以在吸气的时候扩张胸腔下部。在不跑步的时候做这个呼吸练习，这样你就可以在不承受压力的情况下学会这项技能。当你习惯了腹式呼吸，就可以将它应用到你的跑步中。尽量使你的呼吸与步频相匹配，我一般是三步呼出两步吸入，不过你可以选择最适合自己的呼吸频率，并且呼气时间长于吸气时间会对你更有帮助。

在进行腹式呼吸时用鼻子呼吸效果会更好些，经常以可以聊天的配速进行长距离跑是最理想的提高有氧能力的方法，而鼻式呼吸（用鼻子呼吸）可以确保你是在用一种有氧配速进行跑步。我来告诉你怎样做：下次出去跑步的时候，把嘴闭上（一直闭着）并用腹式呼吸，如果你不得不张嘴才能喘气，便说明你吸入肺中的氧气是不足的，也就是说，你跑得太快了。鼻式呼吸是一种非常好的自检方法，因为不论你是跑得太快还是不够放松，抑或是运动效率不高，你都无法进行鼻式呼吸。我刚练习鼻式呼吸的时候只能坚持一分钟就不得不用嘴呼吸了，而随着跑姿的改变我的运动变得越来越高效放松了，我逐渐可以在更长的时间内进行鼻式呼吸了。现在，我可以在大部分的跑步中都采用鼻式呼吸，用这种方法跑步会使你的身心都感觉轻松不少。

肌肉紧张

如果你的肌肉太紧张，你就一定会呼吸沉重，因为紧张的肌肉会使肺部很难将氧合的血液挤压到你的肌肉细胞中。这就如同向薄煎饼和百吉饼上注糖的区别一样——百吉饼的密度很大，几乎不能吸收任何东西；相反，薄煎饼却像海绵一样能够吸收所有的东西。

想改善这一状况其实很简单，只要放松就好了！难道你不是为了放松自己才开始跑步的吗？别把自己搞得那么紧张，也别端着你的肩膀，笑一笑！放松你的臀大肌，不要让臀部紧紧的，像蝴蝶一样随风飞舞吧，放松起来！

对呼吸帮助最大的方法就是，学会在跑步中放松自己，放松后一切都会变得容易起来。由于跑步的效率提高了，你的需氧量也就降低了，呼吸将会更加自然。

某顿饭吃得太多了

某顿饭吃得太多了，你感觉自己像条搁浅在海滩上的鲸鱼，也有一种在跟 8 岁的小孩玩捉迷藏时的体力不支感。

这是没办法解决的事情，你只能在好好玩儿的同时尽可能地在那顿饭中把持住自己。

我见过一些跑者仅仅通过学习改善呼吸就提升了速度和距离，所以越早发现产生呼吸问题的原因就越有可能尽快地做出调整。

正确的呼吸几乎对任何事情都有帮助——从丰富的想象力到更强的智力，甚至到更好的性生活。无论做任何事情，通过采用我们的这些建议你都可以很好地呼吸了。现在，把这本书放在你的膝盖上，坐直，深吸一口气，然后发出一个长长的“啊”。看到没有？好好呼吸并不困难，你只需要提醒自己这样做。

放松：减小阻力之道

我不知道谁会不同意在生活中应当放轻松一点儿，但是自相矛盾的是，我们却要为此付出努力。有趣的是，帮助我们学习放松的 3 个工具就是专注、身体感知和呼吸，这说明放松其实就是太极技能的全部内容。

几乎所有我认识的人都处于一种有点儿紧张的状态，因为总有一些事情让我们不太喜欢。我们都需要并且渴望生活能够更敞亮些！我在跑步时总会尽量想象一幅轻松的画面：自己的关节全部舒缓了，动作悠闲而舒展，没有任何压迫感，我的运动既自由又松弛——这就是我们现在要谈的“放松”。

徐师傅在另一堂太极拳课中让我领略了这种放松的感觉。他活动着自己的身体，而我几乎看不到他在使用肌肉。他对我说：“来，把你的手放在我的胳膊上，我做动作的时候就放在上面。”我照他的话做了。

“现在，我用肌肉来让我的手运动。”他微笑着说。他做着动作，我能感到他手臂的力量。他的手臂就像感恩节晚餐中烤过了头的鸡腿，结实而僵硬。

“现在，我用‘气’来运动。”他开怀地笑着说道。

虽然这次他依然用同样的动作移动手臂，但区别却极具戏剧性，我觉得最接近的比喻就是像我女儿熟睡后那柔软的手臂。我能明显地感觉到一种坚硬，而这坚硬并非来自胳膊，而是来自他的体内。无论我怎样推他的胳膊，他都能继续移动，仿佛我并不存在。他能够用他的“气”使我跟着一起运动，而他的肌肉始终是放松的。徐师傅在每一堂课上都在向我展示着放松的力量。

一位心灵导师给过我一个关于放松的精彩定义，他说："放松就是不做无用功。"说起来容易做起来难。我开始不断地实践这个理念，当我将其应用到跑步中的时候发生了这样的事情：越是能够放松双腿不让它们使劲，我向前冲的阻力就越小。太极跑技术可以使你不再将重点放在双腿上，你的身体跑起来会更轻松。我跑得越快就越能感觉到我是在用自己的中心部位而非双腿跑步。同样的，我越是将力量和注意力集中于我的中心部位就越少用到双腿，也就跑得越快。这个循环总是有效！

还有其他一些放松肌肉带来的好处：当只用肌肉活动身体的时候，你就只是用肌肉中所储存的有限的能量来运动。而当用"气"来运动的时候，你就相当于把自己的身体变成了使用两种混合动力的机器——这近似于使用汽油和电力的混合动力汽车，只有在必需的时候汽油发动机才工作（上坡或高速），而其他时候则是电力发动机工作。与此类同，太极跑技术使你在跑步中很少用到肌肉（汽油），因为"气"（电力）在做着大部分的工作。"气"用得越好，肌肉的燃料消耗就越少。这并不意味着你就永远都不会疲劳了，但是用这种高效能的方法跑步意味着你肌肉中储存的能量能够使用更长时间。你能想象出如果主要用"气"来跑步是什么感觉吗?

我一直用"放松"这个主题来学习更省力地跑步，同时也看到了它给我生活的其他方面所带来的变化。迄今为止，我生活的所有方面都会用到它。只要放松并集中精力，我就能更加轻松地完成摆在我面前的任何事情——不论是一个 10 公里跑，还是做一顿饭，抑或是往返于交通高峰期。当你不再给一件事情设置阻碍的时候，它就会更容易完成，特别是那些你不愿意做的事情！如果我不再为双腿设置障碍，我的跑步就会变成本能的样子。同样，如果我不再给生活设置障碍，我的生活也将恢复它原有的面貌。

跑步可以使你探索潜藏的自由从而更好地放松身体，真正的放松需要拥有一个强壮的中心部位以及放松身体其他所有的部位。太极跑技术在教会你放松的同时，也给了你提供拥有强壮的中心部位的工具，这就是在跑步中应用的“绵里藏针”原则。

练习：10 秒钟放松练习

这个练习需要在你不跑步的时候进行，这样你就可以更明显地体会到它，并在需要的时候将它应用到你的跑步当中。（你将发现在做这个练习的时候也会发展你的专注力与身体感知技能）

坐在椅子上，或躺在地上，或站直。现在，吸气，同时绷紧你身上的每一块肌肉。保持这种状态，数 10 下，然后呼气并充分放松。不断地练习，直到你感觉可以把身体上每一块紧张的肌肉都放松下来。要将每一块肌肉都彻底地绷紧，同样，也要将每一块肌肉都彻底地放松。

下一步就是将放松的部分用于跑步之中，这样，无论何时你都有了一个强大的跑步工具。

想象一下，如果我们的每一所公共学校都把专注、身体感知、呼吸和放松这 4 项太极跑技能作为必修课，我们的世界将会是什么样子？在我看来，这 4 项人类经验的总结是我们生存下去的最基本的因素，是人类与生俱来的权利。我们在不同的时间应用着它们，但你能想象到如果它们同时被使用会是什么样子吗？你所从事的任何活动的深度将大大改变！在跑步中练习这些技能，你将最终把它们应用到每天的生活中，从而丰富自己和周边的世界。

顺便问一下，你是怎样保持自己的姿态的呢？

第 4 章
跑姿动作：太极跑的基础

经济基础决定上层建筑，上层建筑反作用于经济基础。

——佚名

太极跑的跑姿概述

6 组跑姿动作

让我们跑吧

动作清单

我们写这本书的一个主要目的是，让你能够尽可能轻松地掌握和理解太极跑。为此，我们将这一章分为两个部分：在第一部分，我们会进行太极跑跑姿的概述，你将看到的内容包括：技术的原理、学习的流程，以及当你提高了太极跑技能后会有怎样的未来。

在第二部分，我们将解释所有太极跑技术的组成部分——我们将其称为“跑姿动作”，这有点儿像是给所有参与跑步的身体部位列一份工作描述清单。

第一部分：太极跑的跑姿概述

在这里，我们想让你对下面将要做些什么有个大概的了解——就如同在驴嘴前挂的萝卜，从而能让你沿着学习良好跑姿的道路一直走下去。

当太极跑更充分地融入你的跑步当中时，你将有机会体会到标题中所说的省力地跑步的美妙感觉。学习太极跑是不可能丝毫不费力的，这一点我们都很清楚。但是，随着将太极跑的跑姿应用于跑步之中，你会更多地体验到那种美妙的感觉，会产生“我可以永远跑下去”的感觉。当我跑步时，有60% 的时间会有这种毫不费力的感觉，剩下 40% 的时间是我在向这个境界努力。我总是在修正错误，尝试新的东西，不断练习，并将注意力集中于我的薄弱区域。虽然我也喜欢这 40% 的部分，但当我真正进入那 60% 的境界时，那便完全是单纯的快乐了！

很多学员都来信赞扬这些使跑步变得更加省力的练习，珍妮（Jeanne）写道：“丹尼，我必须再说一遍，太极跑太酷了！真的，今天早晨我觉得自己的腿仿佛消失了——我就好像飘在空中！我爱死它了！谢谢！”

本章将完整地讲述所有太极跑动作的细节，但是请稍加注意，这章所谈的内容并不是按你学习的顺序来呈现的。我们将在第 5 章给你一个最佳的学习顺序，它将从 10 节特殊的课程开始，成千上万名成功的跑步学习者证明了这个顺序是简便而迅速地学习太极跑技术的最佳顺序。

跑姿动作分为6个类别：姿态，前倾，下半身，骨盆扭转，上半身，3种步频、步幅与挡位。在这一章，我们将解释每种跑姿动作的逻辑和方法，因为所有关于跑姿动作的细节讲述都在本章，因此，在第5章乃至本书的其他部分都会经常提及这一章的内容，所以你最好把每个涉及跑姿内容的部分用记号笔画上记号，以便在你对某个技术有疑问的时候能够快速查阅。

在阅读本章的时候，你只需要放松地吸收知识，不必现在就全部掌握，也不用随时准备接受测验。

6组跑姿动作

姿态

太极跑最基本的概念以及最有效的原理就是，将身体从头顶一直到脚底对成一条直线，我们称之为“身体立柱”。当身体立柱对直的时候，你身体的重量便主要是由你的身体结构来支撑，而不是由肌肉来支撑了。

前倾

太极跑的理念是让你的身体立柱以一种可控的方式略微前倾，利用重力将你向前拉。在前倾时，道路的反向力会将你的支撑腿向后拉，而你的前进脚会落在身体重心的下方，使身体不会向前倒下，当你的身体立柱移过时，支撑腿便会支撑住你的体重。要用全脚掌在身体立柱的下方（绝不可以在前方）轻柔地着地，随后，道路的反向力会把那条支撑腿向后拉。

下半身

当身体前倾时，你只需轻柔地将脚抬离地面去支撑自己向前的倾倒，完全无需用腿来推动身体。你不需要用股四头肌、小腿或脚趾来推动，也无需用腘绳肌将腿拉起，我们称之为“被动的小腿运动”，因为你的腿只用于在步幅间起支撑作用而不做其他事情。

骨盆扭转

你的腿部运动在上半身和下半身之间产生了一种相对扭转，而骨盆（如果可以的话）也会围着它的中轴（脊柱）进行扭转。如果你的骨盆不扭转，那就要由你的膝盖、股四头肌、髋部或下背来吸收道路传来的力量。扭转骨盆可以使你与道路传来的力量合作而不用让你的身体来承受它们。

上半身

在太极跑中，上半身是主导因素。我们的一个辅导员说："让你的心先跑（心脏位置在前）。"当你让自己前倾的时候，你是在与重力合作，你的肘部要向后摆动以平衡上半身的前倾。

步频、步幅与挡位

这一部分是步频、步幅和挡位的技术。在太极跑中，有一种东西是一成不变的，那就是你的步频。步频是指你的脚落地的频率，它是以每分钟的步数来计算的。有一种东西是持续在变的，那就是步幅。原因很简单，当你的速度提高了，你的步幅也就增大了。相反，当你的速度下降了，你的步幅也就相应缩小了。在跑动中，根据速度改变步幅就如同汽车或自行车换挡。

在太极跑中，我们首先建议你用比以前更快一些的步频来跑，你自己也会发现在速度慢的时候，你的步幅会比以前更小。在太极跑的视频中，你会清楚地看到这一点，我用同样的步频跑了 4 种速度，但是你可以清楚地看出每种挡位下步幅的差别。

省力跑的进阶

核心力量的进阶使用

当进入到更高阶段，你就会知道核心力量会帮助你在前倾的时候保持住身体平衡。你将学会用这种平衡来增减速度、上下坡、从疲劳中恢复并且玩得更开心。当核心力量增强了，你就可以在不必付出太大努力的情况下跑得更快、更远。

韧带与肌腱的使用

太极跑技术在髋部与肩膀之间产生了一种相对旋转，使你的躯干轻柔地扭转。这种扭转动作会拉动你的肩膀、躯干以及髋部中的韧带和肌腱，就好似有一根皮筋要将你扭转的脊柱拉回到正中的位置。利用这种皮筋效应，韧带和肌腱的伸展与收缩使得双臂和双腿产生运动，而不是因肌肉的收缩产生运动。这种非肌肉的运动产生了一种难以想象的高效能的跑步技术——你的韧带和肌腱不燃烧能量（不需要氧气和糖原），因此跑步时产生的乳酸也就相应减少。因为你的肌肉不会过度疲劳，你也就不需要太长的恢复时间。在跑步时，你的肌肉学会了放松，同时肌腱也变得更加灵活、有弹性。当重力将你向前拉的时候，你的身体会向前运动以呼应前倾。只要跑姿动作水平提高了，你就可以将它们用于更高的技术当中。

我知道这听起来好像是要求你在跑步时考虑很多东西，这也是我们建议你一次只练习一个太极跑技术动作的原因。你有很多的时间将它们融入跑步当中，所以别着急，在第二部分你将得到详细的指导。

虽然我们在这本书里尽可能详细地描述了太极跑的动作，不过观看太极跑视频或从经过认证的太极跑辅导员那里得到个人指点还是有巨大帮助的。在最近的观察中，我们发现人们最关心的问题就是，不确定他们做的是否正确。所以，找个辅导员帮你看着会很有帮助。而观看视频可以给你一个视觉体验，这一点我们的书籍无法做到。此外，与朋友一起学习太极跑也是个不错的选择。

第二部分：跑姿动作

太极跑的目的是，将跑步从一种运动变成一种修炼。当你把一种东西当成修炼的时候，你就会以提高技能或提升自我的心态来训练，而正确修炼的结果自然会比开始时有很大进步。在修炼的时候，你会以过程为导向而不是以目标为导向。在太极跑中，你要修炼的就是跑姿动作。

最能体现跑姿动作的太极跑原理就是“绵里藏针”，也可以理解为对直和放松。太极跑中的每一个跑姿动作都是通过对直或放松身体的某些部位来达到高效能或防止受伤的目的，而高效能与防止受伤是你在跑步中随时应该牢记于心的东西。太极跑的好处就在于，在一天中的任何时候你都可以练习，而不必只在跑步的时候进行练习。良好姿态、放松的肌肉和良好的呼吸应该是你生活的一部分。

这里再重复一下跑姿动作的 6 个类别：

- 姿态。
- 前倾。
- 下半身。
- 骨盆扭转。
- 上半身。
- 步频、步幅、挡位。

姿态

对直和放松是掌握正确而高效的跑步技术的基础，因此，让我们从对直开始吧。对直的基本规则就是：当你跑步时，应该尽量使身体的各部分向同一个方向运动。

这是个非常简单的规则，但是我看到过有如此多的人打破了这一规则。比如，如果你在跑动中胳膊向两边摆动，那么你是在浪费你的能量；如果你跑的时候上下跳动，那么你就不是完全向前运动；如果你像洛奇·巴尔博亚（Rocky Balboa，电影《洛奇》的主人公）一样肩膀晃来晃去地跑步，那么你就是低效率的。这只是小部分的例子！如果你身体的任何一个部位与你的运动方向不符，那它不仅不会帮助你，反而会造成关节的磨损，因为它不是在按照我们的身体所设计的模式运动。归根结底，你要与运动方向保持一致。

下面是 6 个使你的姿态对直的步骤：

1. 对直你的脚和腿。
2. 延长脊柱来对直上半身。
3. 保持骨盆水平，利用核心力量。
4. 创建你的身体立柱。
5. 单腿站姿。
6. “C”形状。

我们之所以从姿态对直开始，是因为好的姿态是太极跑技术的基石，也是锻炼强壮的核心肌肉的关键。当你的姿态正确时，能量或“气”就会毫无阻碍地流过你的身体，就如同水流通过一根直管比通过一根弯管容易得多。以一种没有对直的姿态跑步会导致紧张、疲劳、不适，甚至疼痛。当你的姿态对直时，身体的重量就是由你的结构而不是肌肉来支撑了。

姿态中也应用了“绵里藏针”的原则，当你的身体对直时，你就有了一条驱动身体的中心线或轴。当这条中心线笔直而强壮时，它就成了支撑你身体的“针”，你的双臂和双腿就变成了“棉花”。

很多人认为，姿态主要指的是躯干，当被要求站直的时候，他们不会想到腿要做什么，只是去调整自己的上半身。而实际上，你的下半身是同样重要的，尤其当你是个跑者的时候！所以让我们从对直脚和腿开始，因为它们是用于支撑你的步伐的。

对直你的脚和腿

让我们看看，如果你是用“八”字脚跑步会发生什么？脚尖朝外着地有可能使你用脚跟的外侧边缘触地。因为你的脚是沿对角线滚动并最终着力于大脚趾，这将弱化你的内侧韧带和脚踝肌腱，从而导致你的脚踝过度内旋。当你跨步时，这个动作将在小腿形成一种扭曲，最终你膝盖的内侧半月板肌腱上被施加了压力——这是跑者产生膝盖损伤、髂胫束综合征以及髋部伤病的最主要原因。关于更多膝盖损伤的内容，请阅读第 9 章的内容。

1. 双脚分开、对直，脚尖指向前方，平行站立。要使双脚对直，不仅仅是让脚尖指向前方，而是将双腿向内侧扭转，直到腿的正面对直你的脚尖指向的前方（见图 4-1）。这样，每向前一步都是在强化内收肌，最终，在跑步时你就不会再“八”字脚了（见图 4-2）。到那时，所有因过度内旋而带来的伤病都将成为过去式。

图 4–1 正确的膝盖 / 脚部对直

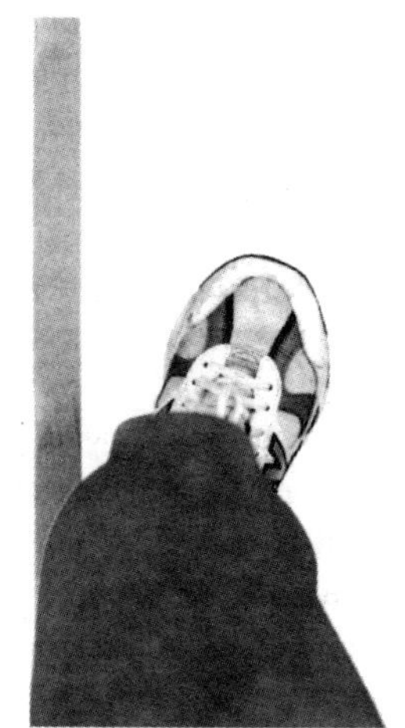

图 4–2 不正确的膝盖 / 脚部相对

2. 下一步，平衡双脚的压力。确保你身体的重量是平均地分配在左右脚之间的，然后在双脚间进行平衡，感觉跖球与脚跟之间的压力是平均的，最后再在双脚间进行平衡，感觉脚外侧与足弓之间的压力是平均的。发现这个“甜点”并且放松你的双脚，确保你的脚趾不是紧扣在地上的。学习用小腿被动地跑步的关键就是，在迈步期间始终保持双脚的放松和柔软。

预防伤病提示：

在对直双腿双脚后，放松膝盖，不要锁死，锁死膝盖会给髌骨造成很大的压力并导致膝盖受伤（见图 4–3 和图 4–4）。

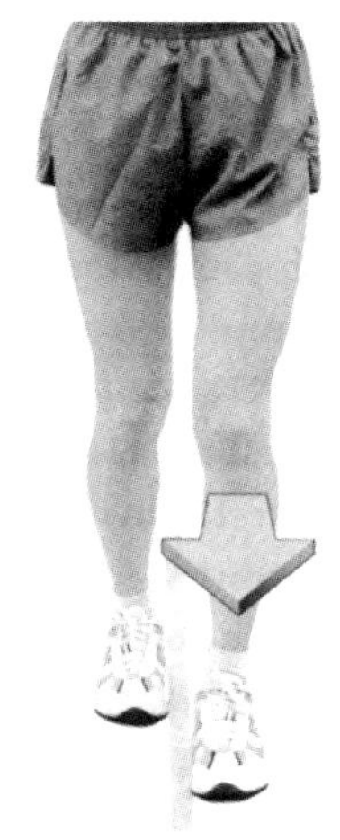

图 4–3　正确的腿 / 脚对直

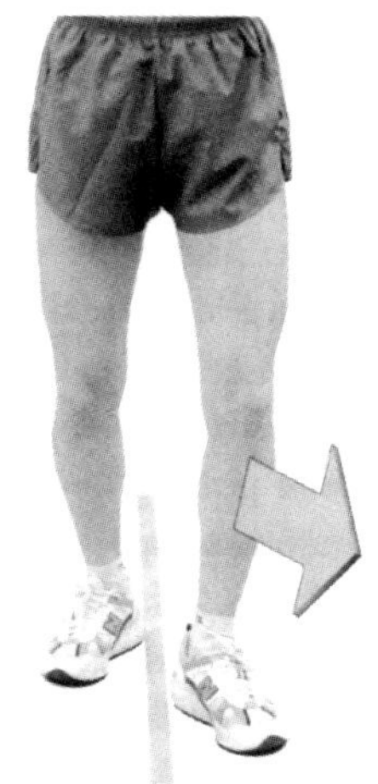

图 4–4　不正确的腿 / 脚相对

学习提示：

在跑动时，保持脚尖指向前方，假想在地上有一条直线，而你的双脚就平行地并列在直线的两边。

预防伤病提示：

我的脚踝曾经过度内旋，每当跑到 36 公里处时，我的膝盖就会持续地产生疼痛。我的治疗方法就是，每天练习这些简单的动作。即使在徒步或跑步中感觉累了的时候，我仍会不断地提醒自己要扭转膝盖。如果你是个比较严重的天生“八”字脚，一开始的时候，你可能会觉得脚尖向前不舒服，如果那样的话，你可以暂时停止扭转，直到这种不适基本消失，而这时你的脚已经比平时有所进步了。也许，要花费几个月甚至更长的时间才能使你的脚对直向前。如果能够循序渐进地进行这个练习，你就可以在不受伤的情况下矫正成功。

延长脊柱来对直上半身

现在，我们的腿和脚对直了，我们将注意力移到了上半身。可以通过下面三步对直你的脊柱：

1. 将一只手的手指分开，中指和拇指放在锁骨上，手掌放在胸部；将另一只手的拇指放在肚脐眼处，其他手指放于小腹（见图 4-5）。
2. 现在，把上面的手向上拉（把锁骨当作手柄工具），同时下面的手向下拉。这个动作可拉直上部脊柱，从而增加肺活量。在做这个动作时，要放松肩膀，下背部不要弯，也不要将胸部挺出来。只需想象着你的脊柱被拉长了，每个脊椎骨之间的距离都加大了。
3. 对直你的头部和颈部，将你的手从胸部移开，放到颈后头骨的下面。现在，向上提你的颈部或向上顶你的头骨使后颈部拉长，这会使你的下巴自然下降。这里有一个可以只用一个简单动作便可完成这 3 个步骤的方法——就是延长后颈部，你会发现整个脊柱都延长了（见图 4-6）。

图 4–5　用手将上半身对直

图 4–6　用手将后颈部延长

向上提后颈部将使你的脚步更加轻盈，并相对于身体向脚部的压力产生一种反向力（图 4-7）。

图 4–7　抵消重力的向上的力

始终记住，要延长你的后颈部使姿态线条又长又直，你的感觉应该是，从尾椎骨到头骨顶端的整个脊柱都延长了。不论是站着还是驾车，抑或是坐在桌前，这是你全天都应该练习的重要动作。

当你练习上半身对直的时候，一定要放松膝盖，千万不要锁死它们。延长你的脊柱、扩张胸部以便更充分地呼吸，躬着上半身跑步会减少 30% 的摄氧量。

保持骨盆水平，利用核心力量

有一种方法会使你在跑步中用到核心肌肉，我们称之为“保持骨盆水平”，这是在跑动中保持良好跑姿的关键所在。

用这种方法可以使用核心肌肉的原因有很多，最主要的 3 个原因是：

1. 在跑步（或走路）时，保持一条笔直的身体立柱。
2. 在运动中固定住骨盆。
3. 在骨盆和双腿之间建立起更加强有力的连接，使整个下半身的运动成为一个整体。

在这一部分，我们将只关注第一个原因，当我们进行到“骨盆扭转”时，再详细解释第二个和第三个原因。

在跑动中，建立并保持一个笔直的身体立柱是太极跑的基石，也是达到高效能与预防伤病的关键所在。

徐师傅将骨盆比喻成一只碗，如果这只碗前倾，那么里面的东西就会洒出来，而如果这只碗是水平的，里面的东西就不会洒出来（见图 4-8）。如果碗里的东西代表着你的“气”，那么，当骨盆前倾时，你的“气”就会“洒出来”（见图 4-9）。保持骨盆水平有两个意义：第一，可以强化核心肌肉（小腹），使你在跑动中保持身体立柱笔直，专注于自己的中心部位（那里是能量的源泉），并使你的身体充满“气”。第二，可以使你在运动中感受到身体与能量的集中。

练习：保持你的骨盆水平

下面是如何保持你的骨盆水平：

1. 感觉你的小腹，将拇指放在肚脐眼位置，其他手指分开放在小腹上。感受小腹的运动，假咳一下，你就会感到它在收缩。

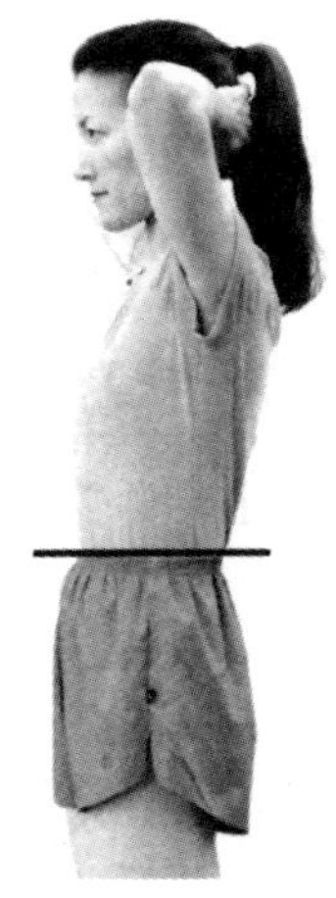

图 4-8　水平的骨盆：承载着“气”

图 4-9　倾斜的骨盆：“气”被洒出

2. 保持骨盆水平，提升骨盆身前的部分，收缩小腹。
3. 在做这个练习时，不要收紧臀部肌肉。仅让小腹单独运动，感觉就像你在做一个起立时的收缩练习，我称之为“垂直收缩”。
4. 每次提升起前面的骨盆后，停顿10秒钟，然后放松。

预防伤病提示：

如果你的碗（骨盆）前倾，则大部分核心力量将无法使用，因为你的核心肌肉未被使用或欠发达（见图4-10和图4-11）。为了避免骨盆前倾，你需要在强化小腹的同时放松一下背部肌肉。下背部过于弯曲意味着你的小腹过度拉伸，从而会使下背部过度收缩。下背部略微弯曲是健康的，但过于弯曲就会压迫椎间盘并对脊髓产生压力，这会使你非常不舒服，我曾经有过这样的经历。身体前后之间越平衡，整个脊柱就会越舒展，下背部患疼痛或伤病的机会也就越小。

在不运动的时候做这个练习，你会体会到这是一种什么样的感觉，然后将这种感觉带入你的运动之中。你应该随时做这个练习——不论是排队的时候，还是扛着日用品的时候，特别是肩膀上扛着个孩子的时候。当你的小腹变得更强壮时，你就可以在跑步中正确地做到这个动作了。

图4-10　未使用核心肌肉

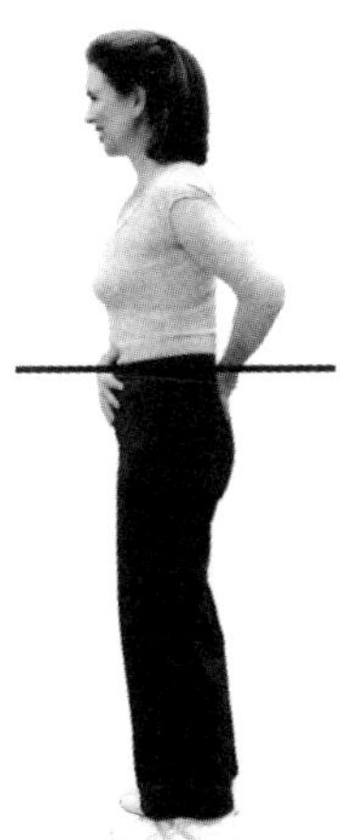

图4-11　使用了核心肌肉，骨盆水平

对于那些下背部有毛病的人来说，骨盆水平练习是一项非常好的训练，因为它可以在强化小腹的同时放松背部肌肉。你越经常想着做这个练习，就能够越快地强化小腹肌肉，并在跑步中保持骨盆的水平。

预防伤病提示：

你要做的是保持骨盆水平，而不要做过了头变成了骨盆后仰——这将造成过度紧张，并更多地用到臀部肌肉，从而阻碍腿部的摆动。你需要的是强壮而不是紧张。我几乎没见到过有人天生后仰，保持骨盆水平的关键是，仅仅单独使用小腹的力量。

练习：强化小腹

这是一个选择性的练习，它可以帮助你强化小腹肌肉以倾斜骨盆，而无需用到臀部肌肉。这个练习对于那些腰椎过于弯曲的人来说是非常好的。

1. 平躺，屈膝，脚跟接触臀部。
2. 轻柔地将下背部压向地面，使脊柱与地面之间没有空隙。
3. 现在，慢慢地伸直你的腿，使脚离开你的下背部，将脚移开的距离要以保证不让你的下背部离开地面为前提。当你的下背部开始离开地面时，停住，静止 30 秒钟，然后收腿，回到开始的姿势。不必在意你的背部离开地面前脚能伸多远，记住循序渐进的原则。这个练习可以强化你的小腹，而不必使用臀部肌肉，能让你清楚地体会到躺着时将骨盆在前方举起的感觉。每次重复 5 遍这个练习，并保持每次脊柱接触地面 30 秒钟。

练习：强化你的核心

这是第二个练习，其目的是帮助你强化核心肌肉来固定住你的骨盆。根据你核心肌肉的力量程度，这里有两种方法。

初级方法：平躺，屈膝，脚平放在地面上。保持你的肩膀触地，将臀部从地面上抬起，形成一个“桥”形，使膝盖到肩膀呈一条直线。保持这个姿势 20 秒钟，然后将身体降到地面上休息几秒钟，重复 5 遍这个动作。每周增加 1 组，直到你可以舒服地重复 10 组这个练习，就可以学习下一个练习方法了。

进阶方法：坐在地面上，双腿在体前平行伸直，上半身挺直。将双手放在地面上，置于臀部的两边，手指向前，肘关节锁定。固定双脚，抬起骨盆，用小腿和双臂将身体支撑成一个水平的“桥”形。保持这个姿势 20 秒钟，然后将身体降至地面。重复 5 组，每周加 1 组，直至可以做 10 组。

如果还想在进阶的基础上再进一步，你可以在水平拱起后将一只脚伸直，使自己从头到脚成为一条直线。保持静止 20 秒钟，然后换另外一条腿。只要你能做到，就一直这样交换双腿。如果你还觉得挑战性不够，可以让你的朋友在你拱起时坐在你的腹部，这可是对你实力的真正考验。

预防伤病提示：

双脚并拢站立，不要使骨盆水平，将你的重量从一条腿移到另一条腿，你会发现你的髋部也从一边移到了另一边。现在，使骨盆水平并保持住，将体重从一条腿移到另一条腿，你会发现髋部并没有从一边移到另一边。髋部的左右移动是由于没有使用核心肌肉——这是髋关节滑囊炎以及髂胫束综合征的第一诱因。女性髋部的左右移动比男性要多。

创建你的身体立柱

我教过的 80% 的学生在开始时是这样站立的：髋部过于向前而腿向后伸，肩膀向后，膝盖锁死。

如果你的髋部向前，那么用不了几年，你的下背部就会产生压迫感，这可能最终导致椎间盘受压、颈部肌肉过紧，或者髋关节滑囊炎。毫无疑问，这不是个好的站立方式，甚至也可以说，这是个最坏的跑步方式。跑步时，髋部向前将放大你背部所承受的压力，相信我，你绝对不会想要那个结果。

下面的练习可以使你的髋部与肩膀对齐，使你的上半身在髋部的正上方保持平衡。你的肩膀、髋部和脚踝将形成身体的立柱（见图 4-12）。当你的身体立柱对直时，身体的重量将由你的结构支撑，而肌肉就可以用来做它该做的事情——无论你是正在进行太极跑，还是在休息或放松。

练习：创建你的身体立柱

这个练习最好侧立在一面可以照到全身的大镜子前做。和一个朋友或在太极跑学习班与一位经过认证的辅导员一起练是效率最高的方法。

1. 按前面讲过的将腿和脚对直，延长你的脊柱，使骨盆水平。
2. 现在，身体不要动，收起下巴向下看是否能看到自己的脚。如果你看到了自己的鞋带，说明你身体的各个点连接得很好，你的身体立柱是一条直线。
3. 如果你看不到鞋带，说明你的髋部太向前了（见图 4-13）。纠正的方法是，将你的指尖放在髋骨上将髋部向后推，同时保持肩膀与脚部呈一条垂线。当然，如果你无法看到鞋带是因为一些身体结构上的原因，如隆起的胸部、突出的胃部、怀孕或过胖，那就不必担心了。通过在镜子中观察自己的身体也可以起到同样效果。
4. 当你看到鞋带后，将头慢慢抬起平视前方，除了头部以外身体其他部位不要动。现在，看着镜子中的自己，你的肩膀、髋骨和脚踝是呈一条直线吗？如果是，那就成功了（见图 4-14）。
5. 再一次放松膝盖，平衡双脚前后、左右之间的压力。
6. 当你身体的各个点连接好后，进行身体感知，给自己以这种方式站立所得到的感觉来一张“快照”，记住这种感觉，以便让自己在其他的站立时间能够回忆起来。

如果你平时站立时习惯小腹放松，髋部向前，做这个调整时，你可能会感觉自己在弯腰的同时髋部在向后撅。让你的朋友看一下或照一下镜子，看看自己是否弯腰了，你的朋友或镜子可能会告诉你其实你像支箭一样直，而不是你感觉的那样在向前弯腰。检查自己是否平衡的最简单的方式就是，再次体会一下脚底的感觉，双脚前后、左右、内侧、外侧是否还是平衡的？它们应当是平衡的。

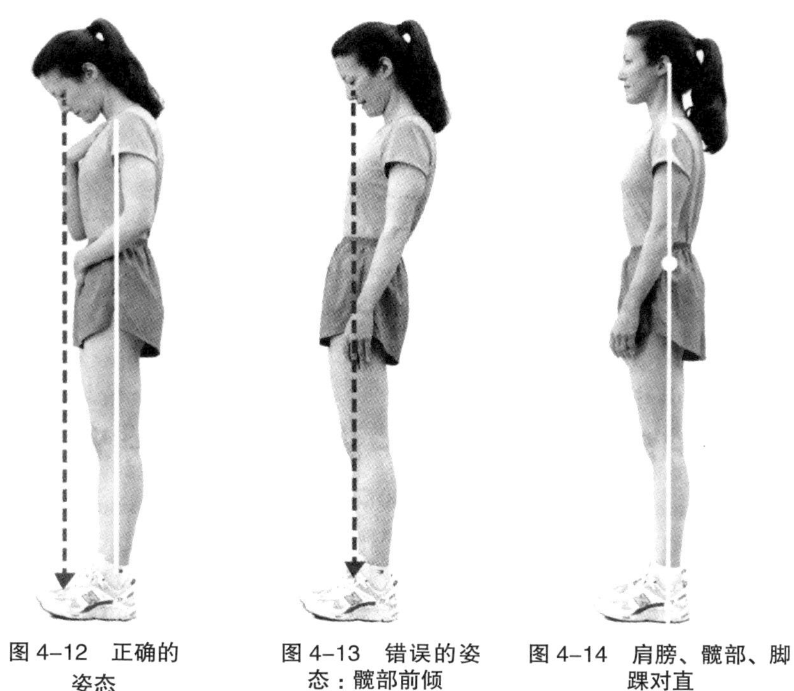

图 4–12 正确的姿态

图 4–13 错误的姿态：髋部前倾

图 4–14 肩膀、髋部、脚踝对直

这里有一个检查身体的各个点是否连接成一条直线的有趣的检测方法。

放松站立，让你的一个朋友轻轻地从后面向下按你的肩膀。如果你佝偻了，说明你的各个点并未连成一条直线，当你的朋友按你的肩膀时你的髋部会向前运动（见图 4-15 和图 4-16）。

接下来站好，将你的脚和腿对直，挺直上半身，让你的髋部略微往后收，肩膀微微向前，将各个点对成直线。当你对直时，让你的朋友按你的肩膀，你会感到明显的区别——这是在我的训练场中人们恍然大悟的时刻（见图 4-17）。

图 4–15 不使用核心肌肉放松地站立

图 4–16 轻按肩膀（注意髋部前移了）

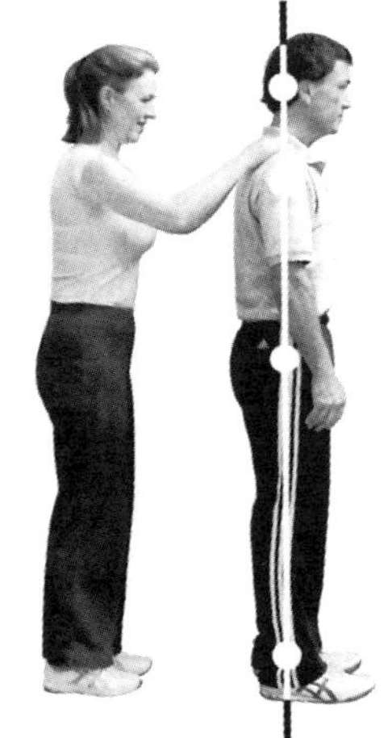

图 4–17 使用核心肌肉后向下按肩膀

单腿站姿

单腿站姿可以训练你的核心肌肉，使你在迈步的过程中保持笔直的身体姿态。在跑步时，你其实是在进行一系列的单腿站立运动。在我后面谈到下半身动作的时候，你就会知道其实是不需要用腿来推动或拉动身体运动的，它们只是用来负责支撑——这是双腿在太极跑中所具有的最主要的作用。因此，当你能够正确地摆出单腿站姿时一定要有一个非常清晰的身体感知。

练习：单腿站姿

1. 创建你的身体立柱。
2. 当你觉得自己的站姿正确后，双脚并拢，然后交替着用一条腿来支撑身体的重量，与此同时，要保持身体立柱对直。只需要简单地将一只脚的脚跟抬离地面，使你的重量落到另一只脚上。保持这个姿态 5 秒钟，然后再用另一只脚来支撑身体重量。始终保持膝部微屈。

3. 记住每只脚落地后整个身体立柱平衡地落在上面的感觉，这就是单腿站姿。

注意：单腿站姿就是迈步时单腿的支撑姿态。

“C”形状

现在，你知道如何使姿态对直和感觉你的身体立柱了，下面这个练习可以使你在跑步中一下子就能做到这些。这比在跑步中将上面所学内容一步一步地实践来得快且简单。

练习：“C”形状

1. 站立，双臂置于身体两侧，双腿对直，骨盆前移（不是水平的），下巴微微上扬，就像你平时站立的姿势一样。
2. 现在，用一个轻柔的动作使你的骨盆水平，后颈延长。如果从你的下巴向上越过头顶，再顺后背而下，直至骨盆再向上至耻骨画一条轨迹线，这条线看起来像一个“C”的形状（见图 4-18 和图 4-19）。你的下巴是“C”的开始端，而耻骨是“C”的结尾端。慢慢地重复 5 组这个练习，每次开始时，让骨盆前移，下巴上扬，结束时，使骨盆水平，后颈延长。
3. 现在，从 1 数到 3，当你说“3”的时候，用一个全身性动作延长后颈并使骨盆水平。1……2……3——“C”形状！原地练习这个动作，用一个动作将身体变成“C”形，做上几组。用一种非常轻松的配速来尝试这个练习，并在运动中逐渐习惯这个动作，当跑步时，你会明显地感觉到身体的稳固性与先前大有不同了。

现在你可以看到，有很多种方法可以练习姿态。在全天的教学课程中，我们要花至少 1/3 的课时来练习跑步姿态，但是没有人抱怨，因为他们体会到了这样做能使他们的跑步变得更轻松。你的姿态越好，就越无需担心会伤害自己的身体或用腿过度，事情就是这么简单。

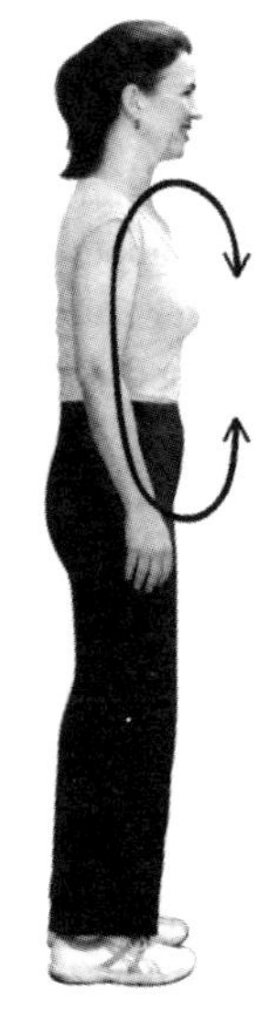

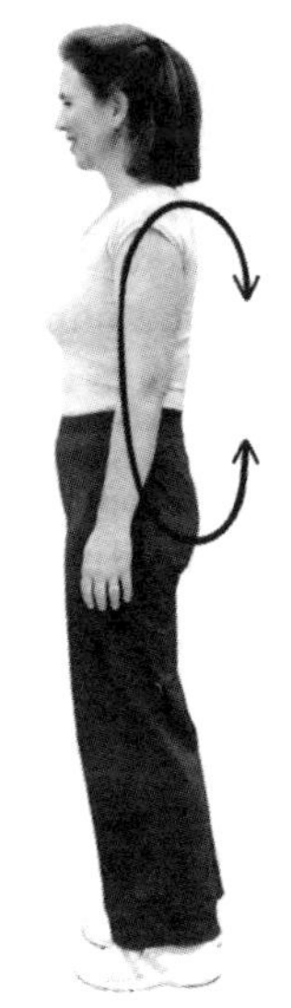

图 4–18 显示出“C”形状的正确姿态

图 4–19 不正确的姿态

前倾：重力辅助跑

我用“前倾”这个词是为了告诉跑者们要让整个身体向前倾倒，从而使重力成为跑步的辅助力量。当你想要前倾时，要想着你的身体立柱是一个整体。如果身体立柱不是对直的，重力作用在弯曲的物体上，没有对直的部位就会阻碍身体的前倾，这将造成更大的压力。

就像我们讨论过的那样，用腿来推动身体会很累，而身体前倾可以代替你的腿。所以，身体前倾使重力成为了你的好帮手。当你站直的时候，重力的方向是沿着你的中心线穿过身体垂直向下的，而一旦身体前倾，重心就会落到身体着地点的前面，重力会把你的重心向下拉使你向前摔倒，当你向前倒时，你的脚踝就会像“合叶”一样发挥作用。你接着要做的就是，学习在非常轻微地前倾时使自己保持平衡，这样，你便可以始终保持向前倾倒而又不至于真的摔倒。我喜欢让重力来做这些工作。

身体前倾就是你的“油门踏板”，当你想跑得更快时，就以很小的幅度稍稍多倾斜一点，当你想慢点时，就把倾斜幅度调整得小一些。在增大倾斜幅度时，你的小腹会在你前倾的时候帮你保持身体立柱的笔直状态。

加大倾斜可以使重力以一个比较快的挡位将你向前拉，瞧吧，你的速度不再是由腿部力量来主宰，而是更多地由你放松下半身的能力来控制（我们会在这部分的后面谈论这个问题）。

练习：学习如何前倾

这个练习将教会你如何从脚踝处而不是自腰部进行前倾。

1. 找一个至少齐腰高的坚固支撑物——家里的一面墙，一棵树，一个栅栏或一辆车。
2. 面向墙壁（支撑物）站立（见图 4-20），脚尖离墙一只脚的距离，这是一个很近的距离。在整个练习过程中，用“C”形方法时刻保持身体姿态对直，将压力平均分配在双脚上。屈肘将双手置于体前，离墙约 5 厘米。
3. 现在，不要向下看，将你的意念集中到双脚上，然后放松下半身，你的身体会自然地前倾，当你的手接触到墙面时就会阻止你摔倒。在前倾时，要确保你的身体立柱是对直的，同时踝关节是放松的（见图 4-21）。

如果踝关节确实放松了，你的脚后跟就不会在前倾时抬离地面。如果你的动作正确，在前倾时，跖球部不应有任何增压感，如果跖球部有增压感，那就说明你的腓肠肌和胫肌不是放松的而是收紧的。多做这个练习，直到你觉得每次前倾时脚踝、小腿和整个双脚都是完全放松的。

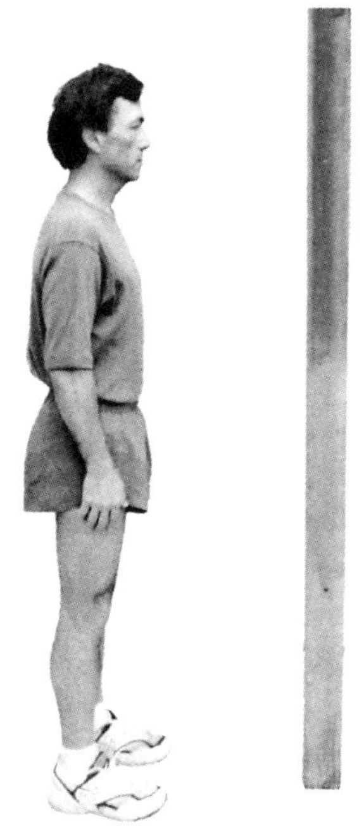

图 4–20　以站姿开始

图 4–21　倾斜时保持姿态笔直

弯腰会使你下背部的肌肉过于用力(见图 4-22)。另外,前倾时不要抬头,那将破坏身体的对直(见图 4-23)。

4. 前倾触墙支撑后，将身体推回到直立状态，再重复前面的动作直到前倾时有了良好的身体感知。保持脚跟着地，身体立柱笔直，骨盆水平，脚踝和腓肠肌放松。

总之，在每次前倾时都要做到以下 3 步：

1. 检查你的姿态是否呈一条直线。
2. 将意念集中于脚底，双脚触地。
3. 让你的身体立柱倒向双脚的前方。

图 4-22　不要从腰部弯曲

图 4-23　错误的弯曲姿态：小腹力量不足

练习：前倾的窗口

你很有可能会过于前倾，那些学习太极跑的人在开始阶段犯的最大错误就是过于前倾，这里面的技巧就在于前倾时学会保持平衡。你如何知道自己是过分前倾还是前倾不足呢？方法就是找到我所说的“前倾的窗口”。

如果你觉得腓肠肌或胫肌有些僵硬或疼痛，那你可能就是过度前倾了，这时你的小腿肌肉就要忙于令身体不至于摔倒。而如果你过于挺直地跑动，那么你的双腿就不得不向前推动身体。如果你是处在“窗口”中，那么即使腿部的某处紧张你也只会感觉到一点点，因为你的倾斜是处于一种平衡的状态——不过分向前，也不过于挺直。

试着做以下动作：

1. 挺直上身跑几秒钟，在脚部上方平衡自己的身体，用身体感知你的双腿在推动身体向前运动。
2. 使你的身体立柱向前倾斜约 2.5 厘米（这并不是很多，实际上是微乎其微），然后再跑十几秒钟。
3. 现在，加大倾斜幅度，直到你觉得小腿开始忙着支撑身体以让你不至于向前倒得太远。
4. 减小倾斜幅度，直到你的小腿觉得不再紧张了，这时你就找到了那个完美平衡的“甜点”。
5. 再减小倾斜幅度，注意你的身体是如何降低速度的。

练习这些步骤，找到属于自己的完美的倾斜幅度。在后面的课程中，你就可以在无需过分使用双腿的情况下，通过轻微地增减倾斜幅度来提高或降低跑步速度了。

学习提示：

可以将动画片中的公路跑者作为跑步范例，他的前倾动作非常棒，脚像轮子一样在身后旋转。

练习：不用运动任何一块肌肉来加强小腹力量

这个练习是为那些想增加前倾训练，并想在不跑步时也能锻炼小腹肌肉的人们设计的。

找一张桌子或一个固定物，在身体前倾时把股四头肌的上部斜抵在这个物体上（见图 4-24）。倾斜的同时保持身体成一条直线，这样你就可以在不运动任何一块肌肉的情况下很好地锻炼小腹力量。当你做辅助力量练习的时候，最好以它在实际使用中的运动方式来练习。这个练习可以训练你小腹肌肉的能力——在身体前倾的同时保持身体呈一条直线。

图 4–24 前倾训练

练习：使用你的意极

意极就是将你的意念全部集中在一起，用眼睛将全部能量指向你的身体将要运动的方向。要加强这种力量，可以想象你身体的每一部分都充斥着能量，然后将所有能量用意念聚集在一起，通过眼睛射向远处的某一点或某一物体，你的视线要不受任何干扰，始终盯住那里。

下面的练习可以帮助你学会在跑步中应用意极的同时获得好的前倾感受，这种方法可以使你在跑步或走路时变得更省力、更高效。

1. 下次出去跑步或走路的时候，用你的眼睛盯住远处水平位置上的一个点或物体，然后不移目光地跑过去或走过去。如果你是在一条弯弯的小径上跑步，则选择一个可以盯着的点看直到你不得不拐弯为止。

2. 用眼睛持续盯着那个点，不要受任何干扰。
3. 当你处在太极跑训练的初级阶段时，始终要提醒自己良好的跑姿并使骨盆水平。而当掌握了这些技术时，你就可以用身体感知使整个身体对直，并用眼睛将集中起来的全部能量指向你的目标。虽然你的身体是前倾的，但你的意极会帮助你在前倾的同时更好、更自然地对直身体各部位，你的整个身体都会跟随着眼睛指向的方向运动。
4. 你的意极如同一根巨大的橡皮筋，感觉一下自己被它拉着向前，就像蜘蛛侠从手上射出一根网丝，他将网丝粘在前方的一个建筑物上，然后用这根丝把自己从空中拉过去，这是一种多么漂亮的技巧！你可以用你的眼睛做到同样的事情，而且不用穿着那种滑稽的服装。

关键就是，用眼睛指引运动的方向。意极就是用你的眼睛将你的“气”指向一个视觉目标的能力。

下半身的姿态动作

现在，有一个问题自然而然地摆在了我们面前，那就是我们的腿在跑步中做什么呢？我所给的答案就是，尽量少做事。学习太极跑技术最难的部分可能就是不使用你的双腿。学习放松身体的这个部分是非常重要的，因为这样将减少跑步带来的主要伤病。下面是一些要点：

- 被动的小腿运动
- 向后摆腿
- 全脚掌着地

被动的小腿运动

这听起来完全不符合常理，但我确实跑得越快就越少用到我的小腿。这里遵从的是“绵里藏针”原则，因为越是倾斜我的身体立柱（我的“针”）来获得重力的辅助，我便越要放松，使我的双臂和双腿变得“绵”。

我们称之为“被动的小腿运动”，人们都很习惯在跑步中用双腿来推动身体，“被动的小腿运动”意味着从依赖我们熟悉的那个肌肉群（双腿）转向我们不太熟悉的肌肉群（小腹）。

练习：提起你的脚跟

在太极跑中，你不需要迫使自己用每一步来推动自己向前，实际上，你要做的就只是抬起你的脚跟上你向前的倾倒。从能耗的角度来说，抬脚比用腿推动身体所消耗的能量要小得多。抬脚最好的方法就是将意念集中于提起你的脚跟。

要想感觉提起脚跟与用脚推动身体的区别，可以试试以下两个练习：

1. 首先以你最好的姿态站好。
2. 将脚轻柔地抬离地面，脚跟先提起，然后是中掌和前掌，就像滚动的印章留下了一个漂亮的印记。轻柔抬脚的一个简单方法就是，想着抬起你的脚踝使脚松松软软的。每只脚都做几次，以找到感觉。
3. 现在，用这种方法走一会儿，轻柔地抬脚，放松脚踝。

然后做下面的动作：

1. 原地跑 5 秒钟。
2. 现在，将脚轻柔地抬离地面 5 秒钟。
3. 在原地跑 5 秒钟。
4. 再将脚轻柔地抬离地面 5 秒钟。

这两个动作都做完了吗？那好，现在，我给你一个选择——将其中任意一个动作做 3 小时。哪一个动作消耗的能量更低？如果你的选择是轻抬双脚，那就对了。而如果你选择跑 3 小时，那就要小心了，因为你可能要患上外胫夹了。

预防伤病提示：

用脚趾推动身体会产生过大的上下运动，使小腿过度用力。抬脚则可以使你的身体贴着地面平稳地跑动，而不会撞击地面，这样就确保你是向着目标水平移动，而不是像兔子一样一跳一跳地冲击地面，每一步都是在与重力进行着搏斗。

当你抬脚而不是用脚趾推动身体向前时，就可以避免很多伤病，如外胫夹、腓肠肌拉伤、跟腱炎、足底筋膜炎以及膝伤，还可以避免所有人都最害怕的事故——绊倒和摔倒。

练习：用轻柔提足的方式走路

现在，我们来练习在走路中抬脚。

1. 不要用赶路的方式练习，溜达着练习。在练习时，将注意力集中在将脚轻柔地抬离地面上，让你一只脚的脚跟高于另一只脚的踝关节。
2. 专注于抬起脚踝，让脚摇晃地悬挂着，这样做会使你的步幅更小，这是件好事。集中精力将脚轻柔地抬离地面，让脚踝以一种流畅的画圆运动在身后摆动。别想着将整只脚高于另一只脚的脚踝，仅仅是将脚跟高于另一只脚的脚踝。
3. 再用你平时的方式走路，你就可以充分体会到用脚趾推动和抬脚的区别。

当用传统的方式走路时，你会觉得小腿上的每块肌肉、每根肌腱都在工作，而当用轻抬双脚的方式走路时，不论走多快、多远，你的小腿都是充分放松的，那些小腿肌肉的紧张全部消失了。

每天都要坚持以这种方式走路，随时进行练习，并且在生活中始终用这种方式走路或跑步。当用轻抬双脚的方式走路时，你会因为沿着地面而更加平稳，不会产生太多撞击。还要记得将身体感知融入跑步的过程中。这些看起来是如此简单，却又是那么重要——因为这是减少小腿伤病的关键。

练习：沙坑练习

如果你觉得在跑步时学习轻抬脚的方法很困难，那么这将是一个非常棒的练习。我最喜欢这个练习，而且在每个班开始的时候我都会给大家上这堂课。这是一种突破常规的有趣的方法，如果你是那种难以改正过度使用小腿习惯的人，你将在这个练习中学会如何不使用脚趾来推动身体运动。很多跑者在仅仅练习了5分钟后就取得了很好的效果！请在跑步或走路时始终做这个练习，这也是学习如何在沙滩或雪中跑步的好方法。

1. 找个沙坑。如果你生活在海边，那就相对容易些。如果你生活在内陆，虽然有点儿困难，但也不是完全不可能，去你家附近中学的田径场看看是否有跳远用的沙坑。
2. 将沙坑抚平，直至你可以清晰地看到自己的脚印。
3. 用轻抬脚的方式走过沙坑。你的目标是在沙坑中留下干净、整齐的脚印，如果在每个脚印的前端都有小坑的话（见图4-25），就说明你不是用脚趾来推动身体就是踝关节有些紧张。反复尝试，直至每次都能够留下完美的鞋底印痕。
4. 接下来，将沙坑抚平。这一次用小步幅轻抬足的方式从沙坑中跑过，然后回来观察你的脚印。如果在脚印前端有小坑，就说明你不是用脚趾推动身体就是踝关节紧张。
5. 将沙坑再一次抚平。希望这一次你真的注意到让自己的小腿在跑动时完全放松，每一步都从沙坑中将脚轻柔地抬起，在头脑中想象着在你跑过沙坑的时候完全不想打扰到它。
6. 继续反复多次地跑过沙坑以争取让脚印清楚、整齐（见图4-26）。这个练习迫使你必须放松小腿上的所有肌肉，因为只要肌肉紧张，你就会在脚趾下面看到小坑。
7. 当你练到能够在沙子上留下完美的脚印时，用你的身体感知记录下你做的事情，这样你就能把这些动作融入你日常的跑步当中。我有些学生甚至还假想他们是光脚跑过红红的炭火，总之，怎么管用就可以怎么做。
8. 在你最终能够不留小坑地跑过整个沙坑后做下面的练习：请从运动员起跳处出发跑过沙坑，当你跑到沙坑尽头时继续跑（在多数沙坑的末端都会有一段让运动员离开的通道），就好像离开的通道上仍是厚厚的沙子，用飘过沙坑的方式飘过这段通道，并且感受你的双脚是多么轻快地接触地面。

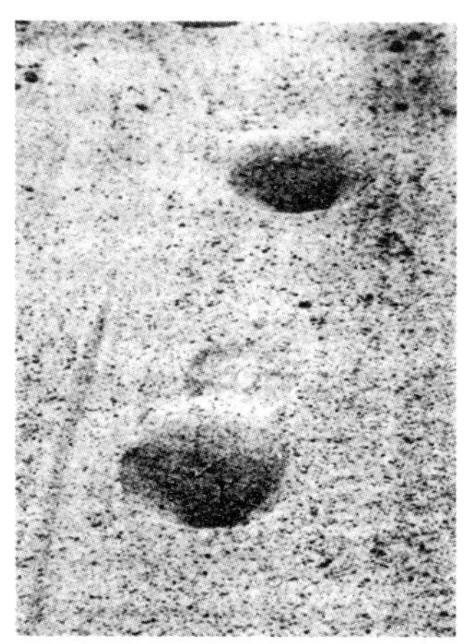

图 4-25　造成小坑

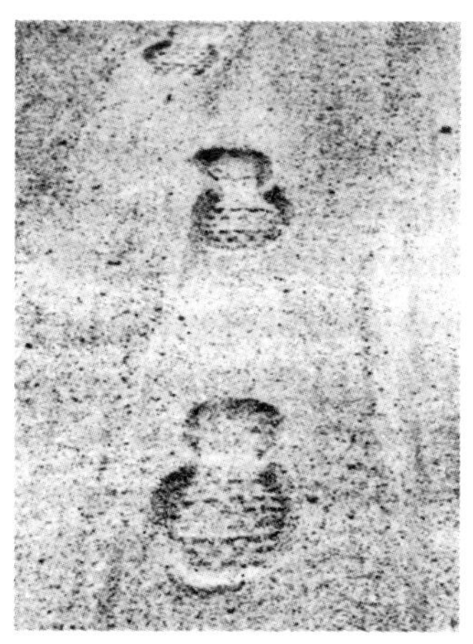

图 4-26　留下清楚、整齐的脚印

大多数人这样做的感觉就是，每一步中双腿和双脚受到的冲击力都极大地减轻了，那感觉就好像是跑在空中，锁定这个记忆，以便你在平时跑步时再次找到这种感觉。

向后摆腿

你要学会让自己的小腿与道路的反向力进行“合作”，因为当你跑得越快的时候这种力量就越大。这部分的内容主要教你如何与这种力量合作，使它对你的腿部造成的冲击力降到最低。

太极拳的每一个动作都有另一个反向的动作与之达成平衡，太极跑也是如此。平衡的原理就是，如果你身体的某一部位向前运动，则需要另一部位向后运动以实现平衡。由于你的上半身是向前运动的（与重力合作），你的下半身就要相应地向后运动以平衡上半身并顺应来自地面的力量（见图 4-27）。

图 4–27　上半身向前运动，下半身向后运动

如果抬起膝盖将每一步都向前伸，你的脚跟就会在体前着地，使得每一步都产生一次制动，我们称之为“向前摆腿”或“向前伸腿”。

另一方面，如果在你的腿回到支撑身体的位置时你只是屈膝（不抬起膝盖），你的脚就会以全脚掌落地的方式落在身体的下方而不是身体的前面。这样的屈膝动作可以使你始终保持在身后迈步，当你的步伐在身后打开时，腿就会向后摆（与道路的方向相同），你就会觉得步伐更流畅、更平衡。

练习：屈膝练习

下面这个练习能够帮助你将下半身的各个动作组合在一起，你会学到不抬膝盖地抬起你的脚。我们将以 3 个进阶式的步骤来练习：屈膝、前倾、使用上半身。

1. 屈膝

- 以良好的姿态站好，在脑子里想着你的身体立柱。双臂伸直，垂于身体两侧，双手贴于双腿两侧（见图 4-28）。
- 原地跑，膝盖向下，在身后轻提脚跟（见图 4-29）。屈膝，使胫部与地面平行（你的腿以一个正确的角度弯曲），不要弯腰或抬起膝盖（这就是为什么要让你的双手贴在双腿两侧）。你应该感觉到自己是以全脚掌着地而不是脚尖着地（见图 4-30），你还应该觉得自己不是被脚尖弹起的（那会使你跳上跳下），你仅仅是在提脚跟和屈膝。

- 要尽量让小腿保持柔软放松（包括你的脚趾、双脚、脚踝和腓肠肌）。
- 屈膝原地跑 30 下。
- 停下来休息 30 秒钟。
- 重复 3 次这个动作，并尽量保持放松。

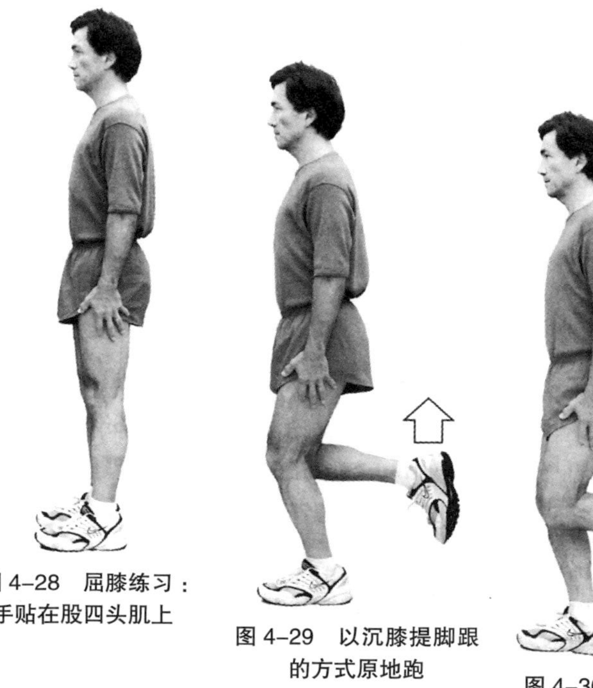

图 4–28　屈膝练习：手贴在股四头肌上

图 4–29　以沉膝提脚跟的方式原地跑

图 4–30　全脚掌着地

2. 在屈膝的练习中加入前倾

- 做第 1 步，同时将你的身体立柱前倾。
- 首先，开始原地跑，将注意力集中在脚底，让你的脚落在身体立柱的正下方，然后，让身体立柱微微前倾。不要改变任何你的身体正在做的事情，仅仅是加一点倾斜（约 2.5～5 厘米），记住从你的脚踝处倾斜！让重力将你的身体向前拉 6 米。确保前倾的时候踝关节是放松的，记住保持小腿的放松柔软。

3. 加入摆臂
   - 重复第 2 步。
   - 在地上找一个离你的起跑点 9 米远的点，当你跑过那个点时，屈肘向后摆臂。如果你做得都对的话，便会觉得自己的身体是在不自觉地被你的前倾向前拉着跑。记住，抬脚赶上上半身向前的势头，想象着自己是在一条传送带上向前运动。

训练你的意极。如果你想在这个练习中训练你的意极，可以这样做——在做第 3 步之前，站在原地，将目光盯在远处的某个点或某个物体上。训练自己盯住这个点，就好像你是一枚巡航导弹，在运动中自始至终绝不移开自己的视线。在进行所有屈膝练习的步骤中，用你的眼睛连接你的"目标"，并将身体拉向那里。

记住，你是在向自己的身体教授新的东西，不要想着一开始就能全部做好，放松地反复尝试，尽可能多地感觉重力的拉力和脚部轻柔地抬起。

保持膝盖下沉非常重要，因为抬起膝盖会使你的脚向前伸得过远，从而带来更多的身体撞击和脚跟冲击。如果你的膝盖下沉，你的脚就会在身体重心后侧落地。你的膝盖应该向前摆但不要抬起来。

全脚掌着地：不要一边跑一边制动

身体前倾的另一个好处是，改变了你双脚落地的位置和方式。垂直躯干的跑步方式使你不得不将一条腿向前伸，而用另一条腿在后面推动身体，这样你的脚就会以脚跟着地的方式落于身前，也就意味着你的每一步都是在制动。你的膝盖因此变成了一个传递点——在使身体向前运动的同时使双脚制动，对于一个关节来说，这是一个很大的压力，膝关节的构造无法承受这样巨大的反复冲击。大部分人每公里平均迈 1 563 步，每一次落地的力量可达体重的 6 倍。如果你以每公里 6 分 15 秒的配速跑步，这就意味着每 6 分 15 秒内你的膝盖要承受 1 563 次你的 6 倍身体的重量！迄今为止，膝伤是跑步伤病中最普遍、危害最大的伤病，而脚跟落地正是罪魁祸首。

太极跑为克服这一陋习提供了一种可能性——从你的足部（而非腰部）将身体立柱向前倾，使身体重心置于脚触地位置的前方。任何一个物理学家都会告诉你，在这样的情况下你就不再是“制动”了，因为你的脚是以全脚掌着地，当它落地时就会向后方运动，这使你的腿在脚刚一触地时就立刻向后摆，从根本上减少了对膝盖和股四头肌的冲击。你的脚刚一触地，它们就飞到后面去了，没有制动，你真正地实现了与来自地面的力的合作。

全脚掌着地正如它的名字一样，不单单是脚跟或跖球着地，而是你的整个脚底着地——从前至后、从一侧到另一侧脚底的压力是平均的。

略微的前倾与全脚掌着地使你的双腿得以充分放松而不用负责推动身体（见图 4-31 和图 4-32）。你的腿只用于在步幅之间短暂地支撑一下，在支撑过后，腿部会沿着道路的反向力的方向朝后方摆动——这就是太极跑有别于其他跑步姿态的高效率方式。

在做沙坑和屈膝练习时，你会对全脚掌着地有很棒的感觉。

学习提示：

当你在跑步时，可以想象自己处在一个沿道路滚动的大轮子里，轮子的顶部（你的头部）在向前运动，底部（你的脚部）在向后运动（见图 4-27）。你也可以想象自己在以画圆的方式向前移动。想象你的脚趾固定在自行车的脚踏板上，而且只能随着脚踏板运动。在图 4-33 中，你可以注意到你脚部的“轮子”是略微位于身体的后面的，这与自行车不同，自行车的脚踏板是位于身体正下方的。

图 4-31　前面的腿是放松的

图 4-32　全脚掌着地

图 4-33　画圆周的脚部运动

骨盆扭转

好吧，我知道，我经常说对跑步来说这件事最重要或那件事最重要，但我现在是很认真地在说，学习髋部扭转绝对是形成良好跑姿的关键点。是的，其他东西也都很重要，但髋部和骨盆却是进行真正高效跑步与预防伤病的关键所在。当学会扭转骨盆跑步时，你会大幅降低对腰以下所有部位的冲击，你的步伐会变得出乎意料的平衡。

在跑姿部分，我们让你用核心肌肉使骨盆水平，还提到了 3 个重要原因并解释了第一个：在跑步（或走路）时保持一根笔直的身体立柱。在这部分，我们继续讨论第二个和第三个原因：保持骨盆水平的同时使它扭转可以在骨盆与双腿之间产生更有力的连接，使整个下半身的运动成为一个整体。

在太极跑技术中，你的腿向后摆动——这个运动使下半身产生了扭转。在保持上半身稳定（没有扭转）的情况下，下半身包括骨盆在内围绕着中心轴进行着扭转。当用上核心肌肉后，你的双腿就变成了骨盆的延伸，保持着发源于你的中心部位的运动。它随着骨盆的扭转而被动运动，这同时也为迈步提供了支撑。在太极跑中，所有运动都发源于你的中心部位（骨盆区域）。

如果没有使用核心肌肉，骨盆与大腿之间的联系就会消失，核心能量也随之被切断。这样导致的结果就是，你的双腿不得不从事所有的工作，而这正是我们要尽力避免的。

跑者不能充分利用骨盆有两个主要原因：跑步时没有扭转骨盆或者没有使骨盆水平（使用核心肌肉）。你需要用身体感知来判定自己是哪种情况，但总体而言，男人容易使骨盆区域过于紧张而产生僵硬，女人更易因骨盆处的核心力量太弱而使这一区域不够稳定。

如果你的骨盆不扭转，就意味着双腿不得不从髋关节处充分摆动，这会把很大的拉力施加在双腿上，跑得越快就越会加大髋部韧带和肌腱的拉力并可能导致长期的麻烦。另外，骨盆之所以是固定的，主要是因为你的臀肌、股四头肌或下背过于紧张。躯干和骨盆的所有紧张都会抑制“气”在躯干中的上下游动，也会在跑动中阻止你的腿自由摆动。

在跑动中，稳定骨盆的更有效的方式是，让骨盆水平从而利用到核心肌肉，这样你便可以让那些被过度使用的、可怜的臀部肌肉和下背肌肉放松下来。

同样，如果你的骨盆不扭转（因你一直使那里紧张），你就得用膝盖、股四头肌、臀部或下背来承受所有来自地面的力量。让骨盆扭转可以顺势而为，使道路不向身体传递任何力量。

如果髋部和骨盆过于松弛，在跑步时，你的骨盆多半会左右运动而不是围绕着躯干扭转。如果你上过我的课，就应该记得我装扮的梅·韦斯特（Mae West，美国 20 世纪 30 年代女影星）。想想时装模特是如何左右摇摆髋部走台的——那是我见到过的核心稳定性过弱的一种夸张模式。在那种情况下，骨盆对双腿无能为力，运动过于缺乏支撑，从而使得下背和髋部极易受伤。

为了让骨盆扭转，你的躯干必须扭转。躯干上发生扭转的点位于 T12/L1 处，我们将其称为“旋转点”。这个地方也就是你的胸椎与腰椎的会合处，用手指沿着最下边的那根肋骨向后摸到脊椎就可以找到 T12/L1 这个点（见图 4-34）。

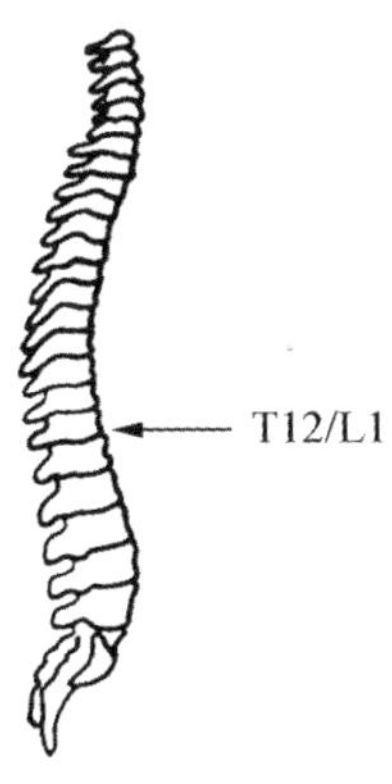

图 4–34　脊柱

在太极跑中，我们之所以说下半身开始于旋转点，是因为下半身的所有运动均始于此处（见图 4-35），这意味着（可能听起来有点奇怪），你的腿不是从髋部开始摆动，而是从 T12/L1 这个旋转点开始摆动的，所以你可以有更大的活动范围。知道了这一点，你就可以做到，旋转点以下的部位摆动，而肩膀和上半身则一直保持稳定向前。

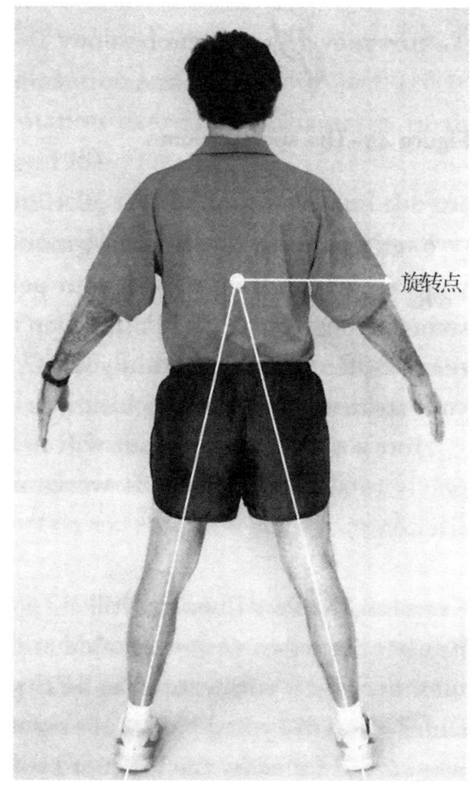

图 4–35　你的下半身自旋转点摆动

图 4-36 显示的是腿部后摆带动的髋部随动。放松下背可以使躯干更易扭转，这样便可以加强骨盆的转动，增大身后的步幅宽度。记住，你要把注意力放在旋转点上，注意旋转点以下的部分都是运动的，而其以上部分都是不动的。无论是在走着还是跑着的时候，你都要时刻意识到自己躯干的扭转。

图 4-36　骨盆不扭转与骨盆扭转

当脚触地时，你的髋部便会被腿向后拉，这会使得你的骨盆扭转并使全部下半身自旋转点处发生摆动。记住，不要强迫自己的髋部向后摆，要让它自然发生。训练自己放松髋部和下背，这样便可以在自己想要跑得更快的时候加大步幅。

下面这个有趣的练习可以帮你对骨盆扭转有个清晰的感觉，和朋友一起做效果会更好。

练习：泳池边跑步训练

还记得你小时候在游泳池的情景吗？你老想着站在跳板或滑梯前的第一位吧！那你是怎么做的？对，你会向队伍最前面的位置跑去，但经常被救生员喝住："嘿！你，走着！"这时，你便改用最快的速度走路，使自己不会降速。

让你的朋友扮演那个救生员，到户外去，假想自己是过去那个在游泳池边跑着的小孩。开始跑，跑了 9 米后，让你的朋友大喝一声："嘿！你，走着！"在那一刻，你尽量与孩时做得一样，对了，用最快的速度走，就好像你的生命全部寄托在是否能第一个到达那个跳板。

你会注意到的第一件事就是，当快走的时候，你的上半身会向前方倾斜，同时，你的髋部会疯狂地摆动。毋庸置疑，当用这种方式走路时，你的骨盆一定发生了扭转，当然，你也应该能清楚地感觉到自己的肩膀始终是对着前方的。

继续向前快走一段距离，感觉向前时骨盆的扭转。当你对骨盆和髋部的摆动有了一个明确的感知时，让自己小跑起来，同时继续感觉自己骨盆的扭转。如果你做得对的话，在跑动中应该有种放松流畅的感觉。

你可以在第 8 章中看到另一个骨盆扭转的练习。

在太极跑中，不是肌肉而是动作使你的骨盆发生扭转，这种动作源自重力和道路的反向力。

学习提示：

上半身与下半身运动：上边稳定，下边摆动——想象你的下半身就像一盏枝形吊灯悬挂在你的旋转点处。你的上半身指向前进的目标方向，与重力合作，与向前的动作保持一致，用你的下半身来做所有的摆动。

教授太极走时，我们发现在走路中学习骨盆扭转比在跑步中容易。当你能够在走路中找到这种感觉时，就可以将其融入跑步中了。在整个练习的过程中，你要让髋部充分转动，想做得更好点的话，可以找一张恰比·却克（Chubby Checker）的唱片边播放边做扭转！

上半身的姿态动作

给我摇摆，其余免谈。

——艾灵顿公爵

在太极跑技术中，上半身对跑步的贡献非常大。把你的身体想象成由两部分组成的一个团队——它们一起工作来帮助你跑步，这个“团队”包括你的上半身和下半身。这两个搭档在工作中合作得越好，工作完成得就越容易。当上半身很好地完成了属于它的工作时，你的整体付出就会减少很多。

上半身动作包括摆臂和上半身位置。

摆臂

让我们谈谈摆臂的物理特性，你的胳膊（从这一方面来说，腿也一样）基本上可以看作是钟摆，双臂在肩膀处摇摆（腿在髋部摇摆）。钟摆的原理是，任何摆动的同一长度的物体总是以同一频率（每分钟摇摆次数）做钟摆运动。如果你想让一个钟摆运动得快些，要么给它加力，要么使它变短。如果你想让胳膊和腿摆得更快些也有两种方式：第一种方式，用肌肉迫使它们摆得更快，很明显，这将增加肌肉的使用和能耗。第二种方式，缩短你的钟摆，即屈肘（或屈膝），这时你的摆臂相当于胳膊伸直时的一半，你便可以摆动得更快了。

尝试这种摆臂的效果：

- 站直，双手放于身体两侧。
- 保持直臂，尽可能快地摆臂。
- 5 秒钟后屈肘成 90 度，快速摆臂几秒钟，然后停止。

你能感觉到屈肘后在效果方面产生的明显区别了吗？你的腿也是如此，当它们弯曲时，也就摆动得更快了。

下面这些练习可以帮助你提高摆臂速度。

- **屈肘 90 度。**以轻松的方式自肩部摆动，屈臂总是比直臂更容易摆动。不要让胳膊一张一合，保持 90 度。保持胳膊处于正确位置的最佳方法是，绝不要让你的手低于腰带。你可能不习惯将手保持在一个较高的位置（开始时可能会不太习惯），但是一旦你习惯了让自己舒服地保持在这个位置，你就不会再觉得有任何额外的负担了，双臂也会摆动得更加自由。在练习摆臂时，要将注意力集中在肘部的动作而不是整条胳膊上。在心理上，摆动身体的一小部分（你的肘部）比摆动身体的一大部分（你的胳膊）要容易很多。

- **向后摆臂，而不是向前**。想象着你是用肘击后面的人而不是用拳打前面的什么人，向后摆臂可以与身体前倾达成相对平衡。摆臂的动作范围应该是这样的：你的手指应当向后移动到肋部（见图 4-37），肘部向前也只移动到肋部（见图 4-38）。如果你的肘部过于前摆，将带动腿部过于前摆，从而造成更多的脚跟着地。如果你实在喜欢向前摆臂，那就留到冲刺或上坡时使用吧。
- **不要让手越过身体中心线**（见图 4-39 和图 4-40）。你的前臂应该略微向内挥，但手不应越过中心线，手越过中心线会使上半身产生过多左右摇摆的动作。想象着你的两手之间抱着一只排球，别让双手间的距离小于这只排球的宽度。
- **放松双手**。保持手指向内弯曲、拇指在上的动作。我听过有个人形容这种动作就好像是在手里抓着一只蝴蝶而又不捏死它一样（指关节一定不要紧张）。你的手腕应该是直的而不是向后弯曲——“气”基本上无法从锁紧的关节处流过。此外，如果你的关节是锁紧的，那就意味着你的肌肉也在做更多的无用功。

图 4-37 摆臂：手移动至肋部

图 4-38 摆臂：肘移动至肋部

图 4–39　手没有越过中心线

图 4–40　手越过中心线

头部、颈部和肩膀

在跑步当中，身体的这部分区域有一些需要强调的内容：

- **沉肩放松**。当你摆臂时，要沉肩放松，不要用肩膀来摆动胳膊。不要耸肩，肩膀尽可能地放松非常重要，我见过太多跑者将肘部架在身体两侧，这使他们的颈部和肩膀变得十分紧张。让你的肘部贴着肋部摆动，这可以帮助脖子和肩膀放松。如果你习惯让肩膀紧张，那现在就将双手垂于身体两侧，走几步，让双手只是在体侧悬挂着摆动。
- **肩膀保持向前**。不要摆动，假想你的肩膀是汽车的两盏大灯正照向车头的前方，这可以使你的下半身充分扭转。在跑步的时候，如果上半身扭转，就会缩小步幅、降低效率。
- **延长后颈**（如跑姿部分描述的那样）。这将使你在迈步时得以保持良好而高挑的姿态，如果你的下巴向前突出，则整个姿态就被破坏了。
- **跑步时向四周看看**。放松颈部，看看周边的事物，生活远不止努力记住一大堆动作要领。

在开始跑步之前，可以看一下后面两页的图片，这两页的图片显示的是正确的跑姿和不正确的跑姿。如果想看实际的太极跑动作，最好的方法是看DVD。

下面，让我们先来看看错误的跑步方法是什么样的：在图 4-41 中你会注意到我的头部在脚的正上方，腰部是弯曲的，下巴抬起；在图 4-42 中我的腿向前伸，脚尖上扬，造成了脚跟着地，同时，我的胳膊也在向前伸；在图 4-43 中我做了个标准的脚跟着地（踩了脚刹车）；在图 4-44 中我抬起了膝盖；在图 4-45 和图 4-46 中你会看到我的上身从腰部向前弯，髋部位于着地脚的后方。这都不是正确的方法，而且我指出的每一个动作都隐藏着让身体受伤的危险。

现在，让我们复习一下太极跑姿态：在图 4-47 中你可以看到我的身体立柱是对直的,我延长了后颈；在图4-48 和图4-49 中你会看到我奔跑的姿态；在图 4-50 中你可以注意到我的膝盖是放低的，脚尖没有上扬，脚趾的位置低于脚跟(根本就不可能脚跟着地),我的肘部向后摆,下巴向下收；在图 4-51 和图 4-52 中你会非常清晰地看到一个由全脚掌着地支撑的单脚站姿。

随着时间的迁移，你自己就会变成专家，能够准确地判断什么是对的、什么是错的。

挡位、步频和步幅

挡位在加速跑中是一个很好的工具，它可以使初跑者不至于跑得太累，使有经验的跑者得以同时提高效率与速度。跟骑车和开车时一样，在跑步中挡位也很重要。在跑步中，可以通过改变步幅来改变挡位，跑得越快，挡位越高，也就意味着会带来更大程度的前倾和步幅的加大。在慢跑时（一个低挡位），则应该用很小的步幅。

不正确的跑姿：

图 4–41 头部在脚的正上方

图 4–42 腿向前伸，脚尖上扬

图 4–43 标准的脚跟着地

图 4–44 抬起膝盖

图 4–45 上身从腰部向前弯

图 4–46 髋部位于着地脚的后方

现在，让我们看看正确的跑姿应该是什么样子的：

图 4–47 身体立柱对直，延长后颈

图 4–48 奔跑的姿态

图 4–49 奔跑的姿态

图 4–50 膝盖放低，脚尖没有上扬，脚趾位置低于脚跟，肘部向后摆

图 4–51 全脚掌着地支撑的单脚站姿

图 4–52 全脚掌着地支撑的单脚站姿

挡位也可以降低上坡时的努力感知度，举个例子来看，如果你在开车上坡时挂高挡位，用的油就会比挂低挡位时多。我们将在第 7 章中谈到这部分内容。

在跑步中，不变的是你的步频，也就是你的脚触地的频率。设想一下，如果保持同样的步频但加大倾斜幅度，你的步幅就会自然地加大，也自然能够提高速度。加快速度并不意味着要更加努力，那是肌肉跑的逻辑。在肌肉跑中，跑者通常要抬起膝盖以打开步幅，腿向前伸。如果这样做，你就是将腿迎向来自道路的力，这将加大着地时的冲击力。

让我们用一个骑 10 速自行车的例子来说明频率在跑步中的用途。大多数自行车赛手都会尽量将踏车频率保持在每分钟 85～90，这使得他们不论在使用什么挡位时都可以保持一个固定的努力感知度。如果他们想要骑得更快，便只需在保持相同频率的情况下提高挡位，速度也就自然提高了。这种将频率与挡位相结合的方法也适用于跑步。

我想在这里强调的一点是，步频与步幅（或挡位）是如何配合在一起影响你的努力感知度的。当这两点相互协作时奇迹就会发生，不论是采用什么挡位，一旦能够以一种固定的频率跑步，你的努力感知度就会大幅降低，因为你只需增加腹肌的应用（以保持前倾）而无需使用腿部肌肉。当你的太极跑技能提高后就不必再想着调整步幅，作为前倾与腿部放松的必然结果，步幅会自然地做出调整。从本质上说，当跑得更快的时候，你的腿不需要付出更多的努力。事实上，越能够让整个下半身自旋转点摆动，你就能跑得越快。

挡位

简单起见，在太极跑中，我们所说的所有的跑动只有 4 种不同的挡位，每个挡位都依次增加步幅。如果你用各种速度跑过，就应当能将跑步的情况与我描述的 4 个挡位联系起来。

- **第 1 挡位**是你的最低挡，也是最慢挡，这个速度用于你的热身。
- **第 2 挡位**的速度用于平时在户外进行的普通跑步训练，是在长距离跑时的一种轻松、可自由交谈的配速。
- **第 3 挡位**是长距离比赛配速，比赛的距离应大于 1.6 公里。不论是多长的距离，你都应该尽量保持匀速。这是你有氧能力的最高限，因此你会有些气喘。
- **第 4 挡位**是冲刺或无氧配速，在这样的配速下你无法进行交谈。在无氧的状态下，你的肺不能为肌肉提供足够的氧气以长时间地维持这样的速度，而只能维持很短的时间和距离。

这 4 个挡位有着明显的差别，在跑步的时候，你会感觉到自己是在一个什么样的挡位上。这四个挡位分别具有以下特点：

- 较慢的速度 = 较少的前倾 = 较小的步幅 = 较低的挡位。
- 较快的速度 = 较大的前倾 = 较大的步幅 = 较高的挡位。
- 当你的身体前倾时，你的步子向后打开。
- 步频是始终保持不变的。

练习：各挡位的前倾增幅

请一位朋友帮你练习这种倾斜方法。以最佳的姿态站立，让你的朋友将手指放在你鼻子前方 2.5 厘米处。然后，从你的脚踝处前倾（保持“身体立柱”笔直），直至你的鼻子碰到朋友的手指，这可以让你得到 2.5 厘米前倾的身体感知。

每一挡位大约都是在原有的倾斜基础上增加 2.5 厘米。从刚才的前倾练习中你会知道 2.5 厘米的倾斜是很小的，因而你也可以知道其实很容易就会过度前倾。如果过于倾斜，你就会失去平衡而不得不用小腿肌肉来保持平衡以防止过倾。为了让小腿保持放松，你应该始终保持一种平衡的前倾。

伴随着每厘米的前倾，有两件重要的事一定要记住：使骨盆水平（保持“身体立柱”对直），同时尽量扭转骨盆；记住要一直延长后颈以防止在增加倾斜的时候下巴上扬。

当你降低挡位慢下来时，记住要缩小步幅从而保持固定的步频。

步频

在开始研究太极跑之前，我从未注意过自己的步频，总是听之任之。当跑快时，我只想着让我的腿运动得更快。但是，当开始研究效率的物理性质时，我意识到自己背道而驰了。我发现在频率相同的情况下，加大步幅比提高步频要更容易提速，于是，我把身体调整为在任何速度下都保持同样的步频跑步。

步频的测量方式就是计算一条腿每分钟着地的次数，所以 85 的步频就是说你的右腿每分钟走或跑了 85 步。

我们发现，人们在学习太极跑之前的平均步频是 80～83 步。如果你的步频低于每分钟 85 步，那么你的脚与地面接触的时间就略长，这就意味着你的腿要更长时间地支撑自己的体重。相反,如果你的步频高于每分钟 85 步，你的脚触地的时间就大大减少，其结果就是能够保存更多的能量。不过，也可能有时你的步频会高于每分钟 90 步，那是因为你的骨盆不扭转了，你在快跑时用的力气就要更多了。这种更多、更快的用力对冲刺和中距离跑的精英运动员来说是有效的，但对其他任何人来说，这都是一种非常低效率的跑步方法，因为在股四头肌和腘绳肌上增加的负荷使腿部运动过快了。

步幅

有关步幅和步频，我们的学员们反映在太极跑中他们觉得自己的步幅比平时更小、更快了，特别是在以较慢的速度跑动时。我同意，因为以我对跑者的观察，最大最普遍的一个问题就是，在慢跑时步幅过大、频率过慢（即使不是大部分人但也确有很多人有这个问题）——这是非常低效而且容易使身体疲劳的跑步。

当你以第 1 挡位跑步时，你的脚应该做小幅度的画圆动作，就好像你正在骑着一辆小朋友的自行车。当你提速时，车轮的尺寸加大。在太极跑 DVD 的步频课程中，你会看到关于这方面的一个独特的示范：画面被分为 4 个相同的方块，我在各个方块中以固定的相同步频用 4 个挡位进行跑动。你会看到，随着我的前倾加大，我的步幅（我的“轮子”的尺寸）也加大了。你也会注意到，不论我是以什么速度跑，我的步频从未改变。

就像我们在“骨盆扭转”部分提到的，步幅的加大来源于骨盆扭转的增加，其结果是腿的后摆。

节拍器：一个出色的训练工具

学习用不同挡位跑步的第一步就是，练习保持一个固定的频率。我不是那种拥有大量新的训练装置的人，但不得不说，在跑步中我从节拍器那里获得的比从其他任何设备、图书或教练那里得到的都多。在太极跑的网站上找个节拍器吧。

节拍器将教会你如何以一种固定的频率跑步，而你的步幅会随着速度的变化自然地加大或缩小。

下面是如何使用节拍器：

1. 到户外跑步，先不使用节拍器，热身后，以你平时的步频跑步，数一下每分钟内右腿的步数。
2. 搞清楚自己现在的步频后，将节拍器的节拍设定为你现在的频率。然后，使用节拍器跑一周，习惯将步伐与节拍同步。
3. 一周后，如果你开始的步频低于 85，则在设定中将每分钟的节拍增加 1 拍，然后以新的节拍跑一周。每周都增加 1 拍，直到你的步频达到 85～90 步。假如你现在的步频是 78，如果你开始跑步时设定的节拍是每分钟 78 步，而后每周增加 1 拍，那么你将用 7 周的时间达到每分钟 85 步——这就是循序渐进原则。

使用节拍器真正的美妙之处就在于，如果你的步伐与节拍同步，那么你的步幅就会自然地随着速度的增减而增减。

哪种步频最适合你呢？如果你身高腿长，那么你的步频应该接近每分钟85步。而如果你像我一样个矮腿粗，那么你应该尽量采用接近每分钟90步的步频，腿越短步频要越快。

有人喜欢跳华尔兹吗？当你能够以一种固定的步频跑步并且将迈步与节拍器同步时，我们建议你每3步跑1拍。这样做的原因是，如果你的节拍是每分钟90拍，而且是以右腿合拍，你可能就会无意识地过分关注右腿的动作。太极跑技术讲究的是平衡，因此我们建议你用华尔兹的频率跑步——3步1拍，这样第1拍会落在右腿上，3步后，拍子就会落在你的左腿上，然后重复，就如同华尔兹的频率：右二三，左二三，右二三……

要做到这一点，请将你现在的步频乘以0.66，然后将节拍器调到这个数字。举个例子，如果你现在的步频是每分钟90步，那就将节拍器调到每分钟60拍，然后每3步跑1拍。在跑步的时候，我实在喜欢华尔兹平滑流畅的频率，而不是1步1拍的频率。

记住，不论你跑得是快是慢，一旦找到了频率就绝对不要改变。尽量以每分钟85～90步的均匀步频进行训练。我将自己的步频定在90，在开始时用很小的步幅以低配速进行跑动，然后随着更大的前倾而加大步幅。我的挑战就是，不论倾斜是大是小，都要保持90步的频率。我使用了好几年节拍器，它给了我极大的帮助，使我在不同的速度之间变换步幅。

让我们跑吧

好啦，这就是全部的跑姿动作。从现在开始，你就要开始跑步了。我知道这看起来有点儿仓促，但是别担心，我们要让你先开始跑起来。在第5章，我们会带你学习一些特殊的课程——不论你是刚开始太极跑训练，还是要将太极跑融入你现有的常规训练中，随着时间的推移，我们都会帮助你掌握太极跑的技术。

不论你是新手还是老手，下面的练习都是你在跑步中第一次尝试太极跑。由于是第一次出跑，我们要让这个初始部分简单些。在太极跑的 DVD 中，你也会看到这部分内容。在第一次跑之前先观摩一下。

我用于教学的这个动作顺序是经过了时间检验的。让你的大脑指挥你的身体，让你的身体感知这些动作。如果在做动作时，你的身体感知能够发挥作用，你就会把每一个跑姿动作记忆得更好。

跑前动作回顾

1. 从训练站姿开始。
   - 双脚平行站立，髋部放松，感觉你的脚部前后、左右、内侧、外侧都是平衡的。
   - 延长后颈使上半身挺直。
   - 保持骨盆水平。
   - 调整髋部位置——将 3 个点对直（肩膀、髋部、脚踝）。
   - 从头顶到脚底感觉你的“身体立柱”。
   - 放低下巴，看是否能看到你自己的鞋带。
2. 下一步，找个可以支撑的东西练习前倾。
   - 面向栅栏、墙或小树站立，双脚距支撑物一脚宽。
   - 将身体摆成“C”形（你的“身体立柱”）。
   - 前倾几次，每次都将自己推回到直立状态。
   - 在整个过程中保持脚踝放松，压力平均地分配于脚底。
3. 走着转两圈，练习抬脚。
   - 抖动双腿并保持小腿松软。
   - 保持最佳姿态。
   - 每一步都将一只脚提高到另一条腿的脚踝部位以上。
   - 当你走路时，跖球下不应有任何压力（假装你在悄悄地接近某人）。

如何开始跑步

1. 以最佳姿态站立，立好你的“身体立柱”。
2. 在起跑前练习一下单腿站立的姿势。
3. 屈肘至 90 度，放松肩膀。
4. 以非常小的步幅开始慢跑，你的肘部应该轻轻地向后摆动（如此慢速，你的呼吸频率便不会增加）。
5. 一旦跑起来，便假装自己不是在跑步，这样就对了，想象自己是在练习一组单腿站姿，一组接一组，每次你的脚落地时就是在做单腿站姿。你应该感觉到自己是全脚掌着地而非脚跟着地。用这种方式跑几分钟，不要想其他任何动作，甚至不要想着是在跑步。你只是在练习单腿站姿，每次你的脚落地时，你都是在连接 3 个点（肩膀、髋部和脚踝），并且感觉你的“身体立柱”。
6. 以这种方式跑步，保持小步幅，直到你觉得自己可以在慢跑时保持漂亮笔直的线条（身体立柱）。
7. 现在是使用 3 个步骤进行前倾的时候了。
    - 第 1 步：检查自己的身体线条。
    - 第 2 步：将注意力集中到脚底。
    - 第 3 步：让脚的落地点位于你的“身体立柱”下方，整个身体前倾，略前于你的脚部着地点（垂直距离约 2.5 厘米的地方）。再增加一点点倾斜并保持住平衡，腿向后摆。
8. 保持这个新的倾斜角度约 15～30 秒，然后回到最初挺直的位置，你在这样做的时候应该感觉到速度降下来了。大多数人在这时都会对降速表示惊讶，因为他们在增加前倾时并未意识到速度提高了。如果你感到降速了，那就是身体在告诉你，你并不是靠双腿提高了速度而是完全依靠前倾做到的。
9. 经常检查你的“身体立柱”是否笔直以及脚的着地点是否在“身体立柱”的下方。反复更替地将身体前倾，保持 15～30 秒，再回到直立的位置。重复 10 遍这个倾斜练习，然后走一会儿。当前倾时，你的上半身应该略微靠前于你的脚部着地点。如果是你的头部和脚部在比赛，那你的头部应该总是在脚部之前越过终点线。
10. 走路时注意保持住“身体立柱”笔直并放松身体。

在下一章，我们会教你如何应用“循序渐进”的原则学习太极跑技术，并且将所有的太极跑动作融入你的跑步计划当中。

动作清单

这是在跑步前要回顾的所有动作的清单，在每次跑步训练时选一两个动作进行练习。

姿态

- 腿与脚对直。
- 放松膝盖。
- 平衡脚部压力（左右、前后、内侧外侧）。
- 延长后颈并收敛下巴。
- 保持骨盆水平。
- 放松臀部肌肉。
- 创建你的“身体立柱”（对直肩膀、髋部和脚踝）。
- 让双脚位于“身体立柱”的底部。
- 向下看你的鞋带。
- 单腿站姿。
- “C”形状。
- 在迈步时感觉你的“身体立柱”。
- 除了小腹外放松其他所有部位。

前倾

- 前倾三步骤：
  a. 检查你的姿态。
  b. 将注意力集中到脚部。
  c. 让“身体立柱”前倾到落脚点的前方。
- 放松小腿和脚踝。
- 延长后颈，前额向前。
- 全脚掌着地。
- 上半身位于脚的前面。
- 在“前倾的窗口”中保持平衡。
- 前倾越多越使用小腹的力量。
- 前倾就是你的油门。

下半身

腿部

- 小步幅起跑。
- 向后摆腿。
- 髋部随腿一起后摆。
- 腿随脚沿身体中线方向扭转。

小腿

- 屈膝。
- 使小腿柔软：腓肠肌、胫肌、踝关节、脚部、脚趾。
- 提脚跟，降低膝盖。
- 放松膝盖。
- 被动的小腿运动。

脚和脚踝

- 脚尖向前。
- 脚部在腿后像轮子一样做画圆动作。
- 提起脚踝。
- 提起脚跟，脚趾向下。
- 从地面轻柔抬起。
- 全脚掌着地。

骨盆扭转

- 在 T12/L1 处感觉你的旋转点。
- 保持骨盆水平。
- 进行骨盆扭转，要放松，不强行做任何动作。
- 整个下半身在旋转点之下扭转。

上半身

摆臂

- 屈肘 90 度（不要一张一合）。
- 弯曲手指，大拇指在上；放松手部。
- 手部始终保持位于腰带上方的位置。
- 手部不要超过身体中心线。
- 肘部向后摆。
- 肩膀前倾，肘部后摆达成相对平衡。

头部、颈部和肩膀

- 沉肩放松。
- 肩膀保持向前。
- 延长后颈，延长脊柱。
- 前额向前。
- 通过眼睛用意极引导能量向前。

呼吸

- 腹式呼吸——用鼻子吸气，收腹时用嘴呼气。
- 将呼吸频率与步频同步：两步呼，一步吸。
- 尽量用鼻子呼吸。

步频、挡位和步幅

步频

- 利用节拍器，争取达到每分钟 85～90 步的步频。
- 如果你的步频低于每分钟 85 步，那就从现在的步频开始以每周每分钟增加 1 拍的频率提高，直到你达到每分钟 85 步的步频。

挡位和步幅

第 1 挡位

- 2.5 厘米的前倾。
- 最小的步幅。
- 热身式的配速。
- 几乎不增加呼吸频率。

第 2 挡位

- 5 厘米的倾斜。
- 中等步幅。
- 可交谈 / 训练式的配速。
- 有氧配速。

第 3 挡位

- 7.5 厘米的前倾。
- 比赛配速。
- 最大步幅。
- 最高有氧配速。

第 4 挡位

- 10 厘米的前倾。
- 冲刺配速。
- 第 3 挡位的步幅。
- 无氧配速。
- 向前摆臂（不是向后）。
- 以髋部驱动（不是腿部）。
- 略微提高步频而不是步幅。
- 身体的“C”形状幅度加大，髋部和腿部更加放松。

第 5 章
如何学习太极跑

在努力达成目标、争取胜利的时候，如果内心深处充满同情、耐心、恒心和宽容，你就将不断地收获和成长。

——迈克尔·塔穆拉，《你就是答案》

学习既省力又无伤病地跑步的几个阶段

初跑者教程

中高级跑者教程

学习太极跑技术的 10 节课

太极跑动作配对练习

在这个章节中，你将看到教授太极跑的10节课程、一些对学习有所帮助的提示以及需要掌握的步骤。不论你是初跑者还是老手，我们都建议你按顺序学习这10节课程。以我多年的教学经验来看，这个顺序能够最有效地将所学动作融入你的跑步当中。在这10节课程的后面，我列举了几组可以配对练习的动作，当你熟悉了这10节课程所学的内容之后，按这个清单进行组合练习会获得很好的效果。

在我们的网站上，你会看到我们为各种水平的跑者制作的在线训练课程——包括5公里、10公里、半程马拉松以及全程马拉松的课程。在每个训练课程中，我们都将教你如何在长跑中运用和提高你的太极跑技术。

在第6章中，我们会有更多提及跑步的内容并为你制定了一个跑步的计划，但是在这一章中我们只专注于太极跑的学习。

- **没有定式——摆脱自我定式**。没有定式的主旨就是，抛弃你的一切主观想法并从实际出发。举个例子，你跟你的马拉松训练小组一起练习，而那天你感觉跑得特别慢。首先，你的定式和自负会跳出来否认这个现实（即你跑得不如你的同伴快），然后要求你追上他们，这样你才能感觉自己不那么糟糕。从另一个角度来说，你真的应该倾听来自身体的声音，根据实际的情况再结合你的技术找到适当的配速和速度。

  每次出去跑步你都要对环境做出反应，包括山坡、粗糙的地形、寒冷、大风等，同时还要应对身体出现的各种状况，如疲劳、肌肉僵硬、肌肉疼痛、肾上腺素、各种情绪、缺乏睡眠等所有影响你的大脑和身体的因素。通常情况下，有一种很好的应对外部环境和自身特殊状态的方法——客观地去看待这些情况，这样你的判断将会更加准确，反应也会更加合理。太极跑完全是从客观的角度来观察环境和状况并做出最合理的反应。

  举例来说，当进行越野跑的时候，如果我是顺应着路势跑而不是与之相抗衡，我就能够跑得更快、更省力。当上一个陡坡的时候，我不会总是沮丧地想着前面的路要费多大的力气，而是让自己的双腿放松，缩短步幅，这样山坡就变得不那么难以应付了。我不是与山坡进行搏斗，而是和它交朋友，让它告诉我我应该怎样做。

没有定式也意味着与伤痛做朋友，让它们告诉你什么地方做错了。我十分乐意听到人们告诉我他们跑得不好，如果我能够通过询问发现他们为什么认为自己跑得不好，就可以指出他们的技术弱点并给予必要的纠正。如果你能够从这个角度看待这些挑战和困难，你就不会再将其称为“没跑好”，而会对你的朋友说你今天上了一堂很好的“跑步课”。

- **简单地开始**。牢记循序渐进原则：最好的结果需要耐心和坚持不懈。给自己足够多的时间来学习这些内容，不要一开始就尝试太多的动作，慢慢前进，并庆祝每一次小小的成功，尽力而为，不要去担心那些你现在还做不到的，功到自然成。当你适应了一个动作后再加入下一个。在加入更多的动作前，尽量争取能够对当前所练的动作有清晰的身体感知。在教程中，你要本着循序渐进的原则逐步提高，从而稳定而牢靠地掌握更多的知识。
- **对你将要做的事情做到心中有数**。反复阅读你正在学习的动作要领，直到充分地理解了概念并且掌握了出去跑步时应该做的事情。可以配合着观看课程DVD。如果某个动作可以在家练习，那么在出去跑步之前无论如何都要在家先练几次。在开始阶段做得越充分就越有可能拥有优美流畅的跑步姿态。
- **一致性**。据说，让一条老狗认识新的路线是件非常困难的事。而你的身体就如同那条老狗，让它学习新东西的最好方法就是多次重复。学习一个新的习惯需要一致性和持久性，练习跑姿动作的次数越多，你的身体就会学得越快。我建议在开始阶段你每周最少练习 3 次相关的跑步课程。当你正在建立一种身体记忆的时候，最好不要在两次练习之间停顿太长时间，以免每次都要从头开始。
- **从另一个角度观察**。有的时候，很难向你描述你的运动方式是否正确。解决这个问题的一种方法就是，和一个同伴一起学习太极跑。如果你们两个人一起学习了太极跑，你们就可以成为对方的“眼睛”，告诉对方你观察到的情况并提供合理的建议。

  另一个建议是，你可以通过录像来检查自己是否真的做到了你希望的样子。最好的场所是在操场跑道上，从跑道的一端沿着弯道跑，让你的朋友在场地内给你摄像（最好是在足球门附近）。这是种非常好的辅助训练方法，它可以使你从侧面观察自己的跑姿。如果没有摄像机就借一个吧，绝对值得！

第三种方法是，当你路过一个大的商店橱窗时可以通过橱窗玻璃进行观察，只要你的注意力不要转移到整理头发上去就行。

学习太极跑的动作就如同学习演奏一种乐器。你要先学习演奏单个音符，熟练后再学习演奏乐句，直至能够演奏整个乐章。当演奏技巧臻于完美时，你就无须看乐谱了。而当你能够完全掌握你的乐器时，音乐便可以从你和你的乐器之间顺畅地流淌出来，你就可以借音乐来表达自己的情感了。

学习既省力又无伤病地跑步的几个阶段

太极跑可以给你一个金子般宝贵的机会，那就是，你可以既不费力又没有伤病地跑步。这可能吗？

我们相信答案是肯定的，除非发生意外，没有伤病地跑步是可能的。同时可以肯定地说，当你的太极跑达到一定的水平，你所学的东西同时在你身上发挥作用的时候，你就会进入一种境界——太极跑会使你觉得毫不费力，就像很多人说的那样“我觉得我会永远跑下去”。

既省力又无伤病地跑步是你在每次跑步时都应该牢记的指导性原则。我就是这样，每次跑步时我都会问自己：“我怎样才能跑得既不费力又不受伤？”这个问题将引导你寻找省力而又无伤病的跑步方式。

当然，在太极跑能让你真正体会到毫不费力之前你还要经过一些阶段（虽然我们确实听到很多人声称他们在很短的时间内就感到毫不费力了，甚至还有一些人说他们马上就从当前的疼痛中解脱了出来）。

第一阶段：空杯思想

当你第一次开始尝试学习一种新的方法，并且还是一种对你十分有利的跑步方法时，你会经历这个阶段。这是推迟怀疑的阶段，或者借用佛教的说法，就是“空杯思想”。

在第一阶段，理解太极跑的基本原理是非常重要的，比如，当你的脊柱对直的时候你能更轻易地运动。另一个需要理解的原则是，如果要省力且无伤病地跑步就要懂得高效的跑动需要依赖你的核心肌肉，而不是腿部肌肉。过去我们一直被告知高效的跑动需要依赖强壮的双腿，而同时又被告知要充分放松我们的双腿——这使我们的大脑和身体极大地脱离了我们正常的运动方式。

小步幅也是难以被接受的，好像我们就应该尽可能大地迈开双腿以跨越更多的距离。但这样做的结果是，我们付出了更多不必要的努力并且变得更容易受伤，得不偿失。下面是我的夫人凯瑟琳的故事：她说：“丹尼教我跑步的时候我从未感到过轻松，夫妻间的事情你们懂的！他那短而快的步子令我恼火，我感觉这样做要使出更多的力气。但最终，这些年来我借助节拍器试着缩短自己的步幅——它可以迫使我加快步频，缩小步幅。同时，我还认识到了为什么这么多年来我的背部一直在疼。”前倾也是一个在太极跑中需要“推迟怀疑”的方面，因为有时你觉得自己是倾斜的，但其实你没有。好了，如果你打算继续试试，便可以由第一阶段进入第二阶段。

第二阶段：努力

你必须做两方面的努力：努力集中注意力；努力让你的身体保持正确的姿态。

以姿态为例。大多数人都有一些姿态问题，因此你得记住（集中注意力）要做身体对直的练习，将一些你现在还没有使用的肌肉利用起来使身体对直。当那些使你保持直立姿态的肌肉变得强壮起来，并且不需要大脑提醒你的身体就能够保持直立时，维持好的姿态就变得毫不费力了。你可能要从身心两方面做出努力以促成这些改变。

第三阶段：放松

放松是既不费力又无伤病地跑步的重要因素。学习放松可能需要一些努力，放松脚踝、髋部、肩膀和双腿可能都不容易，所有这些可能都需要精神上的努力，不过，我们的身体会很快学会那些使自己感觉好的东西。很快，放松就会变得容易，你的跑动也会变得毫不费力。不过，第四阶段才是让你实现既省力又无伤病地跑步的阶段。

第四阶段：跑

当你成为了一个太极跑者，感觉到了它带给你的潜力，学会了充分的放松，体会到了身体内所掌握的技能时，就该学以致用了。每次跑步时我都是这样做的，我会引导着体内的能量，感觉着“气”发挥的作用。我发挥着我所学到，也测试着太极跑的极限。

而我的感觉是没有极限，我的太极老师徐师傅说我们的运动有无穷的变化。每次跑步时，我都会寻找那个“甜点”，跑步的自然特性使得那个点总会在瞬间改变。我们可以学着在一个变化无穷的世界中奔跑——在一个缓坡上，在一段起伏不平的路面上，抑或在一座我们势要一睹尊容的高山顶上。

初跑者教程

无论是刚开始跑步还是刚从伤病中恢复，抑或是停跑了相当长的一段时间，你都可能会有一种兴奋、焦虑和期待交织的感觉。当决定恢复体型、重获健康的时候，你会有一种真实的目标感：“这就是我要做的，我要让自己跑出去，每周跑三、四次！”很多开始跑步的人都有这种决心和目标感，与此同时，也伴随着一些恐惧。

许多恐惧听起来都是一样的：

“我太胖了，我喘得太厉害了。”

“见鬼，我为什么要跑步？任何人都知道 40 岁以后不应该跑步。我会损伤自己膝盖的。”

“跑步太苦了。”

“跑步的人看起来都是狂热分子。”

但无论如何，你还是对跑步着迷了，也许是因为你还记得当初跑步时的良好感觉，也许是因为你正在寻找一条重获健康的最快捷的道路。

好了，把你的恐惧丢到一边吧。要知道，对大多数人来说，无论你的年龄大小，跑步都是一种安全有效的运动方式。人们喜欢跑步也适合跑步。学习一种科学的、融合了生物力学原理的跑步方法会大大减少你受伤的可能性。你不需要一开始就练得太艰苦，但你应该在开始的时候就聪明地制订出一个详细可控的计划。作为一个初跑者，你很有可能从一开始就能养成好的习惯，因为你是我们亲切地称为“白纸”的人——也就是没有坏习惯的人。所以，慢慢来，当能够安全而有效率地跑步的时候，你就能够快乐地跑上 1 公里，如果你愿意的话，你最终可以跑上 42 公里。下面是一些有用的提示：

- **每隔一天抽出 20～30 分钟**。开始你的训练并养成好习惯的最佳方法是，每隔一天抽出 20～30 分钟的时间练习。在开始阶段，时间比里程更适合，这样压力比较小。与安排其他重要的事情一样，在你的日历上留出这个练习时间。不用担心，一开始你不必在这么长的时间内一直跑动，但你至少需要用这么长的时间来进行跑前热身和跑后拉伸。通过每隔一天练习太极跑的姿势，你的身体将牢牢记住自己所学的内容。
- **读书，看视频**。为了适应这些概念，我强烈建议你在开始之前通读一遍第 5 章，并且看一遍太极跑视频。
- **按顺序学习 10 节课程**。在你愿意的情况下，尽可能多地重复课程练习，不要有时间压力。
- **慢慢地跑**。开始跑的时候要非常慢，步幅要非常小。初学太极跑没有必要快跑，练习技术的时候要用舒适的、可以自由聊天的配速跑。
- **跑 / 走**。对于初跑者来说，最关键的就是，在舒适的前提下跑步——不论是

30 秒还是 5 分钟。如果你觉得喘不上气来或精力无法集中了，就停下来走 1 分钟，然后检查自己的姿态是否是对直的，重新专注于你所练习的动作，然后再跑起来。在太极跑中，跑姿是第一位的，所以要在能够保持跑姿的情况下延长距离，然后走路。

* 慢跑，快走。练习太极跑和太极走的最好方法就是慢跑（第 1 挡位或第 2 挡位），在间歇走的时候快走（65～75 步 / 分钟）。这样，即使是在走路间歇时你也能保持很好的动感。
* 如果可能的话，试着保持 5 ∶ 1 的跑走比率，即跑 5 分钟然后走 1 分钟。随着身体的进步，你就可以增加跑步的时间了。 当可以进行 20～30 分钟这样的跑 / 走时，你就有可能可以只跑了，如果需要你也可以随时停下来走一会儿。 要在你的有氧运动能力范围内有规律地跑。 在 6～8 周内，由于你的有氧运动能力的增强，你会逐渐地去掉间歇走，同时不会感到丝毫难受。

- **身体感知**。身体能够感知对错是非常重要的。在每节课上多花些时间，直到身体对每节课所学内容都有了清晰的感知。
- **开始记跑步日志**。在第 6 章中，我们建议你开始记跑步日志，对你的健康状态和目标随时进行评估。在学习这些课程之前最好开始记日志。
- **练习组合动作**。当你学习完所有课程之后，请练习本章后面所列的配对动作练习。你也可以创建适合你自己的练习组合。

在下一部分之后，你将马上看到那 10 节课程。

中高级跑者教程

如果你已经是个跑者，准备新学太极跑的话，那么这部分是为你写的。

无论你是个彻头彻尾的初跑者，还是一位久经沙场的跑步精英，所有跑者开始的方法都是一样的。我们发现，教会你一个新的习惯比纠正你现有的习惯要快而且容易。这部分教程与初跑者教程的主要区别在于，你是在现有的跑步基础上学习新技术。你已经很能跑了，所以在开始阶段不包括“间歇走”的内容。

以下是一些对你有所帮助的内容：

- **按顺序学习 10 节课程**。以你原有的配速练习这些课程的内容。慢慢来，很好地感知并练习每一个动作，注意这些动作给你的跑步带来的感觉。如果你已经掌握了某个动作，便可以将一些课程进行合并。
- **保持你现在的跑步训练，但是降低配速**。无论你每周常规的跑步训练计划是什么，不要改变跑步的次数和时间。我们要你做的是，在这些跑步时间内只练习跑步姿势。当你掌握了基本动作后，便可以练习在更长的距离内保持你的姿势。当身体逐渐适应太极跑的技术后，你所要做的就是更前倾、更放松，然后速度就自然提高了。

  我们建议在可以自由交谈的有氧配速下练习跑姿，不要比这再快。只有在舒服的配速下，你才不会处于无氧状态。关键是身体的对直和放松，用较低的配速慢慢练习动作，为快速跑创造条件。将每一个练习都变成提高效率的游戏，随着你的运动越来越高效，你会发现不需要像现在这样费力就可以获得自己想要的速度。
- **小心现有的伤病**。如果你有任何伤病，首先应用太极跑中相应的动作治好它们。从你的训练计划中剔除所有的速度训练，直到伤病复原，直到你已经用新学的技术建立起了有氧运动能力。这样才能保证你新的跑步姿态能够有力地支撑你跑更长的距离，并且没有伤病的风险。
- **重新考量你的比赛方案**。我们收到了很多来信，都是关于太极跑如何在短时间内使跑者的状况发生大大改观的。这很好！不过，最好在比赛之前确定你的身体已经掌握了太极跑的动作。重新考量你的比赛方案，让跑姿优先于速度。
- **练习配对组合动作**。当你上完全部课程以后就可以进行本章后面的配对动作练习了，或者也可以创建适合自己的配对动作。
- **更聪明地训练，而不是更艰苦地训练**。虽然你是用一种有氧的、可交谈的配速来完成训练量，但每次跑步都需要足够的专注和练习，绝对不要相信更多的体力付出会取得更好的效果。如果你感觉还没有达到理想的运动量，可以随时延长运动时间以满足自己的需求。

- **训练你的意极**。这是你适应并熟悉了太极跑的基本动作后要掌握的一个重要动作。
- **间歇跑姿动作训练**。学习第 6 章并制订一个涵盖多种跑步类型的跑步计划，确保在各种跑姿动作的间歇跑中包含跑姿动作的练习。

学习太极跑技术的 10 节课

不论你是初跑者还是有经验的老手，请按照课程的顺序进行学习。如果觉得某节课程需要更多的时间，你尽管在跑步中多重复这节课的内容，以便获得一个清晰的身体感知。当你的大脑和身体对某一课程有了清晰的感知后，就可以进行下一节课程。在任何一节课上，你都可以花一个星期以上的时间。

第 1 课：训练姿态，以一种简单的方式开始

你的第 1 课就是在单腿站立的整个过程中学习和练习前倾姿态。在这个地方花一些时间，重复阅读这部分的内容并反复练习。不要忽略姿态的学习，把视频作为可视化的辅助也会很有帮助。所有这些都可以在你舒适的起居室中进行。一旦你对单腿站姿有了清晰的感知，就要准备将它用于跑步中了。

当你准备在跑步中练习单腿站姿时，请先到前面找到“如何开始跑步”的内容并遵守 1 ～ 6 的指南。先不要考虑前倾的训练，在跑步中仅练习单腿站姿。做两次这样的跑步练习，或者一直练习，直至你在跑步中感觉到这种单腿站姿是舒服的为止。如果你是个初学者，可以用走跑结合的方法练习，如果你是个有经验的跑者，则可以在你的某次常规训练中以慢速进行一分钟的单腿站姿间歇训练。

第 2 课：做前倾

- **复习前倾**。在出门跑步之前先复习一下学过的内容，然后再出去“试驾”。

- **练习做前倾：3 个步骤。**

  步骤 1：跑步时检查自己的“身体立柱”。

  步骤 2：将意念集中在脚底。

  步骤 3：脚在“身体立柱”下方着地，略微将整个“身体立柱”向着地点之前倾倒。

通过“前倾的窗口”练习来平衡自己的身体，在每次跑步时，重复做三、四次这个练习。在单腿站姿中加入一周前倾动作练习或按需要练习更长的时间。

在保持单腿站姿的同时做几次前倾与不前倾的动作，你就会感受到前倾在跑步中所发挥的作用。随着时间的推移，你会找到舒适的倾斜区域，慢慢找找看。如果觉得腓肠肌或胫部肌肉有任何紧张，这就说明你过于前倾了，也意味着你必须靠绷紧小腿肌肉才能维持平衡。将身体向后直起些，尽量在“前倾的窗口”中找到平衡——既不过分前倾，也不过分直立。这是一个很精细的动作，你并不需要像想象的那样倾斜。

第 3 课：提起脚跟

在第 2 课你练习了前倾，利用了重力所产生的向前的拉力。在这一课中，你将练习提起脚跟，学习在前倾时如何不用你的脚趾来推动自己的身体。你需要抬起脚踝并且将脚跟轻柔地从地面上抬起，先以站立的姿势练习，再在走路中练习，然后再以慢跑的速度进行练习。

- **复习被动的小腿运动。**
- **做提脚跟练习：**训练几分钟。
- **以走路的方式做轻柔抬脚的练习：**步行 5～10 分钟，交替进行抬脚走路和正常走路，体会给小腿带来的不同感觉。
- **像第 1 课那样开始跑步。**
- **假想你根本没有小腿：**做 1 分钟轻抬脚跑、1 分钟休息的间歇练习。每一步都将注意力集中在轻提脚跟上，你也可以使用前面所提到的“轮子”的形象化记忆方法。在每 1 分钟的间歇休息后继续跑动，同时让小腿尽可能地放松。

第 4 课：沙坑练习

在这一课中，我们将在跑步前用沙坑继续练习小腿放松和轻抬双脚。最好是在有跑道和沙坑的操场练习，这样你就可以在沙坑和硬地上交替着跑步了。

- **复习沙坑练习**：在沙坑中来回跑过，直到你能在沙坑中留下清晰、整齐的双脚印记。仔细检查脚印的扩展情况、脚跟着地情况和有没有因脚趾蹬地而留下了沙窝。至少花 15 分钟做这个练习。
- **沙坑 / 跑道练习**：从沙坑中跑过后立即（不要停步）在跑道上跑一圈。重复 4 次，也可根据自身情况多练几次。当你觉得小腿紧张的时候就可以做这个练习。

第 5 课：骨盆扭转

轻抬脚和小腿放松练习的下一步就是骨盆扭转练习。在这一课，你将练习骨盆扭转并学习如何拥有平稳、放松的步伐。

- **复习骨盆扭转内容。**
- **复习泳池边跑步练习。**
- **做泳池边跑步练习**：找一个平坦的地方跑步，重复做练习的最后一步，直到你对跑步时骨盆扭转有了清晰的感知。不要强迫自己做动作，记住你不是在尽力做什么动作，只是让骨盆自然地发生扭转。保持骨盆水平是非常重要的。

第 6 课：向后摆腿

这节课将第 2 课和第 5 课结合在一起，通过身体立柱前倾和骨盆扭转使腿向身后摆动。

- **复习向后摆腿的内容。**
- **练习泳池边跑步练习**。以此作为热身。

- **在跑步时练习单腿站姿**。以慢速跑 5 分钟，在 5 分钟内只做单腿站姿练习。
- **将注意力集中在 T12/L1 上**。将注意力集中在旋转点上，体会每一步中整个下半身的扭转。每一步腿都要向后摆，髋部也要向后随动。
- **当脚触地时感觉腿和脚的后摆**。如果没有前倾这是不可能做到的。

第 7 课：摆臂、头部、颈部和肩膀

在前倾时，让下半身向后摆的同时固定住上半身是非常重要的，因为只有这样才能让下半身更自由、更容易地活动。在本课中，你将学习如何用摆臂来固定肩膀，并借此使下半身充分转动。

- **复习和练习摆臂的内容**。仔细关注手、肘部和肩膀的位置。
- **将骨盆扭转与摆臂结合起来**。将注意力完全放在摆臂上，跑 10 分钟，之后加入骨盆扭转，感觉每一步腿的后摆。再跑 10 分钟，感受双腿与肘部的后摆，与此同时，肩膀要始终朝向前方。
- **加入倾斜**。在练习的最后 10 分钟内，在感受四肢后摆的同时将你的“身体立柱”前倾，感觉“身体立柱”的前倾对平衡四肢的后摆起到的作用。用这种方式练习能帮助你更容易地找到“前倾的窗口”。

第 8 课：意极及屈膝练习

这个练习的目的是让你对不用双脚来驱动跑步有一个清晰的感知。

- **复习屈膝练习和意极练习**。找一条安静平整的道路或跑道，热身跑 10 分钟，然后重复 4 次屈膝练习。一定要按指南练习，在每次练习时要将 3 个步骤做全。
- **练习意极**。在做第三步之前，原地站立，用眼睛盯住远处某个点或某个物体，在跑步中从始至终都不要转移视线。让你与“目标”之间的视线将你的身体拉动向前，同时每一步都要做屈膝练习。
- **继续跑**。做完屈膝练习后，将倒数计时器定为两分钟重复模式，以一种舒适的配速跑步，当提示音响起时，停止跑步，做屈膝练习，将 3 个步骤都做一遍，

然后轻松地恢复舒适跑，直到提示音再次响起。重复练习至训练结束。放松，恢复正常的体能状态。

第 9 课：步频和节拍器

在这节课中，你将用节拍器来练习维持固定步频的跑步方法。如果你没有节拍器，我强烈建议你买一个，因为这是我知道的改变步幅的最好方法。你可以在 ChiRunning 官网上买到。

- **复习节拍器的内容。**
- **找到你现在的步频。**做 10 分钟热身跑，然后在以舒适配速跑步的同时数一下自己的右脚每分钟着地的次数——那就是你现在的步频。
- **将节拍器设定为当前跑步的步频**，并在剩下的跑步时间内让自己的步频与节拍器同步。
- **变换速度。**在保持步频与节拍器同步的情况下，练习以不同的速度跑步，让自己体验从最慢到最快的所有速度。尽量不要漏掉任何一拍！你会发现速度的变化将导致步幅大小的调整。
- **加快步频。**如果你的当前步频低于 85 步 / 分钟，则每周增加 1 步 / 分钟，直到你达到 85 步 / 分钟（个矮的跑者应将目标定在接近 90 步 / 分钟，个高、超重或年长的跑者则应将最低目标定在 85 步 / 分钟）。

第 10 课：挡位与步幅

在这最后一课中，你将使用节拍器和倒数计时器来练习加大和减小步幅以提高效率，你还将学习用前倾的幅度来改变速度。在练习之前，先将倒数计时器的提示音设定为一分钟间歇，并将节拍器设定为你的当前步频。这一课的内容非常好，应该经常重复练习。

为了将来能够高效率地跑步而夯实基础是一个持续而又会带来高回报的过程。

- **复习“挡位、步频和步幅”的内容。**

- **以第 1 挡位跑步(热身配速)**。打开节拍器以你的当前步频热身 5 分钟，做 2.5 厘米的前倾（第 1 挡位）。
- **以第 2 挡位跑步（训练配速）**。开始倒数计时，增加 2.5 厘米前倾，换成第 2 挡位。记住用 3 个步骤进行前倾（见第 2 课）。当你的倒数计时器提示音响起时，停止前倾，回到第 1 挡位跑 1 分钟。每分钟都以第 1 挡位或第 2 挡位交替跑，练习 10 分钟。
- **以第 3 挡位跑步（比赛配速）**。在下面的 10 分钟训练中，以第 2 挡位和第 3 挡位跑。当你加大“油门”时，要始终保持放松、加大步幅。当你减小“油门”时，缩小步幅。
- **尝试各种挡位**。在接下来的跑步中，以 2.5 厘米为单位增加或减小倾斜幅度并相应地调整步幅，全程都要与节拍器同步。

课后练习

在完成了全部 10 节课后，你将会对基础太极跑姿态的各个方面有一个清楚的把握。为了帮助你能够继续训练控制身体和掌握跑姿动作，我们为你准备了一份在未来的跑步中将使用到的配对动作练习名单。方便起见，动作的配对组合是按身体区域划分的，不过，你可以根据兴趣或跑步要求来自由组合练习。你可以用以下两种方式中的任意一种进行练习：

练习 A：跑步中，在前 1/3 的时间或距离练习配对动作中的第一个动作，然后在第二个 1/3 部分练习第二个动作，在最后 1/3 的部分将两个动作合并练习。

练习 B：如果使用倒数计时器，你可以在前 2/3 的时间或距离中以 1 分钟的间歇时间练习单一动作，再用最后 1/3 的部分把两个动作组合练习。

当你对配对动作练习有信心后，可以挑战一下自己，在跑步中练习两个配对动作组合。可以用上述练习 A 或练习 B 的方法将一对动作当作一个动作，交替练习两个组合。

在掌握技术的过程中，有些动作会很容易地融入你的身心从而变成你的第二本能，你只需要集中练习那些没有充分掌握的动作，最终，太极跑训练将成为一种自然的跑步方式。话虽这么说，但有一种动作我要求自己始终牢记于心并经常应用：保持骨盆水平。我一直坚持这样做并发挥自己的核心力量。

太极跑动作配对练习

姿态

- 单腿站姿 / 另一条腿屈膝。
- 延长后颈 / 保持骨盆水平。
- 感受你的"身体立柱"/ 感受全脚掌着地。
- 将身体各点对直 / 放松身体其他所有部位。

前倾

- 肩膀向前 / 肘部向后。
- 上半身向前 / 下半身向后。
- 保持"C"形状 / 在"前倾的窗口"中保持平衡。
- 保持骨盆水平 / 从脚踝处倾斜。

下半身

- 将注意力集中在旋转点 / 在 T12/L1 以下扭转下半身。
- 全脚掌着地 / 让你的髋部随腿后摆。
- 双脚画圆：轻提脚跟超过另一只脚的脚踝 / 屈膝。
- 屈膝 / 单腿站姿。

骨盆扭转

- 骨盆扭转 / 感觉自己与地面水平跑动。
- 在较慢的速度下做小幅扭转 / 在较快的速度下做大幅扭转。
- 保持骨盆水平 / 自 T12/L1 处扭转骨盆。

上半身

- 肩膀正对前方 / 肘部向后。
- 意极专注于前方 / 肘部向后。
- 延长后颈 / 扩展胸部。
- "身体立柱"前倾 / 肘部和双腿后摆。
- 延长后颈 / 将意极专注于前方。

步频和呼吸

- 保持骨盆水平 / 腹式呼吸（用鼻吸气，用嘴呼气）。
- 将呼吸与步频同步：三呼一吸或两呼一吸。

挡位和步幅

- 增大前倾 / 增大步幅。
- 减小前倾 / 减小步幅。
- 每个挡位保持一分钟 / 小腿放松。
- 固定的步频（节拍器）/ 循环换挡，升降速度。

身体感知和放松

- 保持骨盆水平 / 放松下背。
- 扭转骨盆 / 放松下背。
- 放松肩膀 / 延长后颈。
- 保持骨盆水平 / 扭转骨盆。
- 放松小腿 / “C” 形状。
- 放松手腕 / 放松脚踝。
- 保持骨盆水平 / 放松臀部肌肉。

第6章
提高计划

我们每一个人都是由自己一再重复的行为所铸造的，因而优秀不是一种行为而是一种习惯。

——亚里士多德

跑姿、距离和速度：太极跑的3个提高阶段

制订一个跑步计划

跑步的交叉综合训练

计划升级

疾病与跑步

跑鞋与装备

提高计划将“持续的时间”这一要素添加到了跑姿训练当中，对于初跑者可能是以分钟计算，对于马拉松选手则可能是以小时计算。但无论如何，太极跑学习中的一个很重要的部分就是，将太极跑姿融入长时间的跑步当中。以太极跑的各项原则为基础来制订一个周密的跑步计划可以确保稳健平稳的进展。

成功的公式

一个成功的太极跑提高计划的公式就是跑姿、距离和速度，而且一定要按这个顺序安排训练计划。这个“三步走”的公式将确保你的训练计划安全渐进——你不会被肌肉跑的那种“无疼痛，不收获”的理念搞得过于疲劳，也不会因训练过度而伤痕累累。

首先要先练习跑姿。当能够在较长的时间内将学过的姿态结合在一起使用时，你就能在更加放松的同时锻炼核心力量。同时，这些跑姿的组合也构成了速度的基础。能够长时间地在跑步中将太极跑姿态结合在一起使用，就能够以较低的努力感知度获得较快的速度——这是因为你能够将高效的跑姿与良好的距离基础融合在一起。但是，如果忽略这两个基础一味追求速度，你就有可能在训练中受伤或退步。

有多少跑者就有多少种训练计划，所有的计划都自称是最好的，它们都说可以使你跑得更快、体型更佳或帮你完成马拉松比赛。训练的公式就像是一张制作饼干的食谱，如果 1 个人按食谱操作他会制作出一种饼干，但如果 10 个人按照同一个食谱操作，他们就会制作出 10 种不同的饼干。所以，食谱实际上只是一个普遍性的指南。

与这些普遍性的食谱不同，我要给你提供的是一些对形成训练计划更有价值的帮助。在这个过程中，你将是一个主动的参与者，我们要结合你现有的状态设计出一个满足你个人需求的训练计划。

跑姿、距离和速度：太极跑的 3 个提高阶段

跑姿：迎接改变

在开始制订自己的太极跑训练计划时，最先强调的一定是跑姿练习。如果你是个初跑者，那就要把大部分的时间和精力用于跑姿练习，然后再慢慢地增加距离。如果你是个经验丰富的老手，请给自己两个月的时间来磨炼跑姿，而不要专注于某个特定的配速或比赛目标，相信我，这种牺牲是值得的！

我最喜欢第 142 000 期《时代》周刊 8 月份刊登的一个为了长远的进步而练习姿态的故事。1997 年，“老虎”伍兹高居高尔夫球运动员排行榜的首位，他在 20 岁时赢得了英国公开赛、美国公开赛、美国职业高尔夫锦标赛和大师赛的全部冠军。但是，在看过了无数段自己的录像之后他得出了一个结论——虽然赢得了这么多锦标赛的冠军，但自己的挥杆动作仍然需要再好好地下一番工夫。用他的话讲就是：“我的挥杆糟糕透了！”

他的教练告诉他，他可以这样做，但是在相当长的一段时间内便不能再指望获得任何一次高尔夫锦标赛的冠军。“老虎”伍兹选择冒这个风险，因为他知道这是保证长远发展而必须采取的唯一措施。

在“老虎”伍兹练习挥杆的 19 个月期间，他只赢得了 19 次比赛中的 1 次冠军。媒体称他为“昙花一现”，球迷们也越来越失望。

随后，1999 年 5 月的某一天，当“老虎”伍兹为拜伦尼尔森精英赛做好准备时，他终于感到自己的挥杆发生改变了，而这一改变正是他一直寻找的！后来发生的事情就像人们说的那样，这是历史性的一刻！随后，他获得了 14 项赛事中的 10 个冠军，并且在 24 岁时赢得了极富声望的高尔夫大满贯的冠军。

能做到这一切全因他对自己的姿态有一个长远的眼光。“老虎”伍兹确定了改善挥杆姿态的目标后，便全身心地、一丝不苟地投入其中。这符合了

太极跑的两个原则：循序渐进（持续积累小的进步）和无定式原则（不在乎别人会怎么想）。从那以后，“老虎”伍兹还曾为改善挥杆而多次退赛。

如果“老虎”伍兹都可以为了改变姿态而不惜拿事业冒险，那你就更应该能够将配速降下来或者忽略某个将要来临的比赛，将精力投入到能够使你的跑步生涯终身受益的长远目标之中。

距离：应用新习惯

很多人的心中都有一个自己想要达成的距离目标，我尊重这种诉求，因为我也有过这样的目标。但是也许你已经猜到了，我所说的“距离”的含义远不止一个终点的概念，我想谈论的“距离”是一个用于挖掘自身潜能与专注力的工具。道路就是目标。

在太极跑中，距离的作用就是将你养成的新习惯应用到跑步当中。这要求你在更多的时间、更长的距离内一遍一遍地重复和保持新的跑姿动作，最终使它们扎根于你的跑步技术之中。

真正的检验就是，你能在多长的时间内保持住太极跑跑姿——这里强调的是质量而不是数量。你的身体和大脑像一个团体那样工作，大脑引导着行为，将新习惯应用于跑步，而你的身体通过不断地重复学习形成了一种新的“惯例”。当你感觉自己的动作正确时，这将很快成为一种习惯，随之真正成为你自己的习惯——这是大脑的工作，并且要经受长距离的检验。

首先，要学会让自己的大脑尽可能地做到专注，这样它才能引领身体。在练习一个新的跑姿动作时，你的大脑会先专注一段时间，过一会儿，注意力就开始分散了，这是必然发生的，一直到你重新做这个动作时，才会再一次把分散的注意力集中起来。针对这一问题，你可以拿一个倒数计时器，将提醒自己重新做跑姿动作的时间设为 10 分钟，每次你觉得自己正在走神的时候就让自己注意跑姿动作，做出一些身体上的调整。每次将专注力拉回到动作练习上的时候，都要让自己重新坚持一段时间，通过大脑不断地重复提示来训练自己将这个动作保持的时间更长一些。这样的方法与冥想师指导冥想的方法是一样的——你坐在那里观察自己的呼吸，这就是你要专注的事情，当你发现自己走神的时候，就要立刻回来观察自己的呼吸。

太极跑就如同跑步中的冥想。当能够在一段比较长的时间内保持住某一个太极跑动作之后，你就可以加入第二个动作，然后是第三个动作，直到最终能够在跑步中同时应用所有学过的动作。

速度：蛋糕上的装饰品

当我尽可能地不在意速度时，跑步就是我最愿意做的一件事情——它是愉快的、好玩儿的。当你将所有动作组合到一起并且感觉身体舒服时，所有的训练效果就会显现出来，速度也就随之提高了。下面这封信来自一位学员，表达了他以轻松的方式提高速度后的心情，而他只上了一堂一小时的课程！

亲爱的丹尼：

太极跑简直改变了我的生命！对于一个像我这样热爱跑步的人来说，它可以使我真正地做到毫无伤病地跑一辈子！

太极跑之所以令我兴奋，不仅是因为它有可能避免伤病，更因为我们一起练习之后产生的那些令人惊奇的效果。以前我完成一次跑步后，在拉伸的时候能明显地感觉到小腿和股四头肌的紧张，现在，我几乎感觉不到肌肉或其他组织有任何的不适，甚至觉得跑后变得更有劲儿了。

真正令我吃惊的是速度和距离上的提高。过去我每天放松跑的配速是每公里 5 分钟，而现在变成了每公里 4 分钟～ 4 分钟 22 秒。太棒啦！今天，我可以以每公里 4 分钟的配速在跑道上跑步却不需要像从前那样使劲儿了。

克里斯

在跑姿、距离和速度公式中，速度被放在了最后一位，这是因为它完全依赖于前两个因素。速度是你完成动作的能力的副产品，也就是说，技术是速度的保证。

在太极跑中，速度不是来自于推动力，而是来自于专注力与放松能力的提高，它不应该单纯作为任何训练的目标。跑得更快确实带劲儿，特别是当它是一个良好过程的副产品时。

制订一个跑步计划

对我来说，因为稀少，假期便成了一件神圣的事情，所以我要尽可能地让自己享受其中。“假期”这个词是我能想到的形容跑步计划的最好的一个词，大多数人都有过休假的经历，而且这个词总能令人情绪高涨。

你是怎样以最小的失误来计划一次休假的？你可能会回想起一些记忆犹新而又尽量避免重蹈覆辙的事情，比如当你以优惠的价格预订了在热带地区休假一周时并没有意识到当你到达时那里正处于季风时节，或者你没有意识到你停留的那个星期正好有一个“地狱天使集会”在你的宿营地举行。与制订一个完美的休假计划一样，这个部分就是要帮助你制订一个以你的自身情况为基础、完全符合你个人需求的训练计划。

制订一个好的计划应该考虑到以下几个方面的问题：

- 你的现状。
- 你的愿望。
- 你现实生活中的需求。
- 每次跑步的细节。

遵循以上 4 点，你便可以制订出一套集组织性、连续性于一身，并以身体条件和需求为基础的周密计划。

你最好记一下跑步日志，在你所需的答案上做一些笔记，跑步日志可以发挥多种作用。

- 你可以记录是从什么状态开始的，回过头来看一下开始时的情况，再了解一下自己所取得的变化，这将是件非常好的事情。
- 经过一段时间，你便可以了解到什么有用、什么没用，也可以知道在重复的时候应该注意什么。
- 书写记录的过程可以使你再一次体会和确认什么才是你真正想要的。

在我们的太极跑网站上就有日志功能。

评估你的现状

如实地评估你开始时的个人状况是非常重要的，只有这样你才不会对自己在跑步中能做到什么和不能做到什么产生误判，换句话说，就是一切从实际出发。没人喜欢“逆水行舟”的事情，你可以设想出一个伟大的训练计划，但如果你没有考虑到个人的现状，那这个计划就可能过于激进、过于消耗时间或超出你的能力范围。

下面是 3 种评估方式：身体、精神以及太极跑技能水平。

身体评估

当你准备制订计划时，需要问一下自己这些问题，记住，不要思考，如实回答。

- 你最近有什么伤病或疼痛吗?
- 在跑步训练开始之前，你的身体状况是否需要征得医生的同意或意见?
- 现在你最多能以舒服的状态跑多长时间或多远?
- 你是否体重超重? 是否有用跑步的方法来减肥?

另外，最好能够知道自己的静心率并且每月测一次。现在，让我来告诉你如何测静心率：睡觉前，将手表放在自己可以轻易拿到的地方。早晨醒来后，在做其他事情之前拿起手表，将一只手的食指和中指放在下颚下边的喉咙边上，数一下 15 秒内的心率再乘以 4，算出每分钟的心率。将这个数字记录在跑步或走路日志中备查。如果你是那种健康起点较低的人，那么你将欣喜地看到，随着训练的增加这个数字会大幅度减小，这可以使你对未来充满希望。

精神方面的评估：想法 / 感觉

提出下面的问题，然后看看自己是怎么想的。搞清楚你对这个计划的想法和感觉，这可以使这个计划更贴近你的个人需求。

- 你希望生活中有多大一部分的时间用于跑步?
- 你为什么要跑步?
- 你想从跑步中得到什么?
- 你更喜欢怎样训练? 和团体一起? 与一个搭档一起? 独自一人?
- 在执行一个训练计划时，你的自我驱动力如何?
- 你想要达到一定的距离或配速吗?
- 你是否想为某个赛事进行训练?
- 在跑步中你惧怕的是什么?

对太极跑技能的评估

当你阅读完第 4 章，也练习了第 5 章中的 10 节课程以后，就可以评估太极跑技能中的强势和弱势了。举个例子，也许对你而言，前倾会来得很自然，放松就不太容易。最好是在一次常规的跑步后立即进行评估，在跑步日志中写下那些你感觉特别好或比较困难的部分。用这种方法，你可以持续地评估现在所应用的太极跑技能，并且练习新的技能。我一般会在所有特定的跑步中专注于至少一个区域的动作练习。

提问自己的问题

- 哪个跑姿动作对我来说是最难的?

- 我的太极跑技术中哪一块是薄弱区域?
- 我是否清楚地理解每一个动作的方法?

对这些问题的回答可以让你在跑步时明确地知道自己应该做什么。

在这一章的后面部分，我会给出各种练习方案，并且列出哪种练习最适合哪种特定的动作。如果你觉得哪个动作掌握起来比较慢，我建议你专门为练习这个动作进行一次跑步。让身体学习的最佳方式就是多次重复，这样才会缩短学习动作的时间。

确立以身体为导向的目标

现在，你已经评估了自己的现状，那么便可以轻松地制定一些最符合你的需求的合理目标了。我所指的“合理目标”是指，它不应该破坏你生活的平衡。

当然，有些事情是需要设立目标的，但是要小心，一定不要沦为以结果为导向——那种心态就好像自己在心里默默地说“我要比我的邻居跑得快”或者“我要赢得这场比赛”。相反，以身体为导向是以自身为出发点，其目标也应该是在你的能力范围之内，要以一种健康的方式去实现。你应该能够在状态良好的情况下，在合理的时间框架内完成这个目标。如果你能够倾听自己的声音，并且对自己提出合理的要求，那么这个目标就是正确的。

一个以结果为导向的目标听起来是这样的：“我要以 3 分 45 秒的配速跑步。”而如果翻译成以身体为导向的目标听起来就会是这样的：“我要成为一个跑得更快的跑者。”前一种说法使跑者对成功的判断只有一个条件：那就是以 3 分 45 秒的配速跑步，即使他跑了 3 分 55 秒，并且这已经是这个跑者从未达到过的最快速度，他也不会高兴，因为他从未实现过自己的目标。

从另一个角度来看，“我要成为一个跑得更快的跑者”这一目标必然会导致强调过程，因为跑得更快是一种相对的表达。比什么更快？比谁更快？

比你现在更快？将目标表述为“要跑得更快”，可以使你的注意力集中到你的身体应当做些什么才能实现这一目标上——这就是说要放下目标，强调过程。设定一个完成 5 公里、10 公里或全程马拉松的目标非常好，但是要确保你有足够的训练时间去享受过程，并且可以从中获得一些有价值的东西。

想一想你有什么要实现的目标，把它们写在跑步日志里。如果你觉得有一些目标是以结果为导向的，那就清理掉它们。下面是一些以身体为导向的目标：轻松舒适地运动、流畅的动作、不受伤、从伤病中复原、提高健康水平、改善饮食、自我感觉良好、走到户外。

以下是一些我多年来为之努力并获得了成功的目标：

- 没有膝伤地跑步。
- 完成一次不需要恢复时间的马拉松。
- 没有伤病地跑步。
- 在跑步结束时比开始时感觉还要好。

制订时间计划表

现在，你已经完成了评估作业也确立了目标，是时候把这些归拢到一起做一个可行的时间计划表了。你需要两样东西：跑步日志和日历牌。这个时间计划表的基本思路就是兼顾生活与训练，尽量不要使两者发生冲突。不论你是刚开始一个新的跑步计划，还是要将跑步加入一个现有的健身计划当中，下面的这些问题都可以引导你恰当地安排时间。如果你已经有了一个跑步计划，这些问题则可以帮助你重新审视一下自己的计划。

请在跑步日志中写上以下这些问题：

- 你一周打算跑几天？（如果跑步是你的主要运动形式，我建议你每周至少要跑 3 天，但不要超过 6 天。如果你不是跑得太多或太分散，那么就比较容易在训练中保持冲劲。）

- 确定了跑步天数，看一看一周中哪几天最适合跑步?
- 在每个选中的日子里，你准备用多长时间进行训练? 一定要包括实际的跑步时间和旅行或交通的时间，尽量不要使时间过于零碎。
- 在每个选中的训练日里，你觉得什么时间段更有保证?

马上在日历牌上勾出这些时间。

这些问题也需要你将生活中的其他方面考虑在内，特别是训练前后的生活安排，这要求你对自己宣称准备要做的事情负责。这些步骤是一个可持续的训练计划的基础，训练计划的设计理念就是，要将跑步与你的其他生活完美地结合在一起。

你需要把训练当作约会来对待，如果有人打电话约你在这些训练日聚会，就告诉他你有安排了，询问是否还有其他时间可以安排相聚。

周密的跑步计划

一个周密的跑步训练计划应该是这样的：它可以调整你的身体状态、加强核心力量、改善循环、扩大动作幅度、提高有氧能力、强化心脏功能、有助于释放压力，并逐步提高你的生理、心理和精神状态。表 6-1 是 3 种跑步计划的范例：水平 1 是为那些初跑者或刚从伤病中恢复过来的跑者设计的，目的在于为提高你的身体状况和跑步技术打下一个坚实的基础；水平 2 是为那些希望提高身体素质、降低努力感知度的中级跑者设计的；水平 3 是为那些希望提高身体素质、实现效率最大化并且提高速度的老手们或运动员设计的。

全部的训练包括 5 种跑步形式。虽然你可能会在每次跑步中练习多个太极跑动作，但特定的动作还是更适合特定的跑步方式。每种方式都具有其独特性，这些特性都是整体技术的一部分。当太极跑动作与你的跑步融为一体的时候，你就相当于拥有了一整套工具，便可以在各种形式下对其加以使用了。

表 6-1 跑步计划范例

训练日	水平 1	水平 2	水平 3
1	休息	速度间歇或跑姿间歇	速度间歇
2	随意跑或跑姿间歇	跑坡	跑坡
3	休息	休息	节奏跑
4	随意跑或跑姿间歇	节奏跑	休息
5	休息	休息	随意跑或跑姿间歇
6	随意跑或跑姿间歇	长距离	长距离
7	休息或随意跑	休息	休息

间歇训练：跑姿与速度

我推荐两种间歇训练：跑姿间歇和速度间歇。跑姿间歇训练是一种在设定的间歇时间内学习和练习各种跑姿动作的好方法。速度间歇训练适合那些中级太极跑者，他们已经学习和练习过太极跑技术，正在为将要到来的比赛做准备。

跑姿间歇训练

我强烈推荐初跑者或是长期休跑刚恢复跑步的人进行这项训练。这是一个有趣的练习，事实上，你可以经常用这个训练来代替计划表中的随意跑。在进行这个练习时，你可以交替着做动作和不做动作——1 分钟做，1 分钟不做，1 分钟做，1 分钟不做，直到结束。在跑之前，要先在书上熟悉一下你要做的动作。

- 如果你戴着有计时功能的运动手表，可以将提醒时间定为 1 分钟。用 1 分钟专注于某个技术动作，然后再放松休息 1 分钟，在休息的 1 分钟内不做技术动作。
- 热身完毕后，以一种舒适的配速开始跑步并开启计时，当提示音响后，将所有注意力集中在你所做的技术动作上，绝不分神地保持 1 分钟，仅仅 1 分钟而已，所以一定要尽力保持。当你听到下一个提示音后，停止做技术动作，让自己充分放松地跑 1 分钟。

- 当提示音再次响起时，将注意力再次集中到特定的技术动作上跑 1 分钟。
- 在后面的跑动中重复这一循环过程。
- 如果你选择练两个动作，则在第一个 1/3 的距离或时间内练习第一个动作，在第二个 1/3 的距离或时间内练习第二个动作，再在最后 1/3 的距离或时间内同时做两个动作的 1 分钟间歇跑。

对初学者来说，这是学习单个动作的最好的方法之一，这意味着在一次 30 分钟的跑步中你可以将某一个特定动作做上 15 次！

我建议你最开始要练习这 3 个动作：

- 保持姿态挺拔。
- 从脚踝位置开始前倾。
- 跑动时轻抬脚。

速度间歇训练

我很喜欢这个练习，因为它真的很好玩儿。这是一个立竿见影的练习，在练习中我并没有试图跑得更快，而只是尽力地保持住所有的太极跑动作，然后把时间作为一种衡量。速度并不是这个练习的初衷，有更多、更重要的东西需要我们去做，而总想着速度只会使我们分散精力。“间歇”最简单的定义就是，在一段时间内高度专注地跑步，然后以休息的配速进行简短的恢复。

速度是正确姿态的副产品，所以速度间歇练习其实就是为速度创造条件的另一种跑姿间歇训练。不论你是哪种水平的跑者，都应在能够舒适地保持技术动作之后再进行速度间歇训练。这是一个实践“循序渐进”原则的好机会，因为你总是从慢到快，从弱到强的。

如果你打算提高速度，可以在一周当中找一天在田径场做一些 400 米的间歇训练（大多数的跑道都是 400 米一圈）。专注于用一个或几个动作跑一圈，然后再休息一圈，根据你的情况重复 4～10 组这样的循环。如果你不知道该做多少组，可以让你的身体告诉你。先做 4 组然后进行身体感知，看看自己是否还能再做更多组。仔细倾听身体的反应就能知道你需要何时停止。

要遵守循序渐进原则，在间歇跑的第一组要以最慢的速度跑。在训练的开始阶段，你通常会觉得比较新鲜，这种新鲜感会诱使你跑得很快，一定要避免这种现象。人们经常会在第一组跑得很快，然后每一组都比前一组跑得慢，最后一组便几乎完全不能保持住姿态。或者，他们会在开始阶段拼命快跑，从而使得在前半程便消耗了大部分体力，然后便挣扎着争取在结束的时候能够保持相同的速度。这都是错误的，一定要确保在开始阶段慢点儿，而不是将所有的体力耗尽。

如果你能使每一组都变成下一组的放松练习，那就会得到一个更好的训练效果。随着训练水平的提高，每一组都会比上一组跑得更快，这并不是因为你更使劲儿了，而是因为你的关节和肌肉变得更松弛、更放松了。

跑完最后一圈后，放松地跑两圈，表扬一下自己干得不错。

下面是在速度间歇跑中要做的关键动作：

- 开始时要慢跑，在整个快跑期间逐渐增加前倾的幅度。
- 倾斜幅度越大越要放松下半身（髋部、骨盆和双腿）。
- 加大倾斜幅度时，在身后加大步幅。
- 始终保持一个固定的步频（每条腿每分钟迈 85～90 步）。
- 上半身更快速地运动，肩膀放松，肘部充分后摆。
- 跑得更快时放松小腿，用小腹力量保持前倾。
- 更多地使用核心肌肉，尽量少地使用双腿力量。
- 脚抬得更高，但在加大前倾的同时膝部要保持放低，不要向上抬膝，否则将做无用功。

长距离慢跑

我期待着每周的长距离慢跑，那种感觉就好像是要和一个老朋友出去遛弯儿，纯粹是一种享受！如果我觉得某一周压力很大，我就会去森林跑跑，并且非常清楚当回到汽车里的时候我将脱胎换骨。这是属于我的时间，在这个时间里，好似一切尘埃落定我可以集中思想，可以观察四季的变化，或者仅仅是发现一条从未走过的小路。我不在意速度和距离，这只是我所寻找的跑步时间！

长距离跑是一个可以长时间练习技术动作的好机会，而放松则是最重要的动作。你需要每 10 分钟做一次身体感知，查看一下自己的身体有没有什么紧张的地方，然后专注于做那个区域的放松动作。如果你能在整个跑步过程中始终保持放松的动作，那么在跑步结束时，你会感觉自己就像是做了一次很棒的身体按摩，你可以在以后的各种跑步活动中都应用这种放松能力。在长距离跑中，你可以练习的另外两个动作是：步频和姿态，但不包括速度。

由于这种跑步方式是以一种放松的配速进行，因而可以促使身体产生更多的毛细血管床，从而很好地提高有氧能力。当摄氧能力提高以后你就会跑得更好，因为会有更多的氧气从肺部供应到了肌肉，效率变得更高了。对于那些想要跑得更快的人来说，长距离跑可以为你奠定有氧能力的基础，在以后的速度练习中你会用得到的。

一次长距离跑应该是多长的距离呢？以身体状况和所能承受的时间为准。你想跑多长时间？如果你是个初级跑者，那么长距离跑应该是 30 分钟。当我为莱德维尔 100[①] 进行训练时，我的长距离跑是每个周日跑 64 公里，这使我得以一直保持在顶尖跑者的水平。年复一年，现在，每周一次的两小时长距离跑对我来说感觉正好。长距离跑不应使你近于崩溃，而应该在结束跑步时让你感到一种愉快的疲劳。

---

① 莱德维尔 100：莱德维尔 100 英里耐力越野赛（100 英里 =160 公里）。

随意跑

随意跑的特性就如它的名字一样。当刚进行过一次大运动量训练、睡眠严重不足时，或是感觉最近把自己逼得太紧了的话，你就该进行一次随意跑了。在长距离跑或快速跑训练结束后也可以把随意跑作为一种恢复。

在随意跑时，你可以去发现一个新地方，一边跑一边观看商店橱窗，前往一个漂亮的自然景观，或找个朋友一起在自己最喜欢的道路上跑步。把手表留在家里，忘记配速和距离！随意跑的重点就在于，让自己的身心都得到放松，不要过分在意任何事情（特别是对自己），好玩儿就好！

跑坡

跑坡具有多种强度——从平缓的乡村公路到陡峭的山路。对跑坡难度要判断得非常准确，如果你从未跑过坡路又想去尝试一下，那就找一个简单的地方开始吧，在感觉舒适的情况下向坡上跑，然后折返回来。与速度跑一样，只有当你熟悉并适应了太极跑技术动作后，才可以开始跑坡。如果你在学习太极跑时过早地进行跑坡练习，你的身体可能会记住跑坡的方式，这就会使学习的过程变得更加复杂而漫长。上下坡是一门独到的技术，我会在第 7 章中进行完整的论述。

节奏跑

节奏跑是这套训练计划中唯一兼顾距离和速度的练习，有经验的跑者用它来进行赛前训练。这里所谈的距离一般是指 6～12 公里，具体是多少要根据你的水平而定。我不建议初跑者或那些还没有掌握太极跑的跑者进行这种训练。

节奏跑的练习方法是，以一个舒适的配速开始，然后在整个训练过程中慢慢加大前倾幅度。你可能会觉得比平时跑得快，因为你要努力采用后程加速的方式来进行节奏跑：每公里的速度比之前更快一些，每公里所用的时间也相应地减少一些。如果你是在为某次比赛做准备，希望达到的平均配速是每公里 5 分 33 秒，那么你应该以比较慢的配速开始，然后提高到平均配速，最后要快于这个平均配速，如下所示：

- 第 1 公里：5 分钟 37 秒。
- 第 2 公里：5 分钟 35 秒。
- 第 3 公里：5 分钟 31 秒。
- 第 4 公里：5 分钟 28 秒。

你跑第 4 公里时的平均配速应该是 5 分 28 秒，也可以根据自己的训练要求调整这些数字，节奏跑中最难的部分就是做算术。

节奏跑是一项技术性的练习而不是力量性的练习。训练的目的在于，即使在每公里中都提高了速度，你仍然需要保持着同样的努力感知度和步频。

“说什么傻话！这怎么可能呢？”你也许会说。

好吧，我不打算跟你争论，但是要做到这一点是绝对有可能的，关键是，要一边放松身体一边缓慢地加大倾斜幅度。

太极跑的原理是这样的，你的前倾幅度越大，身后的步幅就越大。而加大步幅的方法就是自旋转点充分扭转身体，使腿从髋部开始更加自由地后摆。

请使用节拍器来保持一致的频率，这可不是一项建议，如果你想学习加大步幅，那这就是一项要求。我将自己的步频设定在每分钟 90 拍（单脚着地次数为每分钟 90 步），并且在踏出第一步的时候就开始启动节拍器。如果你习惯以一个更慢的步频跑步，可以将节拍器调到每分钟 85 拍。这种训练最好在跑道上进行，这样你就可以每圈都用计时器来检查自己的配速。

如果你从未做过这种训练而且不知道应该采用什么样的配速，可以让你的身体告诉你。先以非常轻松的配速跑两个热身圈，做身体放松活动，然后以舒适的第 2 挡位速度跑起来。如果你有可以分割计时的跑表，那么请在跑完每圈时按一下分割计时按钮。下一圈应该比上一圈快 1 秒钟，这不是很多，以此类推，每一圈都要比上一圈快 1 秒钟，这样在 6.4 公里后你已经跑了 16 圈，而最后一圈的速度比第一圈时快了 16 秒钟。

由于速度的增幅非常小，因此你要时刻盯住跑表。如果第一圈你的用时是 2 分钟，而第二圈是 1 分 55 秒，那么你在下一圈就应该跑慢点儿了。这是一个练习身体感知的最佳方法，你必须非常仔细地倾听身体传递的讯息，然后在速度上进行微调，变化不要太剧烈。这是我最喜欢的一种跑步训练，我喜欢看看自己每圈的跑速能够不断地接近目标跑速。如果这一圈用了 1 分 45 秒，那么我就盼着下一圈完成时在跑表上看到 1 分 44 秒。这是件很有趣的事儿，新颖又极具挑战性！

要改变速度，你应该用倾斜的方式而非力量。只要你每周做一次这样的训练，很快就会变成一位配速大师，这在比赛中是非常有优势的，每一个想以与你同样配速比赛的人在开始阶段都会飞奔出去，而你则面带微笑地以一步之差跑在他们的后边，非常清楚随后你将一个一个把他们全部超越。

5 种训练和相关动作

这 5 种跑步训练方式都对学习太极跑技术有所帮助，表 6-2 中显示了用哪种方式训练相关的技术动作效果最好。

表 6–2　5 种训练和相关动作

技术动作	1 节奏跑	2 跑坡	3 间歇跑	4 长距离跑	5 随意跑或恢复性跑步
跑姿	√	√		√	√
前倾	√		√	√	
步频	√	√		√	√
挡位	√	√	√		
摆臂	√	√	√		

续表

技术动作	1 节奏跑	2 跑坡	3 间歇跑	4 长距离跑	5 随意跑或恢复性跑步
髋部摆动	√	√		√	√
核心力量	√	√	√		
有氧能力				√	√
心血管		√	√		

跑步的交叉综合训练

人们经常问我，他们是否应该为跑步做交叉综合训练。如果你的目的是提高跑步能力，那你可以全天练习太极技能，而且我强烈向你推荐太极走技术。如果你想在不跑步的时候练习骨盆水平和放松小腿，那你可以通过每一次迈步来练习，另外我建议你全天都练习姿态——不论是坐在桌前、开车，还是搬水果时。要重视核心肌肉的练习，这对那些腹肌较弱或用不上腹肌的人来说更加重要。

我不相信那些为跑步而进行的重量训练，增加那些在跑步中用不到的肌肉只会增加肌肉质量和跑步中不得不负担的重量。谢谢，不必了，我不练这些，我以太极拳作为交叉综合训练来练习我的核心肌肉和专注力。如果你在其他方面需要增加力量，或者你的人生目标之一是做“少女杀手”的话，那你可以做重量训练。如果大夫说你需要通过强壮肌肉才能从伤病中恢复，那也是可以的。但是，要确保同时进行改善跑姿的练习，因为那些伤病很可能是由错误的跑姿引起的。对于上岁数的跑者（50 岁以上）来说，做一些重量练习来保持肌肉质量倒是很必要的。如果你正在从伤病中恢复，建议你做一下第 9 章中的练习。

如果你的肌腱和韧带不是那么灵活、有弹性，或者在跑步中要用到的肌肉不够强壮，那你应该进行一些特定的交叉综合训练，直到你的身体能以一定的速度跑起来。请记住，让你的全身有效工作的最佳方法是，在跑步当中强化和拉伸它。

计划升级：何时、如何、做多少

对于任何进化的事物来说，要想进入更高的层次，就要打破现有的平衡状态进入一种不平衡的状态。这时，自然的力量会在一个更高的层次上产生一种新的平衡状态。

如果这个前提是对的，那么平衡和成长就不会同时存在，因为平衡意味着静止，而成长意味着运动。这听起来很深奥，但其实跑步正是这样的。

比如说，你一直很认真地练习太极跑的所有动作，而且已经能够以一种非常轻松的配速跑步了。你的身体十分习惯这种配速，感觉又轻松又省力，这时你就是达到了一种良好的静止状态，让自己感到又舒适又平衡。于是，你对自己说："这很好，但我还想再快点儿。"那你应该怎么做呢？

正如在第 4 章介绍的那样，如果想跑得再快一点，你只需要加大一些倾斜幅度，于是，在下一次跑步时你试着加大了前倾。感觉如何？如果你做得对的话，会觉得比平时更向前倾倒了，稍稍有些失衡和不舒服。但是随着不断地练习，你会觉得越来越容易，因为自然的力量会发挥它的作用，令你的小腹更加强壮，从而支撑住这个新的角度。几个星期或几个月后，你会发现自己又能够用非常轻松的状态以这个新的倾斜角度跑步了，与之前的不同仅仅在于，现在你跑得更快了。从本质上说，你的跑步进化了，因为你体验到了一种原先并不存在的不平衡状况。你的身体做出了必要的调整，很快地，就在原有的基础之上建立了一种新的平衡，这说明你已经成长了。

这就是成长的定义，成长不会来自于静止，只有当一个新的事物被引入固有的状态中，并迫使整体做出调整时，成长才会发生。不论是发展业务，还是让一个害羞的人变成一个公众演说家——这是一条适用于生活各个层面的通用法则。

我并不是说成长仅仅是因为引入不平衡造成的，但引入不平衡确实存在着成长的可能性。有太多的人生活在一种不平衡的状态中，而他们的生活却从未改变。

要让这条法则发挥作用，你就必须有意识地从平衡的状态中寻求发展。你要决定何时激励自己创造出必要的不平衡状态（想想“老虎”伍兹），然后做出调整以适应发展的需要（如认真地练习“如何保持身体的前倾”）。当选择成长的时候，你会惊讶地看到自然的力量是如何帮助你完成这一目标的。平衡与成长是让自然发挥奇效的两个主要原则。

升级的原理：关于平衡理论的进阶课程

安全地执行跑步计划的一个重要方法就是，知道何时以及在多大程度上对计划进行升级。当你的状态提高时，你的呼吸会变得更放松，核心肌肉也不那么累了，保持前倾会变得不那么困难，你的肩膀和髋部会感觉松弛，步伐也会变得轻盈。当所有这些进步发生的时候，你会觉得跑步变得更加容易了，而这时你就需要做出一个选择了——是稳定一段时间还是升级自己的训练计划？

稳定是任何成长过程中的一个重要而自然的因素，这是使你的身体跟上跑姿变化的必要阶段。有些肌肉比以前用得更多了，有些肌肉则用得更少了，而你的身体要适应这些变化，这是细胞级别上的调整，所以必定是需要花费一些时间的。我 9 岁的女儿在快速生长期里一个月内就会增高 2.5 厘米，而在随后的两周内身高不会发生任何变化，这是因为在身高增长的同时她身体的其他部分要跟上骨骼的变化。

升级指的是在现有的跑步训练计划中增加一些东西。升级计划可是一件大事，甚至超出你的想象，任何速度、距离、技术或跑步次数的增加都会增加身体的压力，也就是增加肌肉、韧带、肌腱、心脏和肺部的压力。出于这个原因，你需要至少稳定两周才能进行升级。

对一项训练计划进行升级的总体指南

- 每周的升级内容不要超过两项。
- 在间歇训练中，不要增加 15～30 秒以上的时间。
- 每周的长距离跑中不要增加 15 分钟以上的跑步时间，或增加的距离超过 10%。
- 如果你增加了间歇跑的次数，那么就要在放松圈中跑得更慢一些。
- 如果你在间歇跑中提高了速度，那么就要减少总的次数。要在保持新速度的同时一周一周慢慢地增加次数。
- 如果某一次训练比预想的跑得更快、更远了，不要马上进行训练的升级，在下一周再做出调整。

没有周密的计划和充分准备的升级是导致跑步伤病的罪魁祸首，它被称为“过度训练”，用来形容以超过自身能力的水平进行的跑步训练。从初跑者到精英跑者，所有层次的运动员都会遇到这种事情。如果在第一次跑步时就试图跑 3 公里，那你很可能就会受伤。如果你的跑步姿态有什么缺陷，那么随着距离的增加这种受伤的风险就会被放大。慢慢前进，让你的身体逐步成长，直到你有能力在不使身体受到伤害的情况下进行升级。如果你是个初跑者，首次升级的内容应该是在跑步中加上几分钟，第二次升级的内容应该是动作间歇训练。

当你对太极跑的动作有了一个更清楚的理解和身体体验之后，自然就会知道最需要做哪方面的升级以及何时去做。跟着感觉走吧！

下面是有可能要升级的内容：

- 在一个特定的跑步训练中提高速度。

- 增加间歇跑的循环次数（每周增加的次数不要多于 1 组，而且只能在身体允许的情况下才增加）。
- 在间歇跑中增加每组的距离。
- 增加跑步总时间。
- 在跑坡训练中增加坡度和距离。
- 增加每周的跑步次数（这向前迈了一大步，而且并不容易。每周增加的跑步形式首选都应是随意跑。在进行某个专项训练之前，先让身体对新增加的次数适应两周）。

你如何知道该升级了

身体感知，身体感知，还是身体感知！当你的身体觉得可以的时候，你就可以进行升级了，如果你强行推进升级那就是在自找麻烦。任何升级都应该由你的大脑提议再经身体批准，这有点儿像白宫和参议院的关系。

获知自己的身体是否能进行升级训练的最佳时机是在跑步的最后阶段。当你接近训练尾声的时候问自己："我还能再做一些 ________ 吗，就现在？"（在空格中填上要增加的内容：①间歇的组数；② 1.6 公里；③ 15 分钟；④ 30 秒钟；⑤其他）在你要求它做到更多的时候，如果仔细倾听来自自己身体的声音，它会给你以下 3 个回答中的任意一个：

- "当然，没问题。"
- "好的，我应该能行。有点儿累了，但我想我能做到。"
- "不可能，我已经不行了！"

如果你的身体回答 A 或 B，那就可以进行升级。如果是 C，那就是不可能的，在下次提问之前再给身体一周的时间吧。

即使你计划着在某个特定的星期升级，也必须要在身体状况允许的情况下才能那样做。

这种方法的美妙之处在于，身体感知是一套内置的安全体系，如果应用得当的话，它绝不会让你因条件不成熟的升级而受伤。注意：身体感知很容易被自我意识（你的大脑）所干扰，要与身体保持良性互动，这样才能随时了解什么是可行的、什么是不行的。

使用这种方法，过几年你就会为身体所能做到的事情感到惊奇。下面是一位练了 7 年太极跑技术的学员写的推荐信：

> 单纯从物理的角度上来说，太极跑肯定可以使人跑得更快、更远、更放松。不过，我认为有比这更加重要的东西，那就是通过练习身体感知以及有效率地使用肌肉来享受跑步，我学会了在任何情况下都去感知自己的身体和情绪，学会了在生命中不浪费自己的能量。将这个理念与所有的动作结合在一起，使我真正地感受到了平和与快乐。
>
> 阿加·古德塞尔

疾病与跑步

当我发烧、患流行性感冒或者生病又恰逢外面的气温在零度以下时，我是不跑步的。除此之外，我都会出去跑步，因为这样可以使我的心跳加速，肺功能增强，淋巴循环顺畅，更不用提我的“气”的流动了。重申一遍，善用身体感知才能做得更好！如果你正患有较严重的疾病或正从病痛中恢复，也应该进行身体感知并且咨询你的健康顾问，努力恢复健康。跑步可以在一定程度上帮助你提高健康状况，但不要在治疗和恢复时把自己搞得精疲力尽。

跑鞋与装备

跑鞋

我喜欢跑步的一个原因就是，简单。一般而言你只需要穿上跑步服，然后跑出户外。但是当你开始要为更长的距离和比赛进行训练时，就应该将一些注意力放到衣服和装备上了。对于装备，我们强调的东西仅包括好的跑鞋、一个节拍器、一只带有倒数计时功能的手表以及跑步日志。跑步是最好的保持健康的方法之一，而且应该让它始终保持简单的状态。

聪明的脚

有一次，我去旧金山的唐人街买一双太极拳用鞋。当我把我的需求告诉柜台后面的中国妇女后，她看了一眼我脚上穿的跑步鞋，然后说："我不明白你们西方人为什么要穿成这样，这种鞋只能是让你的脚看上去傻乎乎的。"

我为她的直白与准确所震惊，而我的反应只能是"我有罪"。她说大部分的跑鞋都做得太过分了，如此厚的基底使我们无法感觉到脚下的地面。练习太极拳时，关键的一点就是要与地面有直接的接触，这样才能感觉到稳定和"有根"，因此必须穿那种非常灵活的薄底鞋。

在练习太极跑或太极走时有一点要牢记于心，那就是你正在将一种聪明的运动方式注入身体之中，从很大程度上来说这种聪明的运动方式来自于聪明的双脚。当你的脚训练你的身体做好对直的姿态后，你将获得良好的灵活性与机动性，也将在一生中保持双腿、双脚的健康与姿态的正确。

你的鞋可能会伤害你

多年来，为了降低跑步的伤病率，跑鞋生产厂商设计了很多加厚脚跟的跑鞋。但是，即使他们已竭尽全力设计出更好的跑鞋，每年的伤病率仍然没有下降。现有的实验显示，更厚的脚跟会使脚底与地面更早、更持久地接触，其结果是，增加了对腿部、膝部和关节的冲击。如果你想找一双平跟的跑鞋，"无缓冲式训练跑鞋"可成为你的备选，这是为那些比大多数跑者拥有更好的生物力学结构的跑者设计的。现在，有些鞋商也生产全脚掌式跑鞋了，你可以看看附近的商店能不能找到这种鞋。

如果你的脚部有问题，请看第 9 章中的练习。

赤足跑

关于赤足跑有大量的报道。虽然我个人更倾向于找到一双好鞋，但我支持赤足跑的理念，因为这是判断自己的跑姿是否正确的最快方法。赤足跑者是不会用脚跟着地的，因为他们的双脚一直在“教育”身体应该如何着地。因此，赤足跑者通常比穿鞋跑者的跑姿好。不过对我们大多数人来说，赤足跑步确实太残酷了。

你可以偶尔在一条跑道上光着脚跑一圈，看看自己的跑姿会发生怎样的变化：你会发现自己又变回了一个不用脚跟着地的跑者，赤足跑迫使你不得不用柔软的脚中部着地。同时，赤足跑也会迫使你的身体前倾，重心落在身体着地点之前。这是一个脚教会身体如何运动的例子，试试你就会信服了。越少也就越好！

我并不是个赤足跑者，大多数情况下我会穿比赛专用鞋——这种鞋脚跟没有垫高，结构简单，缓冲也不多，而且十分灵活。当你学会用全脚掌着地而不再用脚跟着地或用脚趾蹬地时，也可以穿比赛专用鞋跑步。

买鞋

下面是如何买到一双好鞋的简要概述：

舒适：首先就是要买一双舒适的鞋——在脚跟处应该觉得合脚，在脚尖处又不会有被夹的感觉。去一家服务好的跑鞋商店，让业务员给你找一双既合脚又灵活轻便的跑鞋（注意不能是旧鞋），两只脚都穿上试试，你的脚趾前应该有足够大的空间，使得脚趾不触到鞋的前端，鞋不应给你任何挤压感，越像卧室的拖鞋越好。

灵活性：第二项要注意的就是灵活性。用一只手握住鞋尖，另一只手握住鞋跟，使鞋弯曲，弯曲的动作与跑步时令跑鞋产生弯曲的动作一样（见图 6-1）。仔细看看鞋是从何处弯曲的。如果是一双好鞋，它应该从跖球处（脚趾根部后面）弯曲。如果鞋从中间弯曲了，那它对脚底肌肉的拉伸就过度了

（可能导致足底筋膜炎）。如果整个鞋底根本就不弯曲甚至有些硬，那就干脆不要考虑。一双不够灵活的鞋会在脚离地时将重量作用在脚趾上，使小腿过分用力。

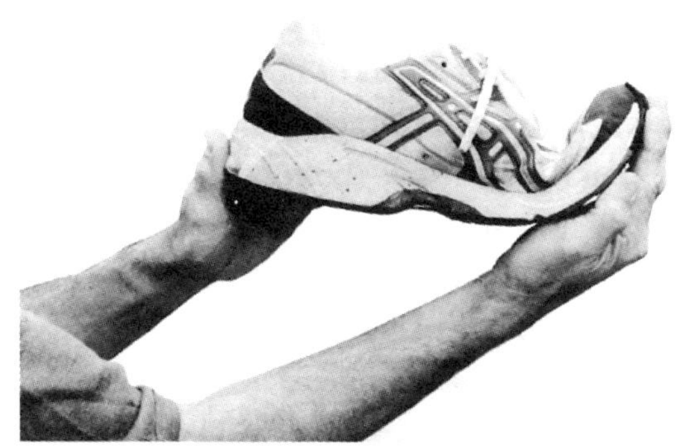

图 6–1　测试鞋的灵活性

重量轻：去找一双有些缓冲但重量轻的鞋。如果一双中等号码鞋的重量超过 397 克就不要考虑，你不是在买靴子。一双好的训练鞋的重量应该低于 311 克，最好是 226～255 克。一般而言，鞋越重就越硬，所以最好买缓冲小的比赛鞋或训练鞋。如果你是刚开始进行太极跑训练计划而且习惯穿带有很多支撑的鞋，那么可以随着跑姿的进步慢慢地过渡到使用软而轻的跑鞋。一双功能偏少的鞋可以训练你的脚去做必要的事情，而不再依靠鞋来从事所有的工作。

备货：如果你发现了一双适合自己的好鞋，请放心备货吧，在 6 个月之内你是不会再碰到的，所以如果钱够的话就赶快去买个三四双。发现一双好鞋就如同发现一个忠诚的技工，当你找到他时简直就是找到了一座金矿！

越野鞋：如果你是个越野跑者，那你需要一双鞋底比较强劲的鞋——鞋底要有一些凸起以增强在地面上的抓力。但是要小心，标有“越野鞋”的鞋大都会比较硬，功能也会过于繁杂。去找一双能让你的脚不太费力地跑动并且稍微有点儿紧的跑鞋，这样，在越野跑中做横向移动时双脚便不至于在鞋里打滑。

由于鞋的样式变化太快，我们不可能在这里推荐某种特定的跑鞋，但是我们会在我们的网站上定期对跑鞋的信息进行更新。

适应新跑鞋

在买了一双新跑鞋后要花一段时间来适应它，不要立刻穿上它去跑长距离。让你的身体适应新鞋，也让新鞋适应你的身体，遵守循序渐进原则慢慢来。第一次穿新鞋出去跑步的距离不要超过 4.8 公里，在那之后，我的原则是，穿着新鞋不要跑超过上一次两倍的距离，比如上次你穿新鞋跑步的距离是 4.8 公里，那么这次你的跑动距离不应该超过 9.6 公里。

如何知道该换新鞋了

当你从盒子中取出新鞋时，在鞋的后面写上一个不会脱落的日期标志。用这双鞋跑了 4 个月以后，在跑步中或跑步后仔细体会你的腿是否有任何高于正常程度的压力感或不适。如果你觉得人行道与原来相比变得有点儿硬了，或者在越野中你的腿比平时更累了，那就该换一双新鞋了。如果第一次穿上新换的鞋跑步这些症状就消失了，那说明你的选择是对的。如果没有任何变化，就请重读一遍第 4 章的内容。如果你记录了跑步的距离，那么你应该在 804 公里后更换新鞋。当你能够跑得更平衡、更流畅时，这个距离数会有所增加，我就有一双比赛鞋穿了 1 207 公里，但这并不常见。

要定期检查鞋底，查看过分磨损的部位，当发现鞋底夹层被磨穿的时候，就要更换跑鞋了。

系紧鞋带

你是否有过这样的经历——把鞋带系两个扣以防止松脱，因为在比赛中你的手指太僵硬不能去调整它们？如果你对鞋带松脱感到厌烦的话，下面这两个方法可以一劳永逸地解决这个问题：①在你将一边的鞋带打成一个圈后，将另一根鞋带绕着这根转两圈——不是一圈，然后系扣完成。如果你想解开，只要拉一根鞋带头就开了；②按常规系鞋带，然后将两个环捏在一起塞进鞋面上的某一根鞋带下面。使用这种方法我的鞋带从未松脱过，或被树枝刮到过——那可是真的会被拉开的。这个方法也能让你轻轻一拉便解开鞋带。

运动手表

这是一个提高跑步能力的重要工具，它与节拍器一样都是练习太极跑和太极走的关键性工具。我们建议你买一只精确计时、有单双倒计时和30～50圈记忆的电子表。在我们的网站上你可以购买到我们认为最好、最合适的手表。

当你搞清楚了自己手表的功能之后，就会发现它能使你的训练变得既快乐又有趣。

- **50圈的记忆功能可以使你了解50次跑步或分段的长度和日期。**如果你没有在跑步之后马上记日志，这个功能可以记录跑步的天数和距离，也能记录一次比赛或训练的分段数据。在太极跑中，我们建议你先慢慢启动，随着热身和更加的放松再逐渐加速。每圈记忆功能可以让你看到在你放松的时候速度是否提高了。
- **重复倒计时功能对于简单的间歇训练是一个很好的工具。**你可以在练习跑姿动作时，将指示音设定为每两分钟提醒一次，我们都知道我们的大脑很容易走神，提示音可以让我们的注意力回到正在做的动作当中。
- **双重倒计时功能可以使你的跑姿练习更复杂些，也是间歇训练的必要工具。**你可以将第1组倒计时设为2～3分钟，将第2组倒计时设为1分钟。然后用2～3分钟来练习跑姿动作，再用1分钟进行放松。这个功能也可以锻炼心血管功能，在2～3分钟内快跑，提高心率，再用1分钟慢跑，使心率降下来，再次重复。
- **用基本的计时功能检查一下自己的心率，**将两个手指放在下巴下边的脖子上数 1 分钟以上的时间，这是一种简单的测量方法。作为基线，你需要知道自己的静态心率。在你的状态提高以后，你会发现自己的静态心率下降了。你可以时不时地查一下，这样就会看到自己的健康状况在向好的方向发展。

- **每小时提示音可以在全天提示你做姿态练习或身体感知等。**如果你觉得自己在桌前的姿态是慵懒的，那它可以提示你该坐直了。也可以用它提示你做任何有帮助的事情，比如喝水、从电脑前离开两分钟等。

节拍器

在第 4 章中，我讲了如何用节拍器来学习挡位和步频，我认为这是练习跑步姿态的最好的设备。有节奏的步伐是学习太极跑姿态的最佳方法，它可以使练习变得更加容易——因为我们的身体喜欢有韵律的东西。节拍器是学习用速度来调节步幅的利器。

心率监测

如果你心脏有问题或者出于某种原因需要跟踪心率，那么你应该带一个心率监测设备，但是对大多数人来说，这是没有必要的。我更希望你通过身体感知来了解自己的努力感知度，而不是依靠设备做到这一点。学着去了解每一种训练应该是什么感觉吧。

不过，心率监测设备有一个很好的用途：它可以成为一种生物反馈的工具，也就是在保持一个稳定配速的前提下看看是否能降低心率，或是在略微提高速度的时候是否能保持心率不变，这样做的目的是，在进行跑姿练习时找出更有效率的方法。你可以这样做：热身 15 分钟，在配速平稳后启动心率监测，然后做下面两件事中的一件：①保持配速，通过跑姿的调整来降低心率（如前倾、放松或髋部扭转）；②通过调整跑姿，在保持相同心率的情况下提高配速。

GPS 设备

我这里没有给跑者提供 GPS 设备，要是你想知道跑步中的细节，比如跑了多远、跑了多快、你的位置等，那就准备一个 GPS 设备吧。如果你在为一次马拉松进行训练，那么用 GPS 设备跟踪你的距离和速度等各种数据是非常方便的。我曾经借过一次 GPS 设备玩了会儿，画出了越野时跑出的地图。你可以用 GPS 设备监测自己的配速，这对学习配速是有帮助的，不过，要知道上面显示的配速只是个相似值，它不会像你在跑道或一些测量精确的道路上跑步时那样准确。

话虽这么说，我觉得如果你过分关注结果的话，它还是会成为一个分散你的注意力的东西。最重要的还是，在任何时候都要对自己的身体有感知而不是依赖于设备。我对自己的配速非常了解，每公里的误差只有几秒钟。如果你有一个 GPS 设备，那么我的建议是，先倾听来自自己身体的声音，再用 GPS 设备做参考。它只是一个你了解自己跑步的工具，你最好是自内而外，而不是自外而内地了解自己的跑步。

水壶腰带和补水装备

现在有各式各样的水壶腰带和补水装备，你需要多去几家商店找到最适合自己的。作为一个超马跑者，我收集了很多补水装备，其中我最喜欢的一款是挂在腰间在某种位置存放一只容量约 567 克水瓶的腰带，我喜欢它是因为用它可以十分方便地抽取和放回水瓶。

我在这里要强调的是，要保持身体的水分充足——特别是在长距离训练和比赛当中，因此要习惯携带水壶腰带或其他补水装备跑步。即使你是和一个团队一起为马拉松进行训练，有水站可以补给，我也建议你带着水壶腰带训练。我会在第 10 章谈论更多关于补水的问题。

第 7 章
山坡、越野和跑步机

力不足者，中道而废。

——孔子

跑坡

越野跑

跑步机

在跑步中，你周围的环境在不断地变化，你可以学着像太极拳大师那样对一切情况做出最合理的反应。当你对太极跑技术有了充分的了解并且适应以后，就会不假思索地做出本能的反应。山坡、越野和跑步机是扩展太极跑基础技能的好条件，你可以在更多、更复杂的环境中应用到它们。

山坡——飘与流

跑坡（特别是山坡）是我最喜欢的跑步类型，当我登上山顶回看来路时会有一种很强的满足感。上坡使我在不需要提高速度的情况下很好地锻炼到心血管功能，而在下坡中，我可以练习平滑地跑动。从山路上飞奔而下，穿越静止的岩石和森林，这是多么欢畅的感觉啊！

很多人躲避山坡，他们觉得这个运动量太大了，让我来告诉你一个秘密——如果你是用技术而不是力量来跑坡，就不需要费那么大的力气。只要把山坡想象成另一个练习挡位的机会，你就会发现在上坡时会省很多力气，而且你可以将下坡当作一个学习放松的机会，顺势而下。在太极跑技术中，上坡要更多地使用上半身，下坡则要更多地用到下半身。在后面我会做出解释。

跑坡与在平地跑步有很大的区别，因此，如果刚刚学习太极跑，我建议你最好在平地上练习新的跑步技术而不要尝试跑坡。如果在学习基础技术的时候就跑坡，那么你很可能在上坡时回到“肌肉跑”的方式，在下坡时冲击到自己的双腿。

预防伤病提示：

不管你准备跑什么样的山坡，一定要在上坡之前在平地上做热身，这可以使你在地形发生变化之前就采用太极跑动作，并将这些动作融入上坡的动作之中。同时，也可以通过热身将血液供应给肌肉，降低肌腱被过分拉扯的风险。

老话说："任何规则都有例外。"太极跑也是如此，所有的太极跑动作都普遍适用于在平地上高效地跑步，而在跑坡时有些"规则"就要发生变化了。这一章将涵盖所有跑坡动作，我会指出哪些规则需要被打破，最后我还会把这些动作都罗列出来。

上坡

太极跑不仅会使你在平地跑步时更加轻松，也可以使你在上坡时获得同样的效果。在平地跑步时，你要将身体想象成一个由上半身和下半身组成的团队，它们在跑动中各负 50% 的责任。而当你用太极跑技术进行上坡跑时，则要增加上半身的运动（约 6/4 或 7/3 的比例）从而减轻腿部的负担，也就是说，通过增加上半身的付出来减轻下半身的付出。每当进行上坡跑时，我都想着我是来好好练练上半身的，要让腿部休息休息！

为此，你在上坡时要增大两个动作的幅度：前倾与摆臂。在以下两个部分中，我会解释跑缓坡和陡坡的方法与区别。

轻松上缓坡

- **向山坡方向前倾**。身体向山坡方向前倾，肩膀略在髋部的前面。这样做的原因是，当你在平地上跑时，你的身体是向前倾的，而在上坡时，山坡会使你的身体变回垂直状态，你是在向上攀登，这将使你的腘绳肌过度劳累，因为你要用每一步把身体拉上山坡。为了抵消这种趋势，你需要将身体向山坡前倾，让你上半身的位置保持在髋部和双脚之前。你会觉得自己前倾得更厉害了，因为你能感觉到跟腱被拉得更紧了，那是因为山坡在你的前面。
- **不要将腿迈到髋部前面**。为防止过度使用腘绳肌，一定不要将腿迈过髋部的位置。前倾时，保持肩膀在髋部之前，髋部在脚之前。
- **向前向上摆臂**。由于双腿要放松，上身就必须要把松弛的身体提起来。在上坡时，手臂要向前摆动，而不是像在平地上一样向后摆（这里你要打破"时刻向后摆臂"这一常规）。将手臂贴近身体，从髋部到下巴向上摆动，就好像你在打自己的下巴（那感觉就像你是个在打上勾拳的拳手）。这是个很好的上坡练习方法，大多数跑者从未这样做过。

- **减小步幅**。在上坡时，减少下半身体力付出的最佳方法就是，尽可能地放松腰部以下部位，这自然会缩短步幅、降低挡位。这不正是你开车上坡时所做的吗？为了能高效地上坡，你的身体还必须遵循所有机械世界的物理法则，因此要用更低的挡位来上坡。如果你觉得疲劳，就要缩小步幅，直到你觉得不那么累了。上坡不是着急的时候，要放松些，以一种良好的姿态到达坡顶，而不是觉得自己都快喘不上气了。
- **放松小腿**。在上坡时，要尽可能地放松小腿，这可以确保你在上坡时不会用脚趾发力，也不会使小腿和脚部肌肉过分用力。
- **保持脚跟着地**。为了使小腿不过分用力，要在支撑身体的过程中始终把脚跟放在地面上，用前脚掌发力会使小腿肌肉承受过大的压力。
- **利用想象**。在上坡时，你可以想象自己是一只飘上山坡的热气球，或者想象着上身又轻又舒展，就像一只沿着上升气流向上飞翔的雄鹰。一个朋友对我说过："如果我能够飘到某个地方，那为什么我还要费力呢？"在上坡时，请在心里这么想："上坡……上半身。"

练习：在坡上训练你的效率

每当你尝试轻松地跑上缓坡时，要时刻注意尽量使自己在不增加心率的情况下到达坡顶。也许你现在还做不到，但是有这个意识就会指导你的运动方式，迫使你注意在用力的同时不增加体力的付出。跑坡的效率是你的挡位、前倾和上身运动综合使用所产生的效果。

如果有的话，你也可以用心率监测设备作为生物反馈工具，用所学的上坡动作来爬坡，同时避免心率的大幅上升。

通过应用上面所提到的动作可以降低你的努力感知度，使你觉得跑坡并不比跑平地费力。你的任务就是，要在上坡的过程中尽量减少腿部的使用！这样才能确保你利用上半身和前倾，并且不会让双腿过分用力。

上陡坡

如果你经常跑坡，那你肯定会不断遇到那种看起来只能走的陡坡。陡坡之所以让人觉得这么累，是因为你很难保持脚跟着地。很多人用脚趾跑陡坡是为了防止过分拉抻他们的跟腱，而这会造成胫部和小腿的过度运动，因为你是在用腿上较少的肌肉来完成一件较大的工作，这不是上坡最有效率的方法。

针对这种情况有一种解决方法：侧身跑。没错，将身体向一侧微转，侧着身体跑上坡去（这里要打破“始终保持身体向前”的规则）。当你的双脚侧对山坡时，跟腱的拉伸不见了，脚跟始终可以放在地面上，小腿和胫部都可以放松下来。让你的脚做错步的动作，我称之为“侧向跨步”（见图 7-1）。这种非常规的技术可以用上你中部和侧部的肌肉，这些肌肉在平地跑时用得不多，因此就好像是在用一套新的肌肉系统来帮助你完成任务。使用这些肌肉也可以让你的股四头肌和腘绳肌在上坡时休息一下。

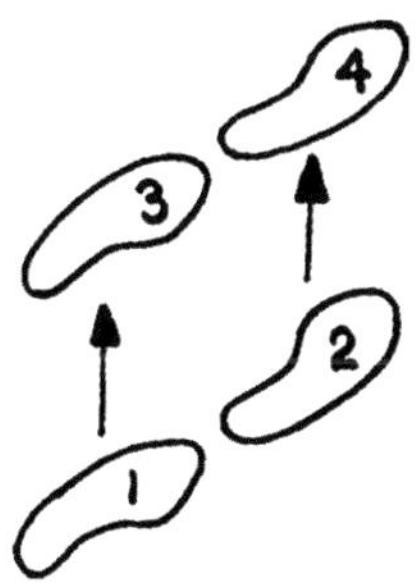

图 7-1　侧向跨步的“舞步”

怎样知道何时才需要侧向跨步呢？答案就是：身体感知。只要你觉得跟腱被拉紧，脚跟在支撑身体的过程中要离地时，就需要将身体（和双脚）向身体的一侧转，直到你觉得跟腱的拉伸感消失，脚跟可以留在地面上为止。坡越陡身体（和双脚）越要扭转。下面是跑陡坡的技术：

- **侧向跑动。**当你上陡坡时，将身体转向 10 点钟的方向跑 6～8 步，然后扭转身体，再面向 2 点钟的方向跑 6～8 步，就这样跑上坡去（见图 7-2）。这种方法可以通过改变方向使你的中部和侧面的腿部肌肉轮流工作和休息。这个技术也可以让你在上陡坡和通过狭窄的野径时保持脚跟着地而无需做“之”字形的跑动。

图 7–2 侧身跨步上坡第 1 步

- **将向着山下方向的手臂在体侧摆动起来**（见图 7-3）。上陡坡时，你的手臂摆动也会有所不同。当你转向一边时，朝向上坡方向的手臂会随着坡度的关系而侧摆，显得没什么用途，不必在意，就让它轻轻摆动好了。而另一只手，就是你朝向山下的那只手臂要在体侧充分摆动——从身后一直摆向对面的肩膀（这里要打破“不能将手臂摆过中线”的规则）。
- **降低到“小脚老太太”的挡位**（见图 7-4）。记住这是陡坡，要降到最低挡。在真正的陡坡上，你的步幅应该比第 1 挡位的幅度还要小，如果需要的话也要同时降低步频（这里要打破“保持相同步频”的规则）。别着急，花点儿时间上坡。
- **朝向上坡的肩膀前倾**。由于你是侧对山坡，朝向上坡方向的肩膀要前倾，那种感觉就好像你在用肩膀撞开一扇门。

图 7-3　侧向跨步上坡第 2 步

图 7-4　侧向跨步上坡第 3 步

- **如果需要的话可以走路。**别忘了，如果一个坡太陡以至几乎无法跑步时，你可以走路，我向来都是这样做的。

当提出用侧身的方法上坡时，我感受到了众多异样的目光。直到大家试着做一下后，那些表情才变成了一种解脱——他们感到是如此轻易就登上了陡坡。我的一些学员说这是他们学到的最重要的一件事情，因为他们不再惧怕任何级别的坡路了，仅凭这一点就值了！

下坡

下坡时的动作与上坡时大不相同，一旦你从平地或上坡转为下坡，就要将重点放在下半身了。你的腿和骨盆成了冲击力量的吸收器，它们要尽量降低来自地面的冲击力。在下坡时，抵消掉冲击力是十分重要的，因为此时身体撞击地面的力量要比在平地时大很多（是自身体重的 6 倍）。

舒适而平稳地下坡的关键就是，要懂得如何在身心上放松自己。僵硬的肌肉会增加对你的膝盖和股四头肌的冲击，使你更快地耗尽体力。而学习如何在下坡时放松精神其实更加困难，因为对很多人来说，下坡是他们全力提速的时候。

当不再恐惧下坡跑的时候，你便能体会到这真是跑步中最令人愉悦的部分之一。我的大脑赶不上身体的速度，因此我就随它去，放松，相信我的双脚会踏在最合适的点上，而它们的确能够做到。这就好像是“意识流”跑步，我的大脑停顿而身体接管了一切。

下坡的两种方式

下坡的重点就是，尽量降低对腿和后背的冲击，使你在到达坡底时能够保持从坡顶出发时的状态。

我把下坡跑分为两类——“能跑的”和“不能跑的”。有些坡是很缓的，你不需要通过制动来控制速度，我称这些坡为“能跑的”。这时你就可以放松髋部，迈开步伐，让重力拉你向前。轻松的下坡跑是学习放松身体的最佳时机，你可以一边放松身体一边以梦幻般的速度跑步。还有一种是陡坡，你必须要用大量的时间来降低速度控制住自己，我称之为“不能跑的”下坡。

遇到能跑的下坡时，以下动作可以让你在下坡时体会到速度和放松的更高层次。

- **放松腰部以下的所有部位。**重点是放松股四头肌和小腿。
- **保持固定的步频。**让你的步幅加大。
- **身体向下坡倾斜。**轻松地前倾，让你的上半身处于着地脚的前面。要做到这一点，保持“C”形是最好的办法。用倾斜来控制你的速度，如果你跑得太快了，那就松一下"油门"跑得再轻松一点。在"C"形中需要注意的一点是，太多的跑者在下坡时肩膀向后靠，这会使你的下背更加弯曲，从而也加大了对骶骨和腰椎的压力，同时还令腿伸得过于向前，使后脚跟硬着地。如果你能保持身体呈"C"形，骨盆水平，就会令下背平展从而减轻对骶骨的冲击。

- **让骨盆更加扭转**。让你的整个下半身自 T12/L1 处扭转，使骨盆在跨出每一步时都产生扭转。每次腿向后摆时，髋部也被向后拉，这样能够使你的步伐向后打开，从而可以减轻对膝盖和股四头肌的冲击力。
- **放松脚踝**。为防止因下坡而引起的外胫夹和足底筋膜炎，一定不要在下坡时踝关节背屈。我有时会在腿前摆时做点脚尖的动作，以防止脚跟硬着地。

当你发现在下坡时正在"踩刹车"，那就是你的身体在告诉你应该换一种技术了。当你遇到不能跑的下坡时，下面这些动作可以把下陡坡变成一件好玩放松的事情。

- **用"油门"来控制速度**。当你开车下陡坡时会让脚松开油门，对吗？假如你身体的前倾就是"油门"，那就要在下陡坡时恢复到垂直的状态了。
- **采用非常小的步幅**。每一步都要如剥离地面一般提起脚跟，而不是将所有的体重都压在脚上，单纯这一个动作就可以大幅度降低股四头肌和双脚所受到的冲击。如果你想跑得快点儿，只要提高抬脚跟的速度就可以了，你的频率会增加但不会增大对双腿的冲击。
- **"之"字形**。如果有空间的话你可以采用"之"字形的方法跑下山坡，这可以让侧面的肌肉起到一定的吸收冲击力的作用。
- **沉肩放松**。如果你需要保持稳定，可以在体侧支起手臂。放松肩膀的同时记住要放松全身，特别是双腿，用轻柔的动作跑下山坡。
- **保持平衡**。在跑动中，从脚踝至头顶保持垂直姿态，让体重轻轻地落在脚跟上（见图 7-5），这样便可以用腿的后侧来吸收冲击力。脚部着地时，让"气"从脚跟至脚尖流动，这样可以进一步减少冲击。

图 7–5 身体垂直，尾椎骨向内收，脚跟轻柔着地

如果你熟悉太极走技术，那么当太极跑和太极走的所有动作相匹配时，下陡坡只是时间长短的区别而已。

练习：下坡时的腿部力量

有一个太极拳的站姿可以增强下坡时的腿部力量。从站桩（见图 7-6）开始，然后伸出一条腿（见图 7-7），将所有的体重放在支撑腿上，略微屈膝，在耳部、肩膀、髋部和脚踝之间保持一条垂直的直线。向前伸出的腿要保持放松，脚跟着地，但不要支撑身体的重量。

如果可能的话，就以这种姿态每天站 1～2 分钟。设想一下从脚跟到尾骨有一条看不见的腿在支撑着。随着你的腿部变得更加强壮，每条腿能够坚持的时间就更长了。这是我提高下坡速度、减小对股四头肌冲击的最有效的单项训练。

图 7–6　站桩

图 7–7　将体重移至一条腿上，尾骨下降

以下是在跑坡中需要打破的太极跑规则：

上缓坡

- 更多的上身运动，更少的下身运动。
- 将手部贴近胸部，至少要小于 90 度。
- 向前上方摆臂而不是向后。

上陡坡

- 朝向上坡的肩部前倾。
- 朝向下坡的胳膊要摆过身体中线。
- 身体朝向侧方而非前方。
- 如果需要的话降低步频。

能跑的下坡

- 向前摆腿时点脚尖（这可以防止踝关节背屈）。

不能跑的下坡

- 不前倾，垂直姿态。
- 提膝（略微）。
- 以脚跟着地，让“气”从脚跟至脚尖流动。
- 减小步幅。
- 提速时提高步频。

作为一条跑坡的通用规则，上坡时要感觉身体内的“气”向上升起，下坡时要感觉身体内的“气”是向下沉降。当你被山坡环绕时，就在脑子里想着“飘与流”，你会发现这是一个征服山坡的好方法。

越野跑：一种健康的瘾

在进行的所有跑步中，我最青睐的无疑是越野跑。在进行越野跑时，我可以真正做到心无旁骛，使身心处于一种最佳的状态，大脑平静，身体放松且能量集中。我超过半生的时间都在科罗拉多州博尔德的山中跑步，后来，我到加州的马林生活，在马林高地跑了 10 年。而现在，我生活在蓝岭，每天都享受着那里的野径给我带来的乐趣。我觉得，一定是上帝的眷顾才让我能够在这 3 个最理想的地方做我最喜欢的运动。

越野之所以能带来如此奇异的体验，是因为周边的环境常常能够将我带离跑步本身。在山上越野使我的胸襟开阔，仿佛可以触摸四季。穿越那些生动的、不断变幻的环境，使我的技能得到磨炼，身体更加敏感。此时，我的大脑退居二线，身体和直觉取而代之，就像一只动物穿越山林。

当你是个孩子时，是不是也喜欢玩 Cosplay？你是一个探险家，还是给酋长送信的印第安传信人？越野也给我这种感觉——那是纯粹的游戏与自由。

我最喜欢的跑步镜头就是《最后的莫西干人》（*The Lost of the Mohicans*）片头的场景，我喜欢看那个印第安人在树林间追赶雄鹿时敏捷的身形和彻底的放纵。那也是凯瑟琳最喜欢的场景，因为那是丹尼尔·戴·刘易斯（Daniel Day-Lewis）在跑步。

越野跑给身体带来的好处

越野，顾名思义，就是随着地形的走势而跑步，我称其为最具挑战性的跑步形式——它要求跑者在瞬间就要做出动作的调整并马上适应，它需要更集中的注意力和更多的技巧。但就像你看到的那样，它并不需要更多的力量。

越野是练习和掌握太极跑技术的好形式，因为它需要良好的平衡性、稳定性与流动性，没有比学以致用更好的学习方法了。

如果你是个山坡越野的新手，我建议你找一处缓坡来进行训练，坡度越缓越好。在上坡前一定要先在平地做热身。第一次上坡时，在手表上记一下时间，如果你有跑表，就按一下开始键，然后用太极跑的动作上坡，如果你感到有点累了就停下来，这种疲劳是很正常的。用表记录一下你到这个地点用了多长时间，然后用太极跑的动作向下跑回起点。不断重复这个循环，直到你的身体告诉你今天可以结束了，恢复身体状态然后结束训练。用这种方法可以使你的身体逐渐适应越野，而不会发生这种情况——当你感觉疲劳时却发现自己已经在距离起点约3公里的地方了。当你有能力跑更长的距离时，身体就会自然地感知到你能跑多远，同时还会有足够的余力跑回来。

放松腿部和脚踝

很多跑者都有一个习惯，就是他们在觉得不稳定时会绷紧双腿和踝关节，因为他们想要控制住自己的平衡。而这样做反而会削弱你适应路面的能力，同时还会加大来自地面的冲击力。如果你让自己的双腿和踝关节变得僵硬，那么你就很可能会发生崴脚、扭伤膝盖或冲击股四头肌等意外，这可没有一样是好玩儿的！在跑步中使膝盖和脚踝更加柔软，可以让身体随着它本身的支撑和对直系统来进行调整，也会使跑动更加柔和。在跑步时，要随时检查自己的身体，如果发现自己的腿部有任何的紧张感，就将意念集中于你的丹田，让紧张感从腿部传递到地下去。

练习快速过渡

我发现越野跑者最消耗体力的地方就是上下坡之间的过渡阶段。如果是刚下坡就要上坡，那么便需要你在极短的时间内将下坡的挡位切换为上坡的挡位。如果你忽略了这个过渡，那么在上坡时你的步幅就可能会过大，双腿会因此而过度工作，从而消耗了宝贵的体力。

要注意观察前面的地势，并且细心地考虑你应该如何切换下坡和上坡间的动作。通过训练，你就可以以合适的动作来应对各种坡度的变化。

越野跑的安全提示

以下是一些针对越野跑的安全提示：

- 知道要去哪里。研究一下地图或者向到那里跑过的人打听一下，了解非人为的危险状况以及对身体的挑战，永远要对自己的力量和耐力极限有清醒的认识。
- 如果越野时间超过一小时，那么要带上水，不要依赖于喝山泉或河流中的水。
- 穿上合适的衣服。如果所处地区天气变化很大，则要带上可能会需要的衣服。
- 如果你是独自去一个偏远的地方，则需要告诉别人你准备去哪儿以及何时回来，最好是让一个朋友跟你一起去。
- 要知道当你停止跑动的时候，身体就会开始冷却、降温。如果你是在一个寒冷或有雨的日子里跑步，要计划好，让你在停止跑步时能够方便、快速地得到暖和、干燥的衣服。

- 将鞋带系到舒适的程度，不要太紧。系好后要将挽成的环儿掖到脚面上拉紧的鞋带中，这可以让你不会因被树枝挂到而绊倒。我有过这样的经历，所以这个建议很重要。
- 如果你是在一个多岩石的野径上跑步，那么要戴上自行车手套。这种手套的手掌处有衬垫，在你跌倒时，手套可能会经常被割破，但你的手还是能够得到很好的保护。
- 如果你是在一段崎岖不平或有很多树根的地形上跑步，则要将脚抬得比平时高一些。在这些岩石和树根间跳舞吧！
- 在跑下松土或碎石坡时，要尽量踩着被埋的石头或有草的地方。安全的规则就是，将你的脚踩在任何你踏上去都不会移动的物体上。
- 当你在密林中跑步时，不要戴棒球帽（或者是将帽檐移到脑后），否则你可能会注意不到那些低矮的树枝，我也曾有过这样的经历。

我希望你能够从我的经验和教训中学到东西，但是最好的学习方式还是自己去做。如果你已经是一个越野跑者，我希望这能给你增添一些技巧，使你更加享受越野所带来的快感。

跑步机

对我们大多数人来说，有时需要在跑步机上跑步——太热或太冷、在不安全的地区、时间仓促或为了方便。不论什么原因，当你需要用跑步机的时候，以下这些动作可以对你有所帮助，在跑步机上跑步是练习技术的好时机。

- **姿态**。不论你是在跑步机上跑着还是走着，重要的一点就是，每一步都要专注于保持良好的姿态。在按下开始按钮之前就要摆好姿态，为保持良好的生物力学效率，在整个训练过程中都要将注意力放在你的姿态上。如果边上有镜子，用它来确保自己的身体是对直的，同时用身体感知来体会这种感觉。
- **前倾**。跑步机前面的横杆可以作为前倾和摆臂的工具，时刻保持与横杆一臂的距离。我发现，在跑步机上不太容易前倾或者让脚在身体重心的后面着地。针对这种情况，可以将跑步机调整为略微有点儿坡度（开始时可以用最小的坡度 1，我发现 1.5～2 的坡度最适合我），踝关节保持放松，让脚跟舒服地落地。

- **全脚掌着地**。步幅要小而快，脚要提起，将传送带传递给腿部的冲击力降低到最小。提脚跟的动作要增大一些，因为没有向前的力来帮助你的脚以一种循环的路径运动。记住，不要让脚前摆迎向传送带，要以全脚掌着地，在接触传送带时向后运动。
- **开始时要设定为低速**。使自己可以用太极跑的动作进行舒适的慢跑。
- **每一步都要练习骨盆扭转**。当腿后摆时，髋部也要向后拉，这样你的整个下半身都会绕着中轴扭动，从而可以吸收大量脚触传送带后所产生的冲击力。
- **使用节拍器来设定步频**。大多数人在跑步机上的步频都很慢，低至大约 70 步 / 分钟。你要尽量让步幅和步频又小又快，把实现最佳步频作为首要目标。
- **以相同的步频练习不同的速度**。我们的一个太极跑辅导员玛丽·林达尔(Mary Lindahl ）在一封信中精彩地描述道：“第一次因太极跑而惊呼的时刻是在我买了节拍器后在跑步机上将步频与节拍同步时。我先热身 1.6 公里，习惯一下将步频与节拍器同步，然后以每 1.6 公里加快 1 分钟的节奏来提高跑步机的速度。我有了一种不同寻常的感觉——感觉在与节拍器同步时我是在降速，但是跑步机上显示的数据表明我正在越跑越快。我想：‘要是我知道自己是在越跑越快而感觉却是在减速，那我真的想要这种技术！’我下了跑步机，上楼去电脑上查找下一次太极跑的上课时间。我感到很幸运，因为能在跑步机上获得这样的体验（我原来想只有在公路上才可能会有更快的速度）。跑步机上的美妙之处在于，它可以采用多变的形式进行训练。”
- **练习侧向跨步**。将跑步机的坡度设为 5，面向 12 点方向跑 30 秒钟，然后将身体向左转，面向 10 点方向跑 30 秒钟，再转回 12 点方向跑 30 秒钟，然后再向右转，面向 2 点方向跑 30 秒钟，再转回 12 点方向。只需要几分钟，你就会习惯侧身跑的感觉，重复这个循环。你的身体感知要关注的一件事就是，你从正面转向侧面时有多困难。在跑步机上，你可以改变坡度的级别和跑动的速度。
- **自拍录像**。你可以通过架设录像机拍摄跑步姿态使自己得到持续的反馈，也可以通过镜子甚至是电视屏幕中反射的身影来进行观察。
- **观察你的肩膀**。确保自己的双肩是正向前方（正确），而不是随着手臂的摆动而扭转（错误）。

- **练习赤足跑**。可以用赤足跑几分钟来打破脚跟着地的习惯，这可以帮助你意识到自己的脚是如何着地的，从而可以让你在穿上鞋后得到更好的身体感知。
- **当你走下跑步机后，将地面想象成跑步机**。你要做的就是抬脚，让大地从你的脚下滑过。

在跑步机上练习太极跑时需要注意的事项：

- **不要让跑步机为你做太多的事情**。这种情况往往发生在以低步频跑动，脚在传送带上支撑身体的时间过长时。我建议你尽可能快速地提起脚跟以获得一个比较快的频率。将最佳步频（通常为 90）作为首要目标。
- **遵守循序渐进原则**。当你换成在跑步机上跑步，或在冬天过后又从跑步机上回到街道上跑步时都要遵循这一原则。第一次上跑步机时，你会觉得比较困难，直到你习惯了在移动的传送带上找到平衡。很多习惯了在跑步机上跑步的人发现，当他们回到街道上跑步时双腿所受到的冲击力要大得多，这是因为柏油路和人行道比普通跑步机的表面要硬得多。
- **跑步机的质量差异会带来不同的体验**。便宜的型号会有更强的弹性，但它也提供了更多的缓冲，在开始阶段，你可能会不太容易掌握平衡。价格较贵的型号在模仿路面跑步方面更出色，它们不需要你做过多的平衡，也较少产生垂直位移，在速度提高较快时也可以很稳定。跑步机越长越好，这样会更容易进行太极跑的前倾练习。
- **增加一些在道路上的跑步**。大多数人都会说，在跑步机上跑步比在人行道或柏油路上要容易。有些时候可以在跑步机上跑，但融合一些公路跑也是非常重要的——你的身体需要适应混凝土或柏油路面，特别是如果你正在为一次长距离比赛做准备。
- **避免在跑步机上做长时间的速度训练（如间歇跑、节奏跑等）**。在脚落地时，传送带会产生更大的冲击力，这些冲击力主要是因速度而形成的。为安全起见，在跑步机上跑步时不要超过舒适的有氧配速，所以不论你仅仅是希望保持有氧运动基础，还是进行马拉松训练，一定要轻松些。如果你想要更大的运动量，可以略微地升高跑步机的坡度。

第 8 章

跑步前后的过渡

> 积善之家，必有余庆。
>
> ——《易经》

跑前过渡

让你的大脑准备好

让你的身体准备好

跑后过渡

我强调良好跑姿的重要性，而同样重要的还有为了完成高质量的训练所做的准备和训练的方法。跑步训练计划中最重要的当然是跑步，但是我还要补充一下，过渡时段也是十分重要的。

过渡是一种有意识的停顿，这是评估自己、为将要开始的跑步进行思考的时段。跑步前的那一刻就像呼吸的间歇，是跑步前深思熟虑的时刻，你要决定在跑步中做些什么。这时，你有机会来考虑一下想要关注什么：是配速，还是动作、跑姿中的弱项、使疲劳的双腿得到恢复、探查一条新的跑步路线，抑或仅仅是想磨合一双新鞋？

我最喜欢观察精英运动员跑步前的那一刻。我想他们应该正在头脑中策划着将要采取的行动，他们在努力保持专注的同时又尽量做到放松。在这两方面做得最好的人往往就是那个跑在队伍最前面的人。

除上面所述，过渡时段还包括跑步之后，当你放松下来，回想起跑步的过程时，无需做出评判，只需要简单地进行回顾并记下所有你觉得重要的事物。不论在跑步中以及跑步后你的感受如何，记住，从来就没有跑得不好这回事，因为你总会从中得到一些比较有价值的东西，只要留心，你总会从中学习到一些东西。

跑步前后恰当的过渡不仅对训练极为有利，而且可以成为连接你的跑步与生活的仪式。记得要把它当作一件神圣的事情，因为跑步确实是一件神圣的事情！

跑前过渡

做好跑前过渡才能让你的身体在未来训练中发挥最大潜能。跑前过渡包括精神和身体两个方面的准备。

让你的大脑准备好

每一次跑步前都要在精神上做好准备，对现状做出评估，并且考虑好在即将进行的跑步中要做些什么。当你准备出去跑步时，以下步骤可以使你准备得更充分，使你的跑步训练更具目的性。

- **从整体考虑。**在计划中，这是一次什么类型的跑步？这次跑步应该特别注意哪些方面？
- **身体感知或自我检查。**对自己的现状有一个清楚的认识——不论是在生理方面，还是在情绪或精神方面。尽量感觉到在身体中是否有不利于你跑步的因素，比如疾病、疲劳、能量不足、损伤、僵硬或疼痛的肌肉、吃得太饱、紧张或焦虑以及时间限制等，也就是那些使你无法单纯地、注意力集中地进行跑步的所有原因。
- **做出调整。**如果你觉得身体有什么不适，可以做出相应的调整。比如，如果你觉得肌肉有些紧张，便可以在开始阶段慢点儿跑，等疼痛消失了再提高速度。
- **清楚自己要关注哪些方面。**只有这样，在跑步当中你的能量和注意力才能被很好地利用起来。你要做的太极跑动作是什么？这次练习中最重要的东西是什么？你的意图是什么？你希望得到哪些收获？
- **关注自己。**在每次间歇中检查自己的跑姿，将倒数计时器的提示设定为 10 分钟，提示音可以使你将注意力拉回到自己的动作和你想练习的东西上。这方法比什么都管用！如果你只在跑步的前几分钟练习动作，随后抛置脑后的话，想要改进跑姿就会花费更长的时间，而这种方法可以提醒你回到动作中。

让你的身体准备好

有多少次你出去跑步时感觉自己的双腿像混凝土一样坚硬，甚至更糟？好吧，我来告诉你个小秘密：你“做”某些事情或“不做”某些事情时它们有可能不会感觉那么糟糕。大多数人都没有意识到，在每次跑步期间照顾好自己的身体是使自己在未来的训练中最大限度地享受和高效发挥的最好方法。

下面是跑步前要做的步骤：

进餐

如果你想要在跑前进餐，则至少要提前 3 小时。如果你是在早晨跑步，就真没有必要在跑步之前吃任何东西，跑前短时间内吃的东西几乎不可能在跑步中进入你的身体系统帮助你跑步。如果你必须得吃点儿什么，一定不要吃太多，否则你可能会在跑步中出现胃灼热、胃疼、肋部疼痛，甚至最终放弃跑步。我从未听说过谁在跑步中会被饿死。事实上，如果我在跑步前感到饥饿，那种饥饿感一般都会在最初的 1.6～3.2 公里内消失。最好是空腹跑步，即使是在比赛日（除非是马拉松或更长的距离）。前一天晚上吃得好可以让你精力充沛地起床、着装、出门。你所要做的最重要的决定就是，要走哪条路线。

饮水

如果你是有规律地进行跑步，那么要养成全天饮水的习惯。一般建议一个正常人一天喝约 1.8～2.8 千克的水，这是根据一天 2 000～3 000 卡路里的消耗总量来定的，那相当于 2.8 千克的液体。为健康起见，建议你主要喝水，过滤水比蒸馏水要好，虽然还有一些其他的饮料，但它们都会增加肾脏过滤外来物的工作量。为保证不会缺水，在跑前半小时至少要喝约 0.2 千克的水。如果要跑的距离高于 8～9.6 公里，你就应该带一个水壶或计划一条有补给站的跑步路线。使身体保持水分充足可以避免腿部抽筋，将核心体温保持在一个合理的范围内，这一点在热天跑步时尤为重要！

身体放松

不要在跑前做拉伸，那可能导致肌肉拉伤。

在跑步前要做的是一套身体放松活动，我称之为“放松”而不是“拉伸”，是因为这些活动的目的在于让关节放松而不是拉伸肌肉。它们实际上是太极拳的热身动作，但如果你将它们用于跑前热身，那么对增强步幅的流畅性也会有很好的效果。如果你的关节是打开放松的，“气”就将毫无阻碍在你的体内流动。同样，当你的关节放松时，你的肌肉就不需要做那么多工作了。我的一个老学员从这些活动中受益匪浅，现在除非做了这些活动，否则她会拒绝跑步。

以下练习可以放松身体的主要关节系统：

- 踝关节。
- 膝关节。
- 髋关节。
- 骶骨。
- 脊椎。
- 肩颈。

练习：身体放松

开始前，先抖抖小腿和全身，使自己的身体变得柔软放松。

- **绕踝关节**（见图 8-1）。这个动作可以放松踝关节处的所有韧带和肌腱。将一只脚放到另一只脚的后方，脚尖着地。保持脚尖着地，放松脚踝，然后以画圆的动作转动膝盖来放松踝关节。顺时针转 10 次，再逆时针转 10 次。换腿，再重复这个练习。
- **绕膝**（见图 8-2 至图 8-5）。这个动作可以放松膝盖附近的韧带。将双手放在膝盖上，以顺时针方向转动，再向反方向转动，每个方向做 10 次。

图 8-1　绕踝关节

- **髋部画圆**（见图 8-6 和图 8-7）。这个练习很容易，但学起来却有一定的挑战性。不过，这是放松髋部和骨盆区域最好的练习，慢点做就能完成，我会带你一步一步做。以你最好的姿态站立，膝盖微屈，双脚不动，右膝顺时针转动，转 5 圈回到最初的位置，再用左膝顺时针转 5 圈。现在，双腿同时顺时针转动但相互间有半圈不同步（见图 8-3 和图 8-4）。膝盖画圆的方法就是当右膝向前运动时左膝回来，这可以使双膝各自都在做画圆的动作。一开始慢一点儿做会容易些，当你觉得习惯了就可以快起来了。当双腿各自画完圆时，应该回到最初的位置。换方向重复练习，每个方向转 10 圈。这个练习可以随时随地做——即使是在剧院排队的时候也可以。放松这个区域可以使你的跑步变得非常流畅和舒适。

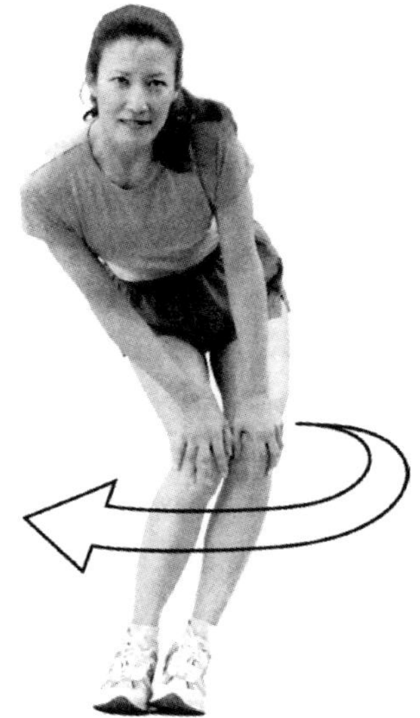

图 8–2　向左绕膝

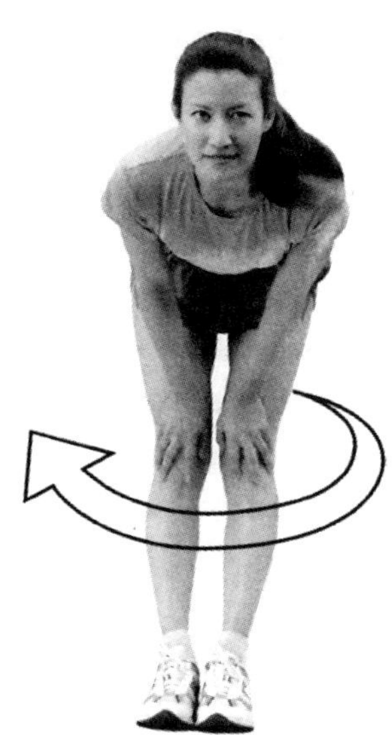

图 8–3　向后绕膝

图 8–4　向右绕膝

图 8–5　向前绕膝

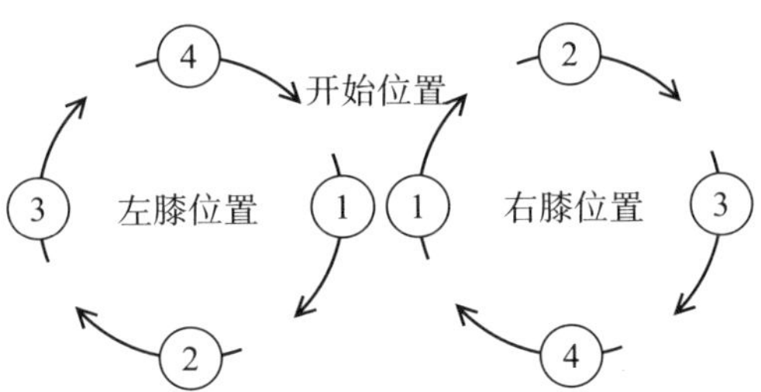

图 8–6　髋部画圆（第一组）

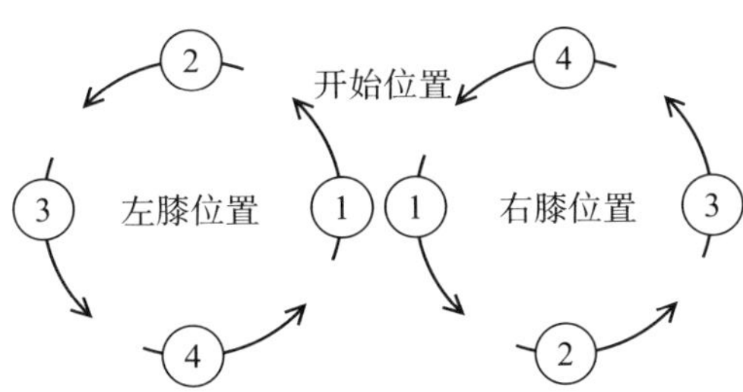

图 8–7　髋部画圆（第二组）

- **骨盆画圆**（见图 8-8 至图 8-11）。这个练习可以放松骶骨区域，使你可以放松地摆动双腿。将双手放在髋关节上，保持后背和脊椎挺直，将骨盆向前、向后、向左、向右轻推，再回到向前的位置，用骨盆画 10 个圆圈再换方向做。当你做得流畅时便会觉得自己是在跳肚皮舞。在骨盆画圆的同时，尽量保持上半身不动。

图 8-8 髋部向右

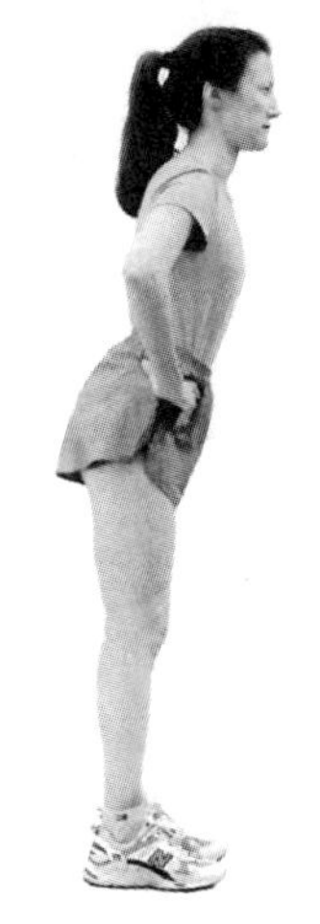

图 8-9 髋部向后

图 8-10 髋部向左

图 8-11 髋部向前

- **骨盆扭转**（见图 8-12 至图 8-15）。这个练习可以放松 T12/L1 处的脊椎。双脚前后交错站立，双臂张开（像一架飞机）或屈肘 90 度，小臂向前。将身体 60% 的重量放在前腿上，40% 的重量放在后腿上。双腿微屈膝，在保持骨盆水平的同时最大限度地前后扭转骨盆。做 20 次扭转，将双脚交换位置，再做 20 次。这个动作仅仅是下身运动，肩膀要保持不动。
- **脊椎活动**（见图 8-16 至图 8-22）。这个练习可以放松整个脊椎上的韧带。站直，手放两侧，从髋部向前屈身，尽量保持脊椎挺直。当你伸展到腘绳肌能允许的最大范围时，向后推髋部并延长颈部来拉伸脊椎（这个动作通过拉开脊椎骨之间的缝隙来放松脊柱）。保持这种拉伸 5 秒钟，然后放松膝盖，从腰部将上身向下垂。微屈膝，从尾椎骨处开始，逐渐将身体一段脊椎一段脊椎地抬起，直到恢复垂直的状态。要十分缓慢地做这个动作，重复 3 次。

图 8-12 骨盆扭转（一）

图 8-13 骨盆扭转（二）

图 8–14 骨盆扭转（三）

图 8–15 骨盆扭转（四）

图 8–16 脊椎活动初始位置

图 8–17 自髋部向前屈身，保持后背平直

图 8–18 双向拉伸脊椎

图 8–19　上身向下垂，松软地垂在那里

图 8–20　从下背处开始向上起身

图 8–21　最后抬起头部

图 8–22　回到初始位置

- **脊柱扭转**（见图 8-23 至图 8-26）。这个练习可以放松上部脊柱和肩膀的肌腱，使你的摆臂更加放松。双脚并拢，尽量站直，双手交叉，置于脑后，肘部向外，

保持髋部固定，向右弯曲上身，同时将右肘下沉、左肘上升，使身体弯向一侧，向下尽量看到左脚跟，保持这个姿势 2 秒钟，然后回到开始位置。向左做同样的动作。重复做 3 组。

- **肩膀与上背部**。双脚平行，分开站立，一脚向后放，脚尖对齐前脚跟，使前后脚在一条直线上（就好像你正准备起跑），前腿膝盖弯曲，后腿绷直（见图 8-27），向前倾上身，超过前腿位置，保持脊柱挺拔。现在，完全放松颈部、手臂和肩膀，同时就像一台洗衣机一样顺时针扭转骨盆，然后再逆时针扭转（见图 8-28）。保持手臂、肩膀放松地随着骨盆的扭转而摇摆。当手臂摆到身后时，屈肘，这样就不会拉扯到你的肩膀（见图 8-29）。同样的扭髋动作反方向再做一遍（见图 8-30、图 8-31）。做 10 次扭转，然后交换脚的位置，再做 10 次。最后回到最初的站姿。

图 8–23
脊柱扭转（一）

图 8–24
脊柱扭转（二）

图 8–25
脊柱扭转（三）

图 8–26
脊柱扭转（四）

图 8-27　一只脚位于另一只脚后：前腿弓，后腿绷直

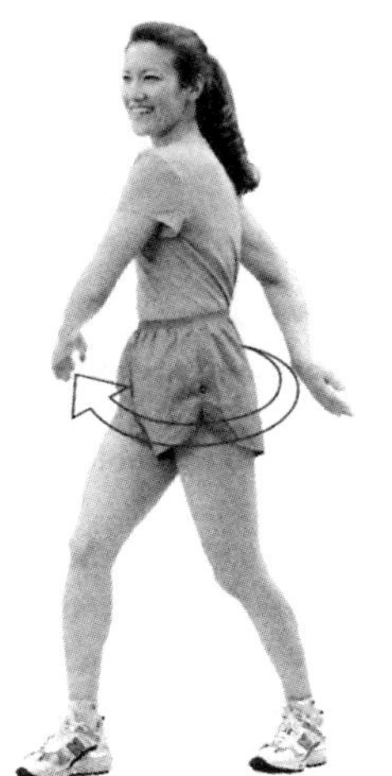

图 8-28　用髋部来带动肩膀的摆动

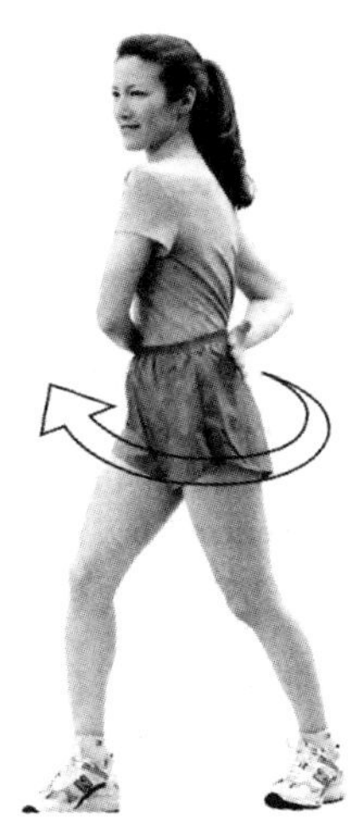

图 8-29　屈肘

图 8-30　向反方向扭髋

图 8-31　屈肘，微笑

- **站桩**。在太极跑中，每一步都会让你得到脚踩大地、身体被地面支撑的感觉。在跑前做这个练习可以让你感受大地的力量。

身体直立，双脚分开，略微超过髋部的宽度，膝盖放松，双臂垂于体侧，感觉自己的身体是挺拔的，将意念集中于丹田（你的中心点，肚脐下 3 个手指的位置）。现在，将注意力移到脚底，大脚趾向地面轻扣。将丹田与双脚用一根假想的线连接起来，用双脚支撑身体，这会给你落地生根的感觉。至少保持 30 秒钟。你可能会觉得这个时间挺长，但如果能让你有接地的感觉，那么每一秒都是值得的。我的第一个老师——朱希林师傅便让我在上课的 90 分钟里一直这样站着，站了好几周。他向我解释说，如果我的身体没有先获得落地生根的感觉是学不好太极拳的。徐师傅告诉我这是太极拳中最难掌握的站姿，直到现在我还在坚持练习着。

如果你有健身球，下面这个练习可以帮助你掌握正确的站桩姿态，我称之为“太极球练习”。

a. 用两臂将健身球抱于身前，屈膝，让身体的重量压在双脚上（见图 8-32）。自我感觉一下身体各部位的位置，记住这一感觉。

b. 现在，让球落到地上，保持住身体各部位现有的姿态（见图 8-33）。

图 8–32　抱住健身球，身体下沉

图 8–33　保持身体位置

c. 放松手臂，垂于身体两侧，不要干扰身体的姿态，这就是站桩（见图 8-34）。

d. 图 8-35 就是运动中站桩的样子——仅仅是将左腿抬起的站桩。在太极跑中，每次脚触地面都是一次站桩。

图 8–34 站桩：肩、髋部和脚踝对直

图 8–35 运动中的站桩

这套放松动作是非常好的跑前习惯性练习，很多跑者在每次跑步之前都做这些练习。

跑后过渡

跑步完成后，你会感觉到一种愉快的疲劳，是时候做下一个动作了，因为这时你该开始为下一次跑步做准备了。这听起来很疯狂吗？一点儿也不！不论你是准备第二天跑步，还是第三天或是下周跑步，为了使自己有一个良好的状态，你最需要做的就是，让双腿得到恢复，不会在下次跑步时还带着上次跑步留下来的疲劳。如果在两次跑步的间歇间能够照顾好自己的双腿，下一次跑步的质量将会得到大幅度的提高。

与跑前过渡阶段的主题不同，跑后过渡阶段的主题是恢复和评估。这时，你要将锻炼的结果融入身体当中，还要进行身体的恢复，以便以精力充沛的身体和清醒的头脑投入到下一次跑步当中。此外，还要用身体感知来评估你跑得怎样：感觉如何，你学到了什么，什么有用什么没有用，下一次要做出哪些改变等。

下面是令人享受的跑后程序。

- **完成跑步**。如果你在跑后马上跳上汽车前往下一个目的地，那么最终你只会拖着两条僵硬的腿走路。要给自己一点时间来结束跑步，然后再进行别的活动。跑后的整理放松和拉伸可以使过量的乳酸进入血液，然后排出体外。研究显示，如果乳酸长时间存于体内将会变得凝固，甚至更糟。
- **整理放松**。跑过假想的那条终点线后不要马上停下来，要以一种毫不费力的速度进行一段慢跑，这样可以保持肌肉的温度并且将代谢中的废物排出体外。以非常放松的配速慢跑 3～5 分钟，然后转为步行，再用几分钟进行身体感知，让跑步的效果融入身体当中。你应该觉得疲劳但不是筋疲力尽，一直走路，直到你的心率接近正常。
- **拉伸**。虽然在跑前我不做拉伸，但是跑后我要做拉伸。下面是一些防止伤病的拉伸动作，如果你做得正确，其效果不亚于瑜伽。请仔细倾听自己的身体反应，我见过太多人训练得非常好却拉伤了自己的身体。一定不要一直拉伸一块肌肉直到把它拉伤，轻柔的拉伸会使得效率更高。开始拉伸时要放松呼吸，每一个拉伸动作至少持续 30 秒钟。
    - a. 小腿拉伸。面向一面墙或一把椅子，前倾，一条腿在前，另一条腿在后，脚跟着地（见图 8-36）。将骨盆向墙的方向移动可以拉伸后腿的小腿肌肉。数 10 下，然后换腿，每条腿做 3 组。
    - b. 拉伸跟腱（见图 8-36）。同样的姿态，将后腿的膝盖向前脚跟方向弯曲。数 10 下，每条腿做 3 组。

c. 髋屈肌与腘绳肌拉伸。一条腿放在椅子上，骨盆向前移动，提起脚跟（见图 8-37）。数 10 下，每条腿做 3 组。

图 8-36 小腿 / 跟腱拉伸

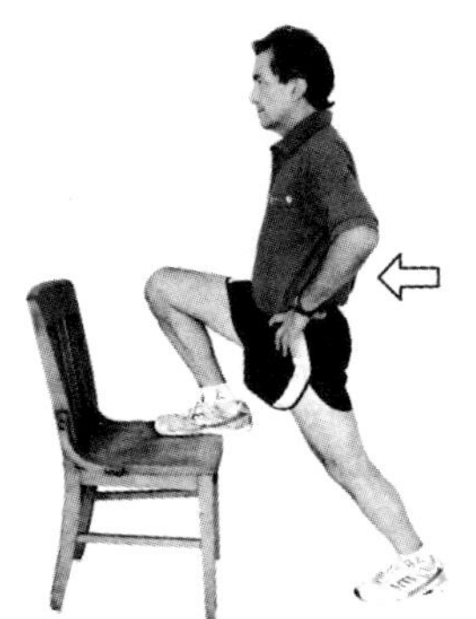

图 8-37 髋曲肌拉伸

d. 腰大肌拉伸。拉伸腰大肌并不容易，因此我发明了这个动作。如果你的腰大肌僵硬，你会喜欢这个动作的。做与 c 相同的动作，右脚放在椅子上，左脚放于地面。将左臂伸直，高过头顶，肘部锁死（见图 8-38）。现在，将骨盆转向右侧，这样可以拉伸到你的腰大肌。保持住，扬起的胳膊尽量向右挥，使身体向一侧扭转，最大限度地拉伸腰大肌的关键就是，始终要锁死肘关节。保持 30 秒钟，然后换腿，换方向，再拉伸 30 秒钟。

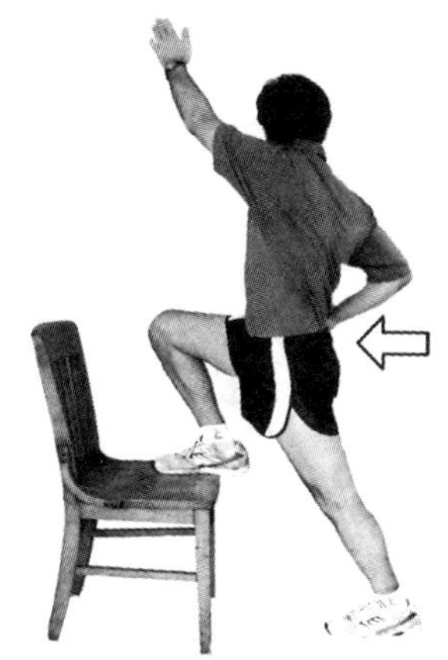

图 8–38　腰大肌拉伸：上身扭转拉伸髋曲肌

e. 腘绳肌拉伸。将一只脚的脚跟放到与髋部齐高的东西上面，保持双膝和脊柱挺直，弯腰，使上身接近抬起的脚，弯腰的幅度以腘绳肌允许的范围为限。数 10 下，每条腿做 3 组（见图 8-39）。

图 8–39　腘绳肌拉伸

f. 内收肌拉伸。将腿保持在抬起的位置，身体转 90 度，脊柱挺直，弯腰，用手去摸支撑腿的脚趾，这个动作可以拉伸你的内收肌。数 10 下，每条腿做 3 组（见图 8-40）。

g. 股四头肌拉伸。一只手扶着椅子，如果想要更大的拉伸可以将手举过头顶。这个运动不仅能够拉伸股四头肌，而且可以练习核心肌肉来保持平衡。如果想增加拉伸可以将骨盆向前提。数 10 下，每条腿做 3 组（见图 8-41）。

图 8–40 内收肌拉伸 **图 8–41 股四头肌拉伸**

h. 背阔肌拉伸。这个动作拉伸的是肩膀下方的背部肌肉。站直，双脚分开，两臂侧平举，拇指向上。将上身向一侧倾斜，一只手向下，一只手向上，两臂成一条垂直线。数 10 下，两边各做 2 组——在瑜伽中这叫作“三角式”。

- **浸泡身体（见图 8–42）**。如果你能够在训练后泡个热水澡，那就太好了。将腿部泡在水中，可以温暖你的肌肉，还可以扩张毛细血管——这可以帮助你将代谢的废物从肌肉中带入血液，再排出体外。热水澡是我最喜欢的跑后放松方式之一。在这个快节奏的世界中，我建议你无论是否跑步都可以来洗个热水澡。

有关“跑步后用热水和用凉水浸泡双脚，哪个效果更好？”似乎一直存在着较大争议。如果你有什么炎症的话，一般建议用凉水，因为这可以帮助你减轻炎症。而如果你没有炎症，那么凉水是没有意义的，因为这会引起肌肉收缩，使一些代谢废物存留在肌肉中。如果你的腿在跑后没有什么疼痛感，那在洗一个热水澡后再用凉水泡一下是非常棒的，那会使你感觉十分清爽，并让你的腿在下次跑步时有一种“重获新生”的感觉。

图 8-42　浸泡身体

- **双腿倒立**。洗澡之后，把双脚抬高架在墙或椅子上，来个“双腿倒立”（见图 8-43）。闭上眼睛，全身放松 3 分钟，然后用手从脚踝处开始向心脏方向捋自己的双腿，就好像你正在把水从毛巾中拧出去。这个动作可以将不新鲜的血液从腿部排出，当你恢复站姿的时候，新鲜的血液可以流回腿部。如果你的双腿在跑步之后没有“清洁干净”，在下次开始跑步时可能还会有上次跑步时残存的“废料”，这可一点儿也不好玩！

  双腿倒立可以在拉伸后立即做，也可以在洗澡后做，任何一种方法都会使你在站起来时感觉腿部有明显的不同。当你的双腿觉得累时，就可以做这个练习，非常有效。这个动作对那些经常用脚做事的人特别有益，试试看，你会感到神奇的。

图 8–43 双腿倒立

- **补水**。在跑步之后要补充足够的水分，我所使用的原则是“在口渴之前就要饮水”。如果在完成跑步时感到口渴就说明你的身体是缺水的。

  训练后的饮水方式是，一点一点地喝水直到你觉得不再口渴了。如果你实在忍不住想喝软饮料，请记住一点：你的肾脏在长时间的跑步中已经压力很大了，不要再塞给它一大堆化学品和糖来增加它的工作量了。坚持喝水或无糖果汁，你的肾脏会非常高兴的。

在两次跑步的间歇间越是下工夫照料好自己，得到的回报就越高，也就越能够进行长期愉悦的训练。另外，在运动水平和训练质量方面也会取得进步。

跑后总结

我特别主张进行跑后的回顾总结。跑步结束时是练习身体感知的重要时刻，也是尽可能地从身体中收集跑步信息的最佳时刻。首先，要比较一下跑步开始时与结束时的感觉有何不同。

我建议你做一些跑步记录，如果你相当认真的话，应该写跑步日志。以下是应该记录的内容：

- 每日和每周的跑步距离。

- 训练中的平均配速。
- 间歇跑的次数及分段成绩（如果是同样的练习内容）。
- 训练后的身体感知。
- 疼痛情况：疼痛的位置及程度以及你做了什么造成这些疼痛。
- 练习太极跑时值得记录的突破性领悟。
- 跑鞋的跑龄。

跑步前后的过渡阶段最重要的一点就是“用心”，在两次跑步之间做到用心能使你在下次训练时充分地恢复体力。当你用心地跑步时，每次训练都会变得更像一种仪式，让你更具目的感和深度。

通过在过渡阶段同时利用大脑和身体，你可以学到更多超越跑步的东西——你会在生活中变得更体贴、更有风度。这样的跑步方式可以使你在生活中兼具专注与放松——这两方面是在一个人成熟之后最希望拥有的品质。

第 9 章
解决问题：伤病的预防与恢复

我们因某种思维方式而导致的那些重要问题，绝不可能通过同样的思维方式予以解决。

——阿尔伯特·爱因斯坦

有益的不适 VS 无益的不适

过分努力

常见的跑步伤病

学习新事物是使身体和大脑保持活力的一种最有效的方法，它使我们的生命迸射出火花，只要我们还希望有个体的发展就一定会学习新事物。在学习新事物时，你一定会遇到挑战，但也会因此而成长！学习一直都是一场较量，在这场较量中，你的身体、精神和情绪都会感到不适。在跑步中遇到挑战时，你可以将这一章的内容作为参考以应对诸如伤病或疼痛等问题，并且改善自己的跑步姿态。

将身体感知变成身体的权威检查是非常关键的，我们收到过成千上万封电子邮件询问他们在某种健康状况或有特殊伤病的情况下是否可以跑步，也有些学员来信说他们的医生告诉他们不要跑步了。我们是不可能为你做决定的，在某些情况下，你确实不应该再跑步了。如果跑步已经威胁到了你长期的身体健康，那你就应该换一种其他的运动方式，比如太极走。不过，在很多情况下，如果你能够纠正跑步的方式，就不会再损伤自己的身体。最重要的是，仔细地学习太极跑姿态，花一些时间观看太极跑 DVD 或与辅导员一起训练来确保自己的动作正确。另外，在跑步中和跑步后坚持进行身体感知，最好、最有效的方式就是听从自己身体的召唤并做出相应的反应。

坦帕湾海盗队的首席训练师托德·托里塞利（Todd Toriscelli）这样形容太极跑：

> 我是个热衷于跑步并拥有超过 20 年跑龄的跑者，同大多数跑者一样，随着时间的推移，我的速度下降了，体力的付出也增加了，膝盖（3 次手术）和下背部（多次药物注射）等身体的某些区域总是持续疼痛。到今年年初时，我已经觉得不值得了，我是那样地喜爱跑步和铁人三项，但每次参赛后带来的疼痛和糟糕的表现都是弊大于利，最终，我决定放弃这一毕生热爱的运动。随后不久，我知道了太极跑，在我看来，它的哲理和技术确实是有意义的，我意识到这么多年的伤痛和水平的下降主要是由长期不正确的技术造成的，我的身体为此付出了代价。
>
> 作为一个专业训练师，我每天都在与运动员打交道，非常清楚人体的工作原理。因为有这样的基础，我越学习太极跑就越感到人就应该这

样跑步。在有些方面，它与我通常所理解的跑步与跑步方式是矛盾的，太极跑是一种要求“再教育”的技术。跑得更快、更加省力、无需增加肌肉力量，这些都是让我们大多数人当初很难接受的概念。太极跑的一切都围绕着技术和姿态——将身体变成一根对直的柱子，身体前倾，让重力将身体向前拉而不是用肌肉来推动身体，这是一种更高效的跑步方式，也是一种自然而平衡的跑步方式。在我刚看过书和 DVD 开始跑步的时候做出改变并不容易，但过了一段时间，一切就变得自然了。采用太极跑技术后，我的伤痛消失了，跑步的快乐感又回来了，我的配速快多了，心率表显示身体的付出也小多了。在我看来，太极跑真的是一种革命性的跑步方式，而且大大降低了跑步的风险！

有益的不适 VS 无益的不适

人的身体在学习新事物时总会有些笨拙和不适，你见过没练过蹬轮就能在第一次跳上自行车时把车骑走的人吗？有谁不是第一次踏上滑雪板就马上摔了下来？学习就是磨炼、犯错、尝试、失败、获得和失去的过程。所有的事物在以一种新的方式运行之前都是需要一段时间的，在这段时间里最重要的就是，倾听来自自己身体的声音，这样你才能知道自己做得是否正确，而身体告诉你什么地方做错了的最好方式就是，给你的大脑传递一个不舒服或疼痛的信号。

在我们的文化中，如果有什么健康理念需要改进的话，那就是我们对待不适与疼痛的态度。在发生疼痛时，我们不是去找到疼痛的根源，而是用一些止疼药或其他疗法来消除症状，从而否认它的存在。

身体的不适对跑者而言是件大事，而我不希望由此引起任何的恐惧。因此，我将不适分为有益的不适和无益的不适两部分——有益的不适指向进步，而无益的不适指向伤病或疼痛（见图 9-1）。

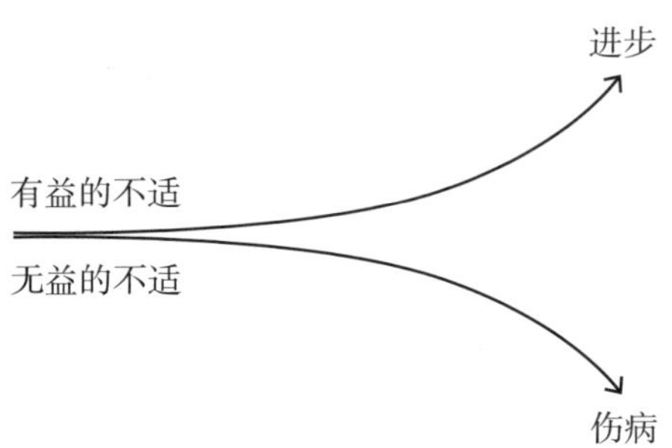

图 9–1 有益和无益的不适

有益的不适是成长过程中不可或缺的组成部分，比如，你在刚开始跑步时会觉得喘不上气来，而之所以会产生这种不舒服是因为你觉得没法让足够多的氧气进入肺里。但不要大惊小怪，因为你的身体正在做着自己不习惯的事情。当度过了这最初的阶段（大约两周后），你的身体适应了这种需氧量的提高，喘不上气的现象就会消失了。“不舒服”在这里是一种指标，向你表明你正在做着超出自身状态的事情并感到些许压力。下面是一些日常生活中“有益的不适”的例子：

- 戒掉咖啡后感到头痛；
- 早起训练；
- 由于减肥节食引起的饥饿感；
- 在气候恶劣的情况下跑步；
- 由于照顾小宝宝而缺乏睡眠，感到疲倦；
- 请求加薪；
- 为了买滚石乐队的演出门票排了 5 小时的队……

俄罗斯神秘主义者乔治 · 葛吉夫（G.I.Gurdjieff）用另一个词来形容“有益的不适”——“刻意的痛苦”，这种比喻也很贴切。

无益的不适是在警告你有什么地方做错了，你需要做出些调整，否则接下来可能就会感到疼痛了。疼痛是身体在告诉你要小心，不要让自己的状况恶化成为一种伤病。比如，膝盖疼实际上就是在提醒你应该缩小步幅、更多地用前脚掌着地，或是要纠正过度内翻的问题。疼痛是身体要求你做出改变的一种方法。

在我的跑步生涯中，从疼痛中学到的东西最多。每当感到疼痛的时候，我都有两种选择——要么停跑，要么以一种预防疼痛发生的方式来跑步。我的第一反应就是，要找到疼痛的原因，毫无疑义，这也将使我最终找到解决的方法。要想纠正跑步姿态，便需要身体感知能够精确地判断出不适因何而起，这样，你才能知道该从何处入手。

徐师傅告诉我任何部位的疼痛都预示着“气”被阻塞了。如果你能够对直和放松那个区域，“气”就可以重新通过，帮助消除那里的疼痛。

过分努力

我们发现，几乎所有人在学习太极跑姿的开始阶段都会过分努力——人们通常会过分前倾或过于僵硬地保持姿态。此外，还会过分努力地使骨盆水平，从而导致肌肉疼痛。不论你觉得哪里疼痛，一定要马上做身体放松动作。循序渐进是学习太极跑的关键。

有些人说他们比原来跑得更快、更省力了，但这可能也是“问题”。虽然这是人们最希望得到的结果，但为安全起见，我们还是建议跑者要降一降速度，直到他们的身体真的适应了新的跑姿，而这时，速度也会自然提高。

我用了很多年在进行慢跑的同时开发太极跑姿，很多太极跑辅导员都是非常优秀的跑者，但是他们也都学着用慢跑来发现自己跑姿中不完美的地方并加以纠正。这样，当他们快跑时，娴熟的太极跑技术可以保证他们在提高速度的时候不会受伤。

常见的跑步伤病

在发现问题时知道如何去做可以使你避免出现下面列出的这些困难或不适。这是我们收集到的跑步中的常见问题，我在介绍这些症状的同时会给出我认为的出现这些症状的原因，以及如何用太极跑跑姿动作来解决问题。

由于有大量的书籍在讲述如何消除跑步伤病的症状，所以我将不会谈及这些方面。我会告诉你如何纠正引发这些伤病的诱因，这样，你才有更多的机会永远地摆脱这些伤病。

我要声明一下，我们不是执证的理疗师或医疗人员，这里涉及的所有内容均来自于25年的相关经验，这些经验已帮助了成千上万人克服这些伤病。这些内容所遵循的运动与对直原理来源于太极拳、瑜伽、普拉提、亚历山大疗法以及费尔登魁斯法，同时还有最新的运动心理学和生物力学的思想。对于常见的跑步问题，我们建议你去找专业的太极跑辅导员。如果你有什么长期的伤病，则可以去找一位可靠的理疗师、脊椎按摩师、针灸师或者医生。长远的健康对你来说是最重要的。

你可以把下面的内容作为应对跑步伤病的参考。

每当你觉得哪里不舒服时，先要明确具体的位置，然后再在后文中找到相应的部位，看看介绍的方法是否合适，看看用推荐的方法纠正跑步姿态是否有效。坚持身体感知，然后观察身体的反应，要用足够的时间和耐心来寻找解决方法。如果某个方法缓解了你的不适感，那就在每次跑步时应用这个动作直到症状全部消失。

方便起见，我们将这些内容分为3个部分：上半身、下半身和普遍问题。如想查找这里所提及的肌肉和肌腱的位置，请看书后“附录”。

在下文中，你会看到跑者反映最多的那些伤病，我们解释了其中一部分的症状、原因、预防和恢复方法。如果你还想了解更多的信息或寻求进一步的帮助，请访问我们的网站。

上半身

颈部疼痛

颈部的问题一般是由身体没有对直造成的，也就是说，你需要纠正自己的姿态。颈部疼痛也可能是因为你一直僵硬地保持着下巴过于前探的头部姿势造成的。

呼吸问题或气短

呼吸有问题会使肌肉得不到充足的氧气，产生这个问题的原因可能包括以下几种：呼吸过缓或过浅，使血液得不到充足的氧合；相对于现有水平而言，跑得过快或在跑动中使用了过多的肌肉。

肋骨两侧疼痛

我认为产生这种疼痛的原因是：人的器官实际上是由肌筋膜组成的一个一个的囊，它们悬挂定位在肋骨内部。如果你在跑动中上下弹跳，就会对这些器官产生一种拖曳力，从而引起剧烈的局部疼痛。在躯干中，最大、最重的两个器官就是胃（左侧疼痛）和肝（右侧疼痛）。

可以采用下面的方法来消除这种疼痛：

- **练习在地面上更平稳地跑步。**阅读“骨盆水平”的部分，这是在跑步中防止弹跳的最佳方法。
- **对于右侧疼痛**，用大拇指找到右侧第 5 根和第 6 根肋骨（从最下方的肋骨数起）之间的空隙，如果你感觉接触的地方是柔软的，那就找对了，用力向内按揉 30 秒钟。
- **对于左侧疼痛**，用大拇指找到左侧第 4 根和第 5 根肋骨（从最下方的肋骨数起）之间的空隙，用力向内按揉 30 秒钟。请注意，如果是在刚刚吃完饭不久就跑步，你的胃部就会更重，拖曳力也会更大，左侧疼痛就会更加剧烈。

两侧疼痛在下坡时也经常发生，因为这时跳动的趋势更加明显。如果出现这种情况，你需要减小步幅、降低速度并按揉肋骨直到不适感消失。

肩膀疼痛

很多人抱怨自己的肩膀过于紧张，这是因为他们大多有肩膀位置过高或过于靠后的问题。下面是一些建议：

- **如果你过于端肩**，就要在跑步中每隔 15 分钟便将胳膊在体侧抖落 1 分钟，从而放松肩膀。摆臂时，将手臂弯成一个合适的角度，注意，肘部要向后摆，保持沉肩放松。当你抖落双臂时，两个肩膀的感觉应该是一样的。将注意力集中在肘部会产生明显的差异。
- **不要用肩膀来摆动双臂**，要让双臂自然摆动。
- **如果你是坐办公室的，每个小时都要从座位上站起来**，深呼吸，做几个绕肩动作，经常保持沉肩状态。
- **多做“C”形动作**，这样可以放松肩部。

上背疼痛

上背疼痛可能是因为驼背的姿态，所以你需要练习挺直的姿态。此外，还要在跑步和日常生活中延长后颈同时沉肩。

胸部疼痛

这是你在跑步中最不希望遇到的不适。如果你觉得胸部隐痛或刺痛，那可能说明你的心脏有问题了，要马上停下来，并向附近的人寻求帮助。即使是痛感消失了也不要再跑起来，你今天不能再跑了，要赶快去看医生。

下半身

下背疼痛

下背僵硬或疼痛可能说明你的支撑腿落地时骨盆不是水平的，身体也不是直立的而是弯腰了。弯腰会使上半身失去支撑，从而迫使你用下背部的肌肉来支撑上半身的重量（见图 9-2）。而身体直立可以用身体的结构来支撑体重，这才是正确的（见图 9-3）。要多做“C”形状，用腹肌来支撑你的姿态，这样，下背部的肌肉才不会过度劳累。

图 9–2　肩膀向后并且弯腰

图 9–3　正确的跑姿：耳朵、肩膀、髋部和脚踝是对直的

髋关节疼痛

髋部疼痛可能有多种原因，但一般来说是由髋部的紧张造成的。要放松这个部位，经常性地做绕髋的练习。

髋部疼痛也有可能是因缺乏核心力量引起的。如果你的核心肌肉过于薄弱，无法在跑动中固定骨盆，髋部就会向两边摆动，从而使骨盆发生横向摆动，髋关节也会随之产生非正常的弯曲——这会刺激到黏液腺或髂胫束，产生髋部疼痛。如果你觉得髋部疼痛，那么便要在走路、跑步或站立的过程中练习使骨盆水平的动作，这样可以固定住骨盆，使髋部以一种最佳的对直状态来支撑身体重量。这听起来很简单但效果却非常好！

腹股沟拉伤

这种伤病会使你的摆腿动作变得异常疼痛和艰难。一般而言，有腹股沟拉伤的跑者都是那些在跑步时双脚过于向外撇的人。

髋屈肌疼痛

当将你的腿向上抬起（提起膝盖），同时使腿向前运动（回到支撑身体的位置）时，就会使用到这个肌肉群。如果这里疼痛，说明你在做其中的一个动作时过于用力了。我们说过，抬起膝盖不仅效率低而且会造成步幅过大。使腿回到支撑身体的位置并不需要髋屈肌以一种主动的方式运动，而应当是利用髋屈肌的肌腱弹性使腿回到支撑身体的位置——当你的腿向后摆时，髋屈肌的肌腱便像皮筋一样被拉开了，只要脚一离开地面，肌腱就会将腿拉回到全脚掌着地的位置，由于肌腱具有弹性，这使得髋屈肌不必非得主动才能完成这个动作。消除髋屈肌疼痛的最佳方法就是，在跑动中增加骨盆的扭转。

股四头肌疼痛

如果股四头肌疼痛，那说明它们使用过度了，太极跑是不允许运用“过度使用”这种方法的。总的来说，如果股四头肌受伤，那意味着你或者把腿伸到了身体的前面着地，或者弯腰了（经常是两者皆备）。其中任何一个错误都会增加对大腿的冲击力。减小步幅、将腿收回到全脚掌着地会减轻对股四头肌的冲击。

腘绳肌疼痛

大部分人觉得腘绳肌拉伤的位置在臀大肌下面——腘绳肌与骨盆相接的一端，一般会有烧灼感。如果这种情况发生，那通常说明你的步幅太大，使脚的着地点位于体前了，你所迈出的每一步都是在将身体向前拉，这会引起腘绳肌的异常反应，因为它不应该做这么多的工作。有时这种情况也发生在上坡时，你的腿向前，超过了自己的身体。要用前倾的方法让身体位于脚部着地点之前，并保持着地点在髋部之后，这样对腘绳肌的拉伸才会消失。

臀大肌疼痛

臀大肌的任何疼痛都是由该部位的紧张造成的。如果你觉得臀大肌过紧或疼痛，那是你的身体在告诉你那个区域过于紧张了。很多人都会这样，你要学会放松，让能量流过那个区域。

如果你能让这里放松，便说明你有很好的放松能力。如果这里始终保持着紧张的状态，那就意味着你需要在控制方面下下工夫了。

髂胫束综合征疼痛

你应该听说过髂胫束综合征，这似乎是跑者和步行者遇到的最普遍的伤病了，如果不解决的话，这种沿着大腿外侧的疼痛会使你中断跑步。由于这是一种极为普遍的伤病，我们会在这里详细解释一下。

髂胫束是一条沿着大腿外侧、自髋部髂骨至髌骨下方胫骨的厚纤维带，就像一条沿着大腿一侧的带子（见图 9-4）。在髋部区域，髂胫束的上端与髋部由阔筋膜张肌连接在一起（观察那些很瘦的跑者或步行者短裤下方露出的腿部就可以看到）。髂胫束的作用是，当你膝盖弯曲时保持腿上下部分的稳定，特别是与大腿内侧的肌肉一起防止你在迈步时膝盖向里弯曲。

髂胫束综合征是一种由重复摩擦引发的伤病，产生于髂胫束收紧时，常因髋部左右摇摆过大而引发。当髂胫束收紧时，每一次迈步都会使通过膝盖关节的髂胫束拉得更紧，并且与膝盖外侧产生摩擦。

这种摩擦通常会在膝盖的外侧引起炎症和疼痛。你可能看不到肿胀，但疼痛感却足以使你停下来。即使你没有膝伤，收紧的髂胫束也会使你的整个大腿外侧变得十分脆弱。通常在训练的开始阶段你不会感觉到疼痛，到 1～2 公里时才会感觉到，如果你继续跑/走着上下坡，可能会觉得情况越来越糟糕。在很多时候，如果你停止跑动并以很小的步幅走路，疼痛感便会减弱，那是因为走路可以减小髂胫束与关节的摩擦。大多数情况下，髂胫束的问题发生在膝部，但你可能会觉得靠近髋部的地方也不舒服，或者由于拉紧而感到整个髂胫束都不舒服。

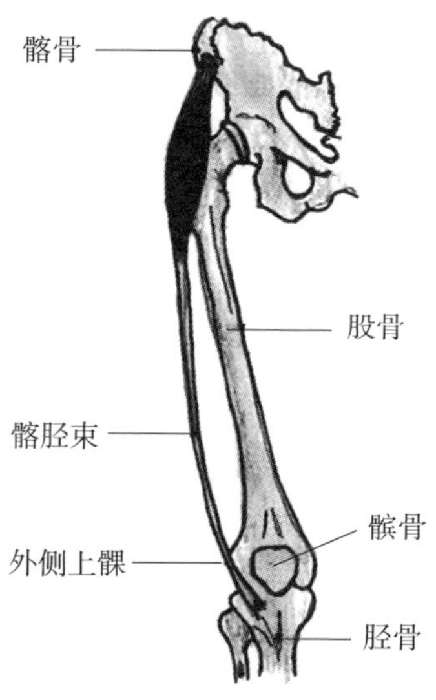

图 9–4　髂胫束

髂胫束疼痛的一个主要原因是，迈步时骨盆左右摇晃（夸张的例子就是模特的 T 台秀）。任何向两侧的移动都会拉紧髂胫束，因为你的脚落在了身体下方而髋部却在向两边运动——这不仅会过度拉扯髂胫束，使之疼痛，也会破坏髋关节的滑囊，造成髋关节滑囊炎。

另一个造成髂胫束拉紧的常见原因是跑步或走路时外“八”字，这会在脚跟着地时引起足部的过度内翻，使髂胫束需要付出更大的努力来控制这种向内的动作。任何的腿部紧张都会加重髂胫束综合征，过快地增加跑步距离也会造成髂胫束综合征。

下面是应对这种伤病的方法：

- **注意保持骨盆水平。**保持骨盆前后、左右水平可以解决大部分髂胫束的问题。

- **冰敷和按摩。**如果你的髂胫束太疼，则应该在每次跑步之间冰敷发炎的区域或按摩整个髂胫束。泡沫轴也非常有效，它可能会让你有些疼，但却真的很有帮助。使用的方法是，侧面躺下，将有问题的大腿放在泡沫轴上，上下滑动直到找到疼痛点，然后在那个疼痛点停住，直到疼痛减轻了75%，这要花上几秒钟。呼吸一下，然后移到下一个疼痛点上，重复上面的步骤。即使你不是两条腿的髂胫束都疼，你也需要两条腿都做。
- **减少跑步 / 走路的量。**恢复期时要减量，如果你是在跑道上跑步 / 走路，则可以改变跑动的方向或者改变间歇跑的设置。

膝盖

迄今为止，跑者向我抱怨最多的就是跑步太伤膝盖。而我在私下里对跑步则有另一个不太一样的抱怨，那就是所有的膝伤都被归罪于跑步。其实这些伤病产生的原因并非跑步本身，而是人们的跑步方法。每当某个人的膝盖出了问题，他的朋友问其原因时，他都会迅速地回答道：“就是上次跑步时出现的。”事实上，如果你能够改善跑步技术，将作用于膝盖的冲击力和过度的压力减到最小，你的膝盖是永远都不会出问题的。事情就是这样简单！

下面是一些保护膝盖的方法，这些方法可以确保你能够跑更长的时间，而不必担心某一天因膝伤不得不放弃跑步：

- **不要用脚跟着地。**要用全脚掌着地，同时不要让着地点位于身体的前面。始终保持从脚踝处向前倾身，让步幅在身后打开。这样，当你的腿前摆时脚就不会在身前着地，而是在重心的下方或略靠后的地方着地。
- **跑步时不要抬膝盖。**有些杂志会告诉你，跑步时为了加大步幅要抬起膝盖向前迈腿。不用理睬这些建议，当你抬起膝盖时，小腿就会向前摆，使脚跟以一种制动的姿态在身前着地。始终不要让膝盖抬高，在迈步时，保持膝盖放低，脚跟在身后扬起，你应该时刻想着：“放下膝盖，抬起脚跟。”
- **放松与屈膝。**在支撑脚落地时，膝盖要保持放松和弯曲。我见过很多跑者步幅过大，在支撑脚着地时膝盖绷直，这会对脚跟和膝盖产生巨大的冲击力。
- **脚不要向外撇。**跑步时，脚向外撇有可能会导致膝盖疼痛，因为你的每一步都是在扭动膝盖，这会过度拉扯膝盖的内侧韧带和肌腱，从而导致膝盖产生疼痛和疾病（内侧半月板肌腱炎），你会感觉膝盖内侧有刺痛感。

具体来说，如果你迈步时脚是向外撇的，就会以脚跟的外沿着地而脚踝向内扭转，这样就在小腿形成了一种扭矩，就好似有个人抓住了你的脚踝并每分钟向外侧扭 85 ～ 90 次！用这种方式不用几公里你的膝盖就会有压力感了。

在跑步时，要学着将脚指向正前方。你需要将整个腿部向内旋转，直到双脚平行指向正前方，这样可以强化你的内收肌（沿大腿内侧的肌肉）并使腿部成一条直线，通过这个调整就可以使膝盖正常地运动而不会在每一步中都发生扭转。外“八”字式的跑步也有可能刺激髂胫束，因为髂胫束的一端就连接在膝盖下方的胫骨一侧，请参见“髂胫束综合征”。

如果你想年复一年地坚持跑步，照顾好膝盖是最重要的，减少扭矩和冲击是保持健康的首要原则。现在就开始吧，你的膝盖会感谢你的。

外胫夹

我很少遇到没有体验过外胫夹的跑者，他们受伤的程度从轻微的胫部疼痛直到胫骨应力性骨折。虽然这是跑者最常见的伤病，不过，却也是十分容易治愈和预防的，下面就是避免外胫夹的方法。

外胫夹是小腿上各种小毛病综合起来导致的，医学上的说法是“胫骨内侧应力综合征（MTSS）”。最轻微的外胫夹是覆盖在肌肉外部、与小腿骨（胫骨）连接的筋膜（结缔组织）发炎。最严重的外胫夹是由于压力过大导致筋膜与胫骨产生分离产生的，这会非常疼痛，恢复起来也比较缓慢。

外胫夹的产生有多种原因，以下给出部分原因：

- **腿向前摆时踝关节背屈。**踝关节背屈就是当你向前迈腿时脚趾上扬，我敢说 60% 的跑者有这种状况。当你背屈时，其实是在收缩胫部肌肉（胫骨前肌），当你的脚跟落地时，它就成为了一个支点，使脚趾向地上摔，突然延伸的脚踝便会拉扯收缩着的胫肌。如果反复这样做（就如同在下坡跑或步幅过大时发生的一样），连接胫肌与胫骨的筋膜就会从胫骨上被拉松并发炎。

- **脚跟着地**。为避免外胫夹，在跑动中避免采用脚跟着地是非常重要的。
- **用脚前掌跑**。用脚前掌跑或用脚趾蹬地跑会造成小腿和胫肌过分工作。只要是用脚趾来支撑身体的重量，就会使小腿和胫肌以不正常的方式做过多的工作。
- **下坡跑**。很多人在下坡跑时会发生外胫夹，这是因为我们在下坡时要做制动减速的动作以保证安全，不幸的是，这时我们会用脚跟着地（脚踝背屈）来进行制动。
- **在身体没有准备好之前跑得太快、太远**。初跑者往往在开始启动一个训练计划时跑得太快或距离太长，而这时他们的腿还不能维持这样的强度。在这种情况下，几乎所有的初跑者都会用脚趾来推动身体，其结果是，增加了腿部特别是胫部的压力。

通过休息可能会暂时消除外胫夹，但是只要再次开始跑步，你就会发现“老问题”又回来骚扰你了。这时你有两个选择：一个是用提起小腿的动作或用脚跟走路的方式来逐步增强小腿肌肉力量。这样做有时会管用，但却不能确保你无后顾之忧。记住，导致外胫夹的不是你的胫部肌肉而是你的跑步方式。下面是另一种选择：

- **在跑步时减少小腿的使用**。这个方法可以治疗外胫夹或大大降低患外胫夹的概率。因为在太极跑中重力才是向前的主要力量来源，胫肌并不会得到使用，它们仅仅是负责短时间地支撑一下身体，因此，它们几乎不需要做什么工作。
- **始终保持小腿放松**。全脚掌着地，着地点位于身体重心略向后的位置。保持胫肌处于放松状态可以消除因踝关节背屈而引发外胫夹的可能性。
- **经常性地做沙坑练习**。如果你有外胫夹的话，可以常做做沙坑练习。

通过训练，你可以学着在跑步时不再让小腿过分工作，从而将外胫夹从你的头脑和身体中永远地清除出去。你可以这样想：如果不用小腿，你就不会伤害它们。不管是在跑步还是在走路，如果你都能保持小腿的放松，你的跑步前景将会更加美好。

腓肠肌拉伤和疼痛

如果你的腓肠肌群疼痛，那就说明你是在使用它们，而这与太极跑是相违背的。你要练习放松它们，并试着始终以全脚掌着地。告诉你的腓肠肌和脚踝，你要出去跑步了，它们可以休息一天了。

- **确保不要过于前倾**。用小腿来保持前倾的角度。
- **保持膝盖以下的腿部松软**。要在走路或跑步时不断练习这种方法，我的一个学员说他保持小腿松软的方法就是假装它们并不存在。
- **练习提足**。同时保持小腿的松软，掌握好沙坑练习。
- **经常抖动小腿**。站着的时候就可以常做这个动作，要利用一切时间练习放松腓肠肌——不仅仅是在跑步时，走路时也要练习。
- **如果你正在从腓肠肌拉伤中恢复，一定要在平坦的地面上跑步**。上坡跑有时会将力量压在脚趾上使得症状加重。
- **确保全脚掌着地**。要用全脚掌着地（使用到核心肌肉）而不是跖球着地（使用腓肠肌）（见图 9-5 和图 9-6）。
- **如果腓肠肌持续紧张，要经常按摩一下，特别是在跑步之后**。跑步时，要始终保持脚踝放松，训练后可以洗个热水澡。
- **跑步时确保补充足够的水分和电解质**，否则将导致小腿抽筋，那时你便会觉得非常疼，并且很快就得“以走代跑”了。记住，如果你不过度地使用腓肠肌群，它们是永远不会缺乏电解质的。
- **缩小步幅**。如果步幅过大，就会在脚离开地面的时候使用到腓肠肌。
- **检查一下你的跑鞋是否过硬**。跑鞋的前半部分应该是非常容易弯曲的，否则腓肠肌就肯定要做不必要的运动了。
- **观察鞋底，检查一下磨损情况**。如果鞋在脚趾处磨损，说明你是用脚趾蹬地。如果在脚跟处磨损，说明你是用脚跟着地，也就意味着你的步幅过大，腿过于向前伸。
- **拉伸腓肠肌和跟腱**。站在路边的马路牙子上，背向街道，将疼痛的那只脚的前掌放在马路牙子的边缘上，脚跟伸出边缘，悬空，另一只脚完全放在马路牙子上保持稳定。然后，将悬空的脚跟慢慢地向下降，充分地拉伸跟腱和腓肠肌。保持 20～30 秒钟并重复 3 次。

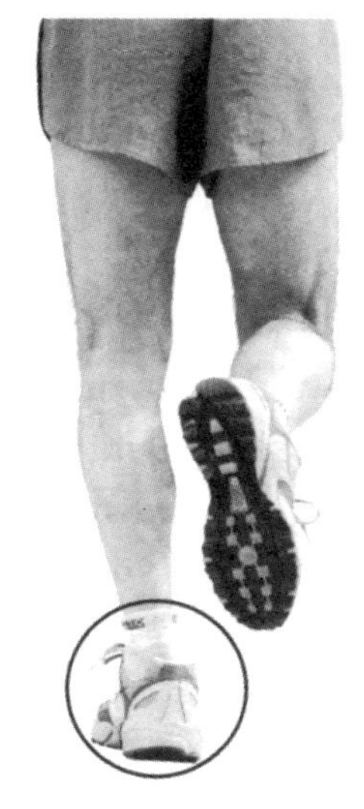

图 9–5　全脚掌着地（正确）

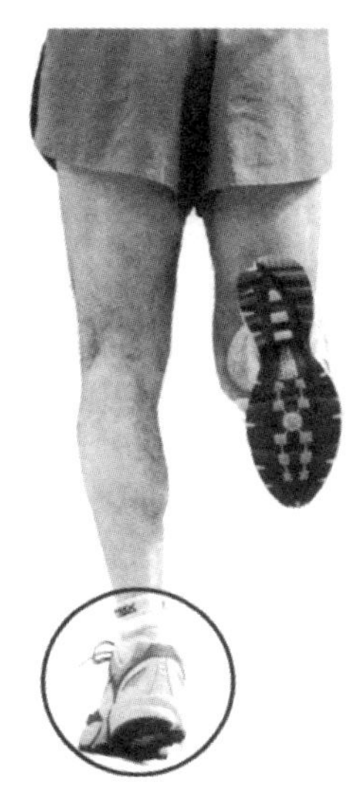

图 9–6　踮球着地（不正确）

肌肉痉挛

这种问题通常是由于脱水或电解质水平低造成的。如果你的身体缺乏水分和电解质，就会没有足够的电流促使肌肉工作。为避免这种情况的发生，你需要在练习前半小时喝 340 克的水或运动饮料。如果你出去跑步的时间超过 1 小时，则需要带上自己的水或运动饮料。你可以在跑步时尝试各种运动饮料，看看哪种适合你，你要选择那些容易吸收、味道适中且不含化学物质的运动饮料。

在跑步的时候，我将手表设定为每 10 分钟一报时，当时间到时就喝一些补充电解质的饮料。这样做能使我的身体始终保持水分充足，避免发生肌肉痉挛，我将这种补充方法称为“滴注法”。取代饮用电解质饮料的另一种方法是吃电解质胶囊（不是盐片），这样，你就不需要再携带除水以外的任何东西了。最重要的是，你不必再喝补给站里的那些令人不适的东西了。

跟腱炎

患上跟腱炎时，你会感觉脚跟上方有烧灼感。只有在跑步时完全放松整个小腿，跟腱才不会过分劳累。

- **在柔软平整的路面上跑**，直到痛感消失。当你在训练计划中重新加入跑坡的内容时，要从容易跑、强度低的坡开始。
- **慢慢跑**。在训练过程中不要加速，除非你的跟腱允许你那样做。
- **不要停止走路或跑步**。当你的跟腱拉伤时也不要停下来。在治愈的过程中如果没有一定量的拉伸，治疗的范围就会比较小而且炎症容易复发。要缩小步幅并以一种较慢的配速走路或跑步。
- **如果跑步太疼，就放松点儿，只要有可能就跑起来**。可以用冰敷的方式来消肿，跟腱拉伤是学习在跑步或走路中放松小腿的机会。
- **恢复期时在游泳池中跑步**是个保持腿部状态的好方法。

足底筋膜炎

在我看来，足底筋膜炎是世界上最可怕的敌人之一。要是你有过这种体验，你就会明白我的话了。当我感觉到它的时候，就好似哈利·波特（Harry Potter）知道伏地魔（Death Euters）就在他的身后，我要尽一切可能在它长成之前干掉它。

这种令人烦恼的伤病跑步者和步行者都会遇到，想要消除它比在大萧条时期卖房子还难。我患过这种伤病，并愿意和大家分享一切能够预防它以及帮助康复的方法。

足底肌腱位于脚底，从脚趾根部至脚跟前部。如果将足弓想象成一张弓，那么足底肌腱就是弓弦，它的两端由筋膜（一种强壮的纤维膜）固定在脚趾根部和脚跟前部。它的作用是防止足弓在负重时被完全压平，另外，在跑步、走路或站立时也能够起到缓冲和吸收能量的作用（见图 9-7），足底肌腱还可以使你绷直脚趾。

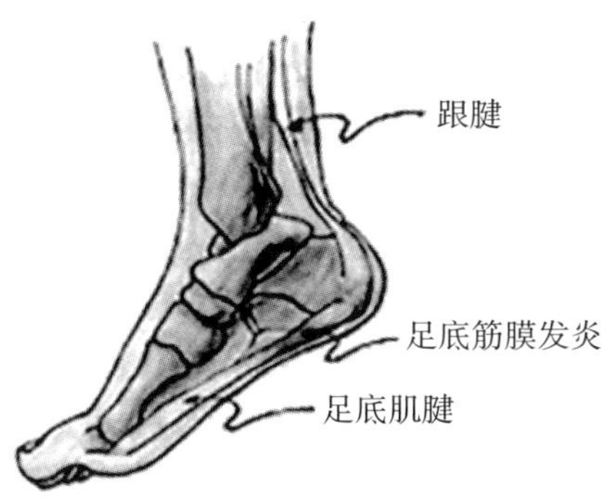

图 9–7 足底肌腱

足底筋膜炎就是将足底肌腱从脚趾连接至脚跟的筋膜发炎。任何拉扯或冲击足底肌腱的腿部动作都可能造成足底筋膜炎，也就是说，走着或跑着上下坡、爬楼梯、用脚趾走路或跑步（包括穿高跟鞋）以及背屈都可能引起足底筋膜炎。

超大步幅或下坡跑时用脚跟着地也会造成足底筋膜炎。如果迈步时腿向前伸，你很有可能会以脚跟着地（见图 4-43），此时，在脚跟上施加的压力相当于体重的 6 倍，如此小的面积却要承受如此巨大的重量，要知道脚跟的面积大约只有 13 平方厘米。如果你的体重约 57 千克，那么以脚跟着地便意味着每次着地时脚跟所要承受的压力保守来说也有 26.3 千克 / 平方厘米，要承受如此大的压力，无怪乎足底肌腱与脚跟的连接处要被挫伤。

还有一个原因可以导致足底筋膜炎：由于后脚跟是与跟腱相连接，并一直延伸到腓肠肌内，如果腓肠肌群紧张并且跟腱又不灵活的话，足底肌腱就会被拉紧，从而削弱筋膜与骨骼间的附着力。在某种情况下，当足底肌腱的拉扯超过筋膜的承受能力时，筋膜就会发生细微的撕裂并且与骨骼分离，这样，筋膜就开始发炎了。

一定要避免由足底筋膜炎引起的一种长期的病症——骨刺。如果足底肌腱在几周或几个月内持续过度拉伸，就会在肌腱与骨骼的连接处出现钙化点，时间一长，那个点的钙化便会越来越严重并且最终形成骨刺。那可要比足底筋膜炎疼多了，想想吧，那可是每走一步疼一下，每天要疼几万下啊，所以，竭尽全力也要避免这样的事情发生！

其他造成足底筋膜炎的原因还有：

- 不能灵活弯曲的跑鞋、磨损的跑鞋，或者在足底中部弯曲的跑鞋。
- 低足弓或高足弓。
- 体重超重。
- 长时间地跑、走、站。
- 在脚不是很习惯的情况下，在柔软的沙滩上长时间地赤足走路。

足底筋膜炎是什么样的感觉？这是个主观感受的问题。我会给你一个身体感受的范围——从轻微的到严重的。足底筋膜炎最初出现时，你会感觉袜子里脚跟的位置有个块状物，不疼也不严重，就是觉得脚跟“厚”了，有些不舒服。我会先将鞋垫从鞋里取出，看看是否有小石子落在了下面。如果没有，但将袜子拉平穿上鞋后还会有这种感觉，那我就要非常重视了，要是我不采取点措施，那“伏地魔”就要来了！

如果你有这种感觉，说明你又回到自己过去的跑步习惯了。你需要练习全脚掌着地，这可以保证你的脚踝始终是放松的，足底肌腱不会过分拉伸。

足底筋膜炎的第二个阶段是，当你早上从床上下地，或从长时间的坐姿中站起时会觉得有些吃力。在开始阶段，这种不适感会在你站起后消失，但是随着病情的发展，这种吃力感会越来越严重，而且会变成每走一步脚跟都有针刺感。相信我，这可不是好玩儿的。

足底筋膜炎的最严重阶段是，不论你是否在跑步或步行，你将无时无刻不处于疼痛之中。

我可以肯定地说，除非有奇迹发生，对足底筋膜炎并没有什么立竿见影的治疗方法，筋膜消炎与肌腱或筋膜撕裂的复原都需要时间。实际上，正确的办法是，当你开始感觉到足底筋膜炎的症状时，我建议你给自己定个规矩——那就是一定要比它更能坚持。任何类似的伤病都是锻炼你用谨慎细心的方式进行运动的好机会，尽量坚持用太极跑的跑姿动作来对抗足底筋膜炎，这样很快就能够恢复。

下面是当你开始感觉脚跟疼痛时需要采取的措施：

- **放松小腿**。不论是走路、跑步还是站立，都要放松小腿，特别是脚踝和腓肠肌群。腿部和臀部的任何紧张都会在运动时拉伸你的足底肌腱。放松，放松，再放松，否则就要自食其果了。
- **始终保持全脚掌着地**。永远不要以脚跟着地。
- **不要向前伸腿**。让上身在前，腿部在后，这样可以帮助你保持全脚掌着地并且避免所有对脚跟的冲击（这是引起足底筋膜炎的罪魁祸首之一）。

还有其他需要注意的事情：

- 在走路或跑步时**减小步幅**。
- 尽量在**柔软平整的路面**上走路或跑步。
- **避免爬楼梯**，使用电梯。
- 增加拉扯足底肌腱的腓肠肌群和跟腱的**灵活性**。（见后面“强化与拉伸脚部”的练习）。
- **做足部按摩**，越深层越好。

严重疼痛的治疗方法：

- **用大盆冰水浸泡脚跟**（5～10 分钟）。一天两次，直至痛感消失，这很不舒服，但却是值得的。

- **如果吃药的话应该吃布洛芬来消炎。**不过由于足底筋膜炎持续的时间很长，所以不要太过经常地服用布洛芬。
- **矫正术**可以帮助降低足跟底部的疼痛，但要知道它并不能消除你患上足底筋膜炎的可能性。如果你不想常年地实施矫正术，那就要改变导致足底筋膜炎的跑步习惯。
- **多做拉伸和力量练习**（见“针对脚部与脚踝的建议”），这样既有助于预防足底筋膜炎，也可以逐渐摆脱足底筋膜炎的困扰，针对这种特殊的伤病一定要做到防微杜渐。
- **在粗砂砾遍布的地面上走。**可以赤足也可以穿袜子，如果你有足底筋膜炎，你会喜欢上这个方法的。会有些疼，但这是我试过的摆脱足底筋膜炎的最快的方法。每天做 10 分钟，直到症状消失。

人的每只脚上有 26 根骨头，33 个关节以及总数量超过 100 的肌肉、韧带和肌腱。除此之外，你的脚还负责在运动中支撑整个身体的重量，这可是用很小的部位担当巨大的责任，难怪脚上会出那么多问题，特别是在上楼的时候——不论是动作不对还是效率低，抑或是姿势不平衡，都会出问题。一切问题都发生在脚上，因为一切工作都要由它来完成。在太极拳中，与大地的连接是最重要的，如果失去了这种连接，你就永远无法与任何相对的力量相抗衡，因为你无法感受到来自大地的“气”流遍你的全身，使身体充满能量。

除了支撑身体，你的脚还有另一个重要的功能——从婴儿时期开始，我们的脚就在教我们的身体如何运动。从第一次站起行走时起，所有的平衡和运动都依赖于从我们的双脚传递到大脑的信号。如果这种信号发生丝毫改变，我们的大脑就无法清楚地判断我们的身体是否正在以正确的方式运动着。基于这个原因，现在很多理疗师在给他们的客户做康复时都让他们赤足走路，这样做的目的是希望重新教会身体如何用正确的方式运动。这也是那些肯尼亚或东非的跑者比我们优秀的原因所在——他们赤足跑步的时间比我们要长得多。我没见过任何一个肯尼亚人有脚跟的损伤，因为这是不可能发生的！就像孩子一样，当看着我的女儿光着脚沿着大街奔跑的时候，我看到了漂亮的前倾、完美的全脚掌着地、腿向后摆起，简直无可挑剔。

我们的脚和踝关节既需要强壮也需要灵活，如果它们太弱或过于僵硬就可能会出问题，因此你要认真呵护它们。这有两种最基本的方法：一是通过训练来加强脚与踝关节的力量和灵活性；二是穿一双能让自己的脚以自然的方式自由活动的跑鞋。

下面是一些强化脚部和踝关节肌肉和肌腱的方法以及保持脚与踝关节灵活性的建议：

练习：强化与拉伸脚部

- **强化脚踝的练习**。这是一个非常棒的强化脚踝和腿部内侧肌肉、肌腱与韧带的练习。它不仅能增加踝关节的稳定性，而且能够增强足弓的力量。对那些平足、过度内翻、外“八”字以及大脚趾内侧有拇囊炎的人来说，这是个非常好的练习。
    a. 平躺，双脚并拢，双腿伸直。
    b. 用肘部支撑抬起上身，下背依旧接触地面。
    c. 收缩小腹肌肉，下背压在地面上使骨盆水平，保持住。
    d. 锁住膝盖，同时脚踝背屈（勾脚，将大脚趾指向头顶方向）。
    e. 下面是最后也是最重要的一个动作：做完以上动作后，双脚大拇指并拢，旋转脚踝将脚面下压，好像要用脚趾去触碰脚底。这时，你应该觉得腿内侧的所有肌肉和肌腱都在收紧。
    f. 尽可能长地保持住这个动作，然后放松身体，躺下，休息 10 秒钟后重复。养成每天至少做 5 次这个练习的习惯。强化这些肌肉和肌腱要经过一个漫长的时期（有时会是几年的时间）才能使效果显现出来，但是如果能够坚持下来，你将摆脱上面提到的所有问题。
- **旋转踝关节**。这对于放松脚踝处的所有肌肉和肌腱是一个很好的练习，详情请见“身体放松”章节的内容。
- **用脚趾抓毛巾或弹球**。这是强化足弓或保持足底肌腱健康的最有效的方法之一。

- **用脚底滚高尔夫球**。你可以在办公桌前坐着工作时、看电视时或吃饭时做这个动作。不要不敢在球上加压，如果你的脚是健康的，你只会有一点疼，但如果你的脚底有任何的紧张，你就一定会感到一些有益的不适。
- **脚部与脚踝的按摩**。这是一个很好的与朋友一起做的练习，我和凯瑟琳经常相互做足部按摩，这是放松全身的最好的事情之一，也可以给你的搭档带来快乐。
- **光着脚时扩张脚趾**。这可以强化前脚掌、足弓的肌肉并改善脚部的血液循环。
- **足底拉伸**。脚趾着地，脚面立起，臀部坐在脚跟上。
- **脚踝拉伸**。跪在地上，臀部坐在腓肠肌上，脚趾伸直。
- **赤足走或跑**。这是强化和放松脚部所有肌肉和肌腱的好方法。如果你没有这样做过，那么要遵守循序渐进原则，每次只做几分钟，慢慢延长时间。最好是在一个坚硬的表面上赤足走或跑，这听起来也许有些奇怪，但这样才能让你的脚教会你的身体如何运动。
- **坐着时脚部多做背屈动作**。经常将脚勾起，脚趾指向膝盖，长此以往，当你站起来走路时就不会觉得那么吃力了，这样做也可以拉伸你的腓肠肌群和跟腱。

要想了解更多关于伤病的信息，请查阅我们公布在相关网站上的文章。

第 10 章

最佳的状态和表现与特定的比赛训练

努力做到最好与击败某人是两件不同的事情，卓越与胜利在概念上是有区别的，而且带给你的体会也是不同的。

——艾尔菲·科恩

比赛

特定的比赛训练

重要的训练提示

比赛日的提示

铁人三项

跑马拉松

大多数人认为最佳的状态和表现会鬼使神差地、自然而然地出现。上帝保佑，有时可能会发生这种事！但是如果能够正确地调整好状态，你就可以在跑步、比赛或生活中随时享受这种奇迹，最佳的状态并非随机出现的。

最佳的状态和表现指的并不是比赛，而是建立起一个清晰的愿景。由此，你可以明确如何提高自己，设立目标，学习与训练，努力锻炼自己的身体向实现愿景的方向前进。你可以在一个合适的时间参加一项赛事，让自己知道已经做到了哪些以及还有哪些是需要注意的。

最佳的状态和表现可能要通过 6 个月的准备才能出现，也可能会在一次不重要的训练中随机出现。当你在跑步的全部过程中倾囊而出时，最佳的状态和表现就会出现。它不仅仅是用成绩来衡量你的表现，更是要包含内外两个方面——要把赛事全过程中你的感受与成绩结合起来进行衡量。

当拥有最佳的状态和表现时，你是在一种和谐的状态下运动，你的“气”可以上下贯通，在完赛时你会明确地知道自己发挥出了最佳水平。从这些方面来说，最佳的状态和表现甚至可能指的不是最快的速度。

最佳的状态和表现取决于你的身体状态以及专业知识的水平，如果你的目标是跑好一个 5 公里，那么就不要指望在 10 公里跑中获得最佳的表现。同样，你也不可能在从未进行过一次跑坡训练的情况下在坡道比赛中取得最佳的表现。

最佳的状态和表现是“功到自然成”，而不是“天上掉馅饼”，那是从你开始训练的第一天到完成赛事的最后一步所付出的努力相加的结果！

实现最佳的状态和表现的关键是，要努力在现有水平的基础上更上一层楼——这可能是初跑者要以 7 分 30 秒完成 1 公里，也可能是一个有经验的跑者想要完成他的首个马拉松。

比赛

我喜欢比赛，因为它使我可以在一个较长的时间内练习冥想。我不仅喜欢比赛，而且喜欢训练、计划和形成战略的整个过程。对我来说，比赛就像是期末考试：如果我能以超过之前的表现完赛就算是成功了；如果我获得了本年龄组的前几名，那只是锦上添花而不是目标。不论谁跑到了我的前面，都不会妨碍我获得最佳的状态和表现。

每当我在学习班上提到比赛时，人们总会回答说："我太老了，我太慢了。"我的回答是：相对于任何人、任何训练水平以及任何身体状态而言，比赛都是发挥最佳的状态和表现的最好时机。你需要做的就是，将所学的内容用于实践。追求最佳的状态和表现是给你一个发现自我成长的机会，而这一切都取决于为能量的流动创造适当的条件，然后奇迹会自然发生。

"这只是个测试！"虽然是句陈词滥调，但我还是想用这句话来形容比赛——这只是个测试！

对自我表现的焦虑使很多人惧怕比赛。消除焦虑的最好方法就是，研究你所要参加的赛事，要像了解自己的脸一样了解它。这章的内容就是关于如何聪明地训练自己，进而能够聪明地跑步。最佳的状态和表现不靠肌肉而靠大脑，要靠明确的意图和巧妙的设计来使自己发挥到最好。

我将比赛当作为获得最佳的状态和表现而进行的准备。下面是我如何准备，并如何通过比赛来获得最佳的状态和表现的方法。

有 3 个方面需要注意：

- **你的技术**。你需要熟悉太极跑的动作以及如何应用，不断地练习完善你的技术，特别是那些感觉最薄弱的部分。
- **你的训练**。设计出一个量体裁衣的训练计划，端正态度并坚持不懈地进行训练。要清楚地知道从第一天训练到最终以最好的身体和精神状态参加比赛都需要做些什么。

- **你的赛事**。对比赛有一个清楚合理的规划，包括一个如何将所有从训练中学到的东西应用于比赛的策略。

特定的比赛训练

在学校的时候，我一直是个糟糕的考生，除了没有好的学习习惯外，我还从不知道在考试的当天应该做些什么。而我的一些朋友看起来几乎很少学习，但却每次考试都得“优”，我问他们是怎么做到的，他们经常回答说：“我只是事先判断一下他们要考的是哪些内容，然后复习一下，其他的就略过了。”说起来多容易！

现在，对我而言唯一真正的测验就是比赛了，一场比赛就是一次实战测验，它可以衡量出我准备的好坏以及我随机应变能力的强弱。通过多年的比赛，我学会了如何应对这种测验。在这一章，我将分享这方面的一些窍门。

很多比赛的胜者都是本地人，对此我并不感到吃惊（这些比赛的规模不大，不足以吸引那些肯尼亚人）。你可以称之为“本土优势”，这在跑步中有什么意义呢？很简单，这些本地人在这里训练，他们熟悉所有的比赛细节——他们知道什么时候可以缓一缓，而什么时候应该加速，也知道如何随机应变，因为他们就是在比赛的场景中训练的。聪明的跑者知道他们将遇到什么并且会进行相应的训练。在任何距离的比赛中，不论你是要击败某人还是要创造个人最佳成绩，特定的比赛训练都会使你获得巨大的优势。

什么是特定的比赛训练？它指的是尽可能多地训练你应对某项比赛中可能出现的各种挑战，内容分为 3 个部分：地形、补给以及个人经验。以这种方式进行训练可以使你对比赛当中可能出现的情况有更好的准备。赛道是坡路还是平坦的道路？有没有补给站？是在跑道上还是在沥青或混凝土路面上比赛？天气有影响吗？起跑点是否拥挤？回答这些问题可以让你对如何训练自己有一个清楚的认识，这样才能很好地应对比赛当天出现的所有问题。没有人喜欢措手不及，特别是在一场比赛之中。

一个计划一般需要执行很长一段时间，但是最好是在比赛前两个月就开始对即将到来的比赛进行特定的研究。所有特定的比赛训练都要加入你正常的训练当中，这样你才能保持适当的状态。

下面是一些如何制订特定的比赛训练计划的建议：

- **选定距离**。在比赛将近时，你应该训练什么样的距离呢？要客观地评估自己的现状。如果你想参加一个超过自己现有水平的比赛，一定要给自己足够的时间让身体和大脑做好准备。如果训练是得当的，你便不应觉得这次比赛比任何一次常规训练来得困难。
- **选定赛事**。选一个你愿意为之训练的比赛。如果你觉得哪个地区、哪种地形或哪种环境能够让你充分发挥水平，那就选择它，选择权全在你手中。
- **预习赛道**。很多网站会提供你想要的所有信息。如果比赛不在你住的地区，可以给赛会组织者写封邮件要一份地图或纵剖图。了解赛道的最好方法就是，找到参加过这项比赛的人尽可能多地了解赛道的细节，与越多的人交流经验对赛事的了解就越准确。如果赛事就在你住的地区举行，可以驾车走一遍，然后将每公里的情况记录下来。

任何一个好的赛前特定训练计划都是围绕着对以下问题的回答做出的。

地形

- **赛道的表面是什么样的**？在比赛过程中是否有所变化？要在相同的路面上做一些训练。我遇到过很多跑者，他们在操场跑道上练习马拉松，却在公路马拉松比赛中因路面的冲击而受伤。
- **赛道中有坡吗**？如果有，那些坡有多长、多陡？是在赛道的哪一段出现？一定要将坡路考虑在内，在每周的训练中至少加一次跑坡练习，坡最好是与比赛中具有同样的高度和难度，可以用跑坡间歇练习代替跑道的训练。如果在比赛中有4.8公里的跑坡，那么在训练中也应当有4.8公里的跑坡练习。一名优秀的山坡跑者应该能够始终保持一种舒适的配速，同时双腿又不感觉疲劳。开动脑筋，在你家附近设计一个可以模拟比赛坡道的地方，这样你就可以每周去练练跑坡。

- **赛道的海拔是多少?** 赛道的海拔是否高于你平时训练的海拔高度? 如果海拔有明显的升高，则需要在比赛前两周做一些适应性训练。如果你离海拔高的地方太远，可以通过在跑步中练习腹式呼吸来增加摄氧量。如果比赛是在一个海拔较低的地方举行，那就感谢自己的运气吧，你只需要好好地享受!

补给

- **补给站要多长时间才出现一个，供应的是什么补给品?** 永远也不要在比赛中吃、喝那些你平时没有尝试过的东西，谁知道你会不会对他们供应的功能饮料过敏。如果补给站对你而言相距太远，就自己携带饮料。如果你打算喝赛会提供的饮料，那就在训练中尝试一下，看是否适合你。
- **赛事的规模?** 是几百人还是几千人的比赛? 如果你打算创造个人最好成绩，就不要选择过于拥挤的赛事，并且一定要在队伍的靠前位置出发。
- **比赛什么时间开始?** 比赛日的前两周内，大部分的跑步训练要在比赛的同一时间进行。
- **你是与其他人一起跑吗?** 你是全程与朋友一同跑还是仅在开始阶段一起? 要用心地训练你的起跑配速（比你将采用的平均配速慢一点儿），不要随着另一个人的配速跑。
- **制定起跑策略。** 第一个1.6公里是什么样子的，是平坦、上坡还是下坡? 尽可能多地在训练中练习第一个1.6公里的跑法。赛前两周要练习以比全程平均配速低一些的速度起跑。我用胶带每隔0.4公里做一个标记，从而练习第一个1.6公里的配速，这样做可以每隔0.4公里就做一次微调，而不是在跑完1.6公里后才发现自己没有按照预定的配速跑（我只在马路上做标记，从不在跑道或自行车道上做）。

个人经验

- **你是否跑过这么长的距离？**在赛前跑过比赛的距离会带来很大的生理和心理优势，你会知道自己的身体可以完成这项赛事。比赛日可不是突破极限的最佳时机。
- **离比赛还有几个星期？**要留出足够的时间来预热、训练、减量，从而在比赛日达到最佳的状态。在赛前两个月时，将特定的比赛训练加入常规训练之中。
- **在比赛周要清空其他所有计划。**在临近比赛的日子是否还有其他的身体训练计划？如果这个比赛对你很重要的话，就取消这些计划。我曾遇到有些人在比赛的前一天因除草而毁了一场比赛。在赛前要休息两天，如果你需要旅行到比赛地点，那就早点儿去，做好各种准备，然后静静地等着。

重要的训练提示

下面是一些在特定的比赛训练中的有益提示：

- **补水。**要在跑步时练习喝水，在训练前和训练中喝一些电解质功能饮料以补充随着你的汗水流失的矿物质。在训练和比赛中每15～20分钟应该喝56.5～113克的水。跑前和跑中要做好补水，至少在跑前2小时要喝340～567克的水。

  如果你有计时手表（我强烈建议你使用它），设定每10分钟喝一小口水或饮料的提醒。随身携带一小瓶电解质饮料是很有帮助的，这也是决定你的小腿是否抽筋的重要因素。

  我在跑马拉松或更长的距离时会在腰包里带一瓶水，为什么要这样做呢？大多数的马拉松比赛都是每隔约3.2公里设置一个补给站。你几乎看不到每1.6公里就设置补给站的马拉松赛事，这意味着如果我是一个每1.6公里跑10分钟的跑者，最好的情况也得是每20分钟喝一次水，在4～6个小时才能完成的马拉松比赛中我就有可能要面临逐渐脱水的危险了。如果带了水壶，我就可以每10分钟喝一次水来避免口渴和脱水，也不必依补给站的设置来调整我的摄水量。如果你过了太长时间才能喝到水（20分钟或更长），当你到达补给站时就有可能喝得太多，然后就要带着一个膨胀的胃跑步了——这将使你面临低钠血症的风险，这种情况非常危险，你的身体因出汗而丢失了盐分，却又无法快速地补充电解质来保持体内良好的盐分平衡。如果因为摄入了过多的水分而又没有足够的电解质而导致血液中的含盐量过低了，那么你的大脑就要出问题了，这种情况甚至可能导致死亡。防止低钠血症的最好方法就是，定期地补充一点水和电解质。

- **补充电解质**。不论你是在为什么距离的比赛而训练，我都强烈建议你采用一些补充电解质的方法来补充因出汗而造成的盐分流失。如果体内的盐分过低，就无法输送燃烧肌肉所需要的微小电脉冲。两种最需要补充的电解质是钠和钾——钠存在于大部分体液中（在血液、汗水和眼泪中比较集中，这是排汗时流失的主要盐分）。钾可以穿过细胞膜为肌肉细胞提供电解质。因此，这两者缺一不可。在采购电解质补充产品时，不论是粉末、饮料还是胶囊，一定要看清，必须包含钠、钾这两种元素，产品成分列表会显示钠与钾的比例在 3:1 至 5:1 之间。

电解质胶囊。就个人而言，我最喜欢用电解质胶囊，它们好用、不占地方，而且能有效地防止抽筋。在比赛中，我将胶囊用胶带贴在号码布上，每 1 小时吃 1 粒，如果天气炎热就每 45 分钟吃 1 粒。用这种方法，我在多年的比赛中腿部从未抽过筋。

电解质粉。如果你更喜欢自己冲制电解质补充饮品，就会喜欢这种东西（特别对于那些超马跑者而言）。在跑步用品商店买两支极限设计（Ultimate Designs）公司生产的凝胶瓶——这是一种带易拉盖的小塑料瓶，可以装 85～113 克的液体。如果你平时在容量约 567 克的瓶中放一勺电解质粉，你便可以装 4 瓶粉末与温水混合成的电解质浓缩液（我用筷子混合）。将这些小瓶放在水壶腰带中，在比赛中，当你准备补充电解质饮料时就跑到下一个补给站，打开水瓶盖让志愿者向里面倒水，当水瓶快要灌满时，取出装有浓缩液的小瓶，将浓缩液喷进水瓶，这几乎不会花费多少时间，而且不会把手指弄得黏糊糊的。

电解质饮料。由于不使用电解质饮料，我无法进行推荐。但我要提醒你的是，很少有电解质饮料能够充分地补足在比赛或热天中消耗的电解质。

因此，我在马拉松或更长距离的比赛中不会单纯依靠电解质饮料。

- **在非常炎热的天气中跑步或比赛**。如果你是在一个非常炎热的天气中比赛，应该查询一下在补给站是否有冰块。戴一顶有帽檐的帽子，如果有冰块的话便放在帽子里，你可能需要把帽檐拉紧一点以防冰块掉出来。冰块慢慢融化可以使你的头部保持清凉，同时使大脑保持清醒（大脑的温度上升一点儿都会引起中暑）。如果没有任何冰块，你可以把香蕉弄湿贴在脑袋上。
- **疲劳**。当你感到疲劳的时候可以做很多事情，因为感觉累了并不一定说明你已达到了身体的极限，有可能是你做了一些不必要的事情使自己变得更累。

  我记得在西部 100 英里耐力比赛[①]中，跑到 128 公里处时我感到体内一点儿能量都没有了，我不知道在剩下的 32 公里中如何达到自己的目标——我的目标是在 24 小时以内完赛。我在一个补给站停下，然后带上了我的领跑员（在一些超马赛事中允许在半程后有人为你伴跑），她跟我学习了两年，像了解自己的手一样熟悉所有太极跑的跑姿动作。她一路上不断地提醒我使用太极跑的动作，直至到达终点。自开始使用太极跑动作，我就立马重新恢复了精神与肉体的力量，而结果是，这最后的 32 公里是我全程比赛中最快的 32 公里！这种能量是哪儿来的呢？正如我前面说过的那样，如果你能够创造合适的条件，“气”就会流动起来。只要我有力量保持良好的姿态，我就有跑步的能量！如果不执行这些动作，我就不得不停下来走路并因此而浪费宝贵的时间。领跑员的工作就是提醒我使用这些动作，只要使用太极跑的动作我就能坚持跑步。由于她不断地提醒，我得以用比 24 小时的目标快 7 分钟的速度完成了比赛。

  在感到疲劳的时候，你的姿态就逐渐开始崩溃了，这会使你花费更多的力气。当我想到自己是多么累时就会感到更累，但是，当我的身体能够重新对直和放松时，我惊奇地发现自己感觉好多了。在你感到疲劳时请记住以下动作：

  a. 减小步幅。

  b. 纠正姿态，一定要确保你的脚是在上身的后方着地而不是前方。

---

① 西部 100 英里耐力比赛：距离为 160 公里的美国知名越野跑赛事，在加利福尼亚州举行。

c. 再次前倾，但不要从腰部弯曲。

d. 降低一些配速，直到你又恢复了一些力量。

e. 更多地使用腹式呼吸，加快呼吸频率，有些人会因呼吸过缓而产生疲劳。

f. 不要专注于你的疲劳，那样只会使你更疲劳，抬头看一看，感受一下你周边的世界。

g. 放松肩膀，每 3.2 公里让手臂在体侧抖落 30 秒钟。

h. 别拖着脚跑，提起脚跟以画圆的动作跑步。

- **比赛饮食。**

  赛前饮食。在赛前 6 天，开始调整赛前饮食。距比赛 4～6 天时早饭和晚餐吃些蛋白质（大豆制品、肉类、鱼类、豆类等），距比赛 1～3 天时只吃碳水化合物（不吃蛋白质），如全麦意大利面（配无肉的调味酱）、全谷物以及蔬菜。

  比赛日饮食。吃一些易消化、能提供血糖的食品。吃的量要少一点儿，比如吃一些香蕉、吐司、蜂蜜、大枣或葡萄干，不要吃任何之前没有吃过的东西，也不要在冲过终点线时胃里面还有没有消化完的食物。

  赛后饮食。吃一些富含蛋白质的食品（肉类、鱼类等）可以帮助你重建肌肉组织。赛后马上吃一些绿叶类的沙拉以及蔬菜来补充矿物质也十分重要。吃一些碳水化合物也不错，但是要等 30 分钟～2 小时后再吃（依你消化系统的情况而定），这样可以让你的血糖恢复到正常水平。在进食前记得让身体冷却下来。

- **开始时的配速。**距比赛日还有 1 个月的时候，估计一下你比赛时可能达到的平均配速，然后在这 4 个星期中至少每周练习两次开始起跑时的配速。千万别太快！大多数人都因起跑太快而在 1.6～3.2 公里后崩溃。在起跑阶段要以一种舒适的中等配速来跑。保持放松，这样你会跑得更好。

  到外面在路上画一个 1.6 公里的标志来模仿比赛时的第一个 1.6 公里，以比平均配速慢 30 秒钟的速度练习跑这个 1.6 公里，这就是你的起跑配速。注意一下你的身体感觉并在比赛中记住这种感觉。

- **赛前减量**。赛前两周开始减量，不要再积累公里数或做速度练习。不要慢跑，只以比赛配速跑一些短距离，这是保持双腿有力而又能够充分休息的最好方法。
- **练习跑坡**。如果在比赛中有坡路，你就要做一些短的跑坡间歇练习，应该是1～2 分钟的上坡跑，然后是 1 分钟～1 分 30 秒钟的下坡跑。在跑坡前一定要进行热身，至少在平地上跑 3.2 公里，这样可以防止肌肉拉伤。
- **与一个朋友一起练习**。找一个练习的伙伴相互激励着完成你的个人计划，你们也可以互相帮忙来纠正对方的跑步姿态。
- **耐力训练**。如果你在为 5 公里或 10 公里的比赛而训练，那么每周至少要练习一次耐力跑，马拉松跑者应该即兴练习一下 42 公里。阿瑟·利迪亚德(Arthur Lydiard) 是一位训练耐力跑者的传奇人物，他常常让运动员在练习中跑超过比赛的距离。练习耐力是在比赛中取得好成绩的最佳保障，如果你要在训练计划中练习速度，一定要先建立一个强大的有氧基础。
- **在柏油路上跑步**。当你在外面跑步时，想象自己是在薄冰上跑，这样可以使你训练自己以一种轻柔着地的方式跑步。如果比赛是在人行道上进行，就要将多数的训练放在人行道上。
- **跑鞋**。如果你准备在比赛时穿一双新鞋，至少要在赛前 3 周购买并穿上磨合，不要在比赛周才购买！大多数的鞋子刚从鞋盒里拿出来时都偏硬，如果没有提前穿过很可能会把你的脚磨出水泡。

比赛日的提示

以下提示可以令你的比赛成为一场成功而难忘的赛事。

- **提早到达**。赛前要提早从居住地出发，留出足够的时间泊车，步行到比赛地点，慢跑热身。
- **带上计时提示表**。将倒计时提示时间设定为 10 分钟，每 10 分钟喝一次水，检查一下自己的跑步动作，特别是跑姿和前倾。
- **热身**。比赛前要热身 20 分钟，至少跑 0.8～1.6 公里，视你的感觉而定。以一种非常慢的配速来跑，记住，你只是在让自己的肌肉暖和起来，使血液循环有所加速。有时在热身后做些轻度拉伸可以减轻自己的焦虑。做一些身体放松练习，精力集中地做这些动作可以使大脑保持对比赛的专注。再检查一遍鞋带是否系紧、感觉是否舒适（将拉环塞入拉紧的鞋带中）。在慢跑和拉伸后做一些轻度的加速跑。

- **站到起跑线前**。计算好时间，要刚好在发令枪响之前到达起跑点，你肯定不希望过早站在那里使腿部变得僵硬。如果你到得太早或比赛发枪晚了，那就要一直活动双腿——踢踢腿，原地踏步，在附近走走或拉一拉步幅。
- **轻松起跑**。发令枪响后不要跑得太快，第一个 800 米要轻松地跑，如果你要跑 1 小时或更长的时间是不必在意一开始损失的那一两分钟的——虽然这能决定你是仅仅完成了比赛距离（或没有完成）还是完成了一次出色的比赛。
- **检查你的配速**。在第一个 1.6 公里中检查自己的配速，如果比你计划的配速快了，就要进行调整使之慢下来。放松，用一种更合理的配速来跑。不要对自己说："这个配速的感觉不是很差，我想我能一直坚持下去。"你会为此付出代价的！在下一个 1.6 公里的路标处检查一下时间，看自己是否真的已做出了调整。
- **检查自己的分段时间**。在赛前，对自己将要用多长时间到达某个距离有所预估，如果稍稍落后了一点儿也不要责怪自己。
- **检查跑姿**。在起跑前，将倒数计时器提醒时间设定为 10 分钟，一定要在越过起跑线时开始计时。每当提示音响起时就喝一点儿水并且检查自己的跑步姿态。
- **在补给站用纸杯饮水的方法**。你有没有过这样的经历，在补给站喝水时纸杯还没到嘴边，水已经洒出去了一半？试试这个方法，拿起纸杯后，用拇指和食指将杯口捏皱，仅留下一个小的出水口，用手捏紧纸杯从小口处喝水。
- **提前做出调整**。要在口渴之前饮水，在抽筋之前补充电解质，在对你的跑动产生影响之前调整跑步姿态。
- **为自己增加激励因素**。抬起头来，跟别人说说话，与周边环境进行一些互动，在前面找个目标追上他，更多地摆臂，检查自己的动作，更多地微笑。
- **展示你的风度**。对每一个赛事志愿者表示感谢，与每一位经过的跑者相互加油。

- **赛后恢复**。调整放松，拉伸，做腿部倒立，补充水分，到家后赶快洗个热水澡。

  当你坐在浴缸里时，想一想刚才做得怎么样？今天的感觉如何？你做到了自己想做的吗？有没有感到喜出望外？做一个赛后回顾，你总会从比赛中获得有意义的经验。如果有什么需要改进的，就要总结教训，在今后的训练中加以重视。

  然后按摩一下你的双腿，喝更多的水，吃一顿富含蛋白质的饭，你值得拥有一顿丰盛的大餐。

  赛后的第二天，用骑自行车或走路的方式来放松自己的双腿。

比赛的成功与否与你在各个方面所做的计划和准备有很大的关系。这些提示中，有些是为了提高你的身体优势，有些是为了提高心理优势。做好准备可以使你在比赛中发挥出最佳水平并取得优秀的成绩。

铁人三项

连一些擅长跑步、训练有素的铁人三项跑者都害怕跑步时腿部的不适感。你从自行车上下来，腿像灌了铅（这很像我经常梦到的一个在齐膝深的泥塘里跑步的场景）。你要依靠双腿来完成跑步环节，可是当你从自行车转到跑步时，你的双腿已经没有余力了，这会导致你产生不安情绪。针对这个问题，我们有一些对你来说可能会有所帮助的建议。

将注意力集中到需要做的正确的事情上面（对直、深呼吸、平衡、技术以及比赛策略），其他的一切只需做到身心放松。

- **提早进入跑步状态**。用骑自行车为跑步时的腿部使用做准备，当你还剩400米就要到达终点时，将蹬车动作改为只向上提脚踏板的动作，这样做可以燃烧髋屈肌和斜肌。当你下车时，你的腿已经适应了提脚踝和抬脚的动作，因而就不需要从蹬自行车的动作强行转换到跑步动作。
- **双腿的过渡**。当你从自行车上下来时，可以抖抖腿放松一下，甚至可以在开始跑步之前先走一会儿。

- **充分利用重力**。身体前倾，让重力将你向前拉，这就是你的推动力！在迈步时，让双腿尽可能地放松。跑步时只需抬脚，而不是靠腿来推动身体前进。
- **循序渐进**。开始时，以轻松的小步幅跑步，保持第 1 挡位和第 2 挡位的速度，直到你的腿可以正常跑步为止。
- **全脚掌着地**。每一步都要用全脚掌着地。
- **用身体扫描的方式进行身体感知**。在跑动中逐渐放松全身。

  a. **颈部**：在下车后，扭转一下脖子，在跑步的开始阶段向四周看一看。

  b. **肩膀**：将肘部放低，向后摆动。

  c. **手臂**：时不时地在体侧甩甩胳膊，放松 30 秒钟，也可以摆动得更大点儿来帮助腿部休息。

  d. **股四头肌**：保持膝盖下沉，脚跟向后扬起。

  e. **腿**：把前倾作为你的推动力。

  f. **脚踝**：迈步时，要放松踝关节使小腿不至于过分用力。

当你真的能够放松以上所有部位时，就会觉得能量开始回来了。在游泳和骑车时也可以学习放松以上这些部位。如果你对使用太极原理进行游泳感兴趣，我强烈推荐你练习特里·劳克林（Terry Laughlin）开发的“全浸式游泳”。当你在运动中能够放松的时候，你就能够真正从正在做的动作中获得能量，而不是浪费掉这些能量，就像徐师傅说过的那样：“并不是比谁能赢得比赛，而是比谁能活得更长些。”

跑马拉松

跑马拉松已经成为探索个人在身体、精神和情绪方面综合能力的新方法。美国每年有超过 100 万人跑马拉松或半程马拉松，而且这个数字还在持续增长。不过，在大多数的图书和杂志中马拉松被形容为一种必须付出巨大的艰辛和痛苦才能完成的挑战。你会看到许多这样的词语：“恐怖”、“疼痛不堪”、“迎接痛苦”、“42 公里地狱跑”、“就像一场车祸”、“你的噩梦”以及“42 公里怪兽”等。

在我的跑步生涯和超马训练中，我跑了不下400次的马拉松距离。听起来，我似乎像个狂热分子，但是我做到这些并没有付出极大的艰辛，而且我知道你也可以做到这些。最初我有一些膝伤和足底筋膜炎，但它们在我纠正跑步方法后便再也没有犯过。说实话，跑马拉松不必须也不应该是如此严酷而恐怖的考验。我们的很多学员都用太极跑的方法获得了充满快乐的马拉松体验。

丹尼：

我刚刚完成了卡尔斯巴德马拉松，感觉非常棒！我今年64岁（比赛中最快的64岁选手）了，已经跑了31年。我计算了一下自己的里程数——至今已超过43 452公里了，但这才是我的第二个马拉松！

几个月前，我买了你的书和DVD，它们改变了我的生活。我开始应用太极跑技术，一开始我感觉怪怪的，后背和肩膀都有拉紧的感觉，这使我对整个方法产生了怀疑。后来，我意识到可能是因为我太过用力使得变化太大了。最终，我进行了微调，这使我十分放松地完成了犹他州11.2公里的峡谷跑，那次跑步令人难忘！

我练习了三个月的太极跑技术，感觉非常好！在马拉松比赛中，跑到16公里时（我正在跑一个长坡），一位观众冲我喊道："姿态不错！"他一定是个练太极跑的伙计。

我给自己设立了目标——享受马拉松并在赛后感觉良好。伙计，我真的做到了，而且从没想过会那么好。我一路都保持着放松和正确的跑姿，甚至最后还有冲刺！在35.2公里远的地方远眺太平洋，那真是一种神圣的心灵体验，我永远也不会忘掉那种感觉！

我完全信赖太极跑了，并且盼望着更多的马拉松、半程马拉松甚至6月份举行的半程铁人三项赛。

还有一点，我满怀热情地鼓励和支持老年跑者，我希望能永远地跑下去！64岁是一个新的46岁，我就是证明！生活是美好的。再次感谢你的工作，你的专业知识，你清晰的指导以及你的鼓励。

另外，在完成全程马拉松后，这周我还跑了七八公里，我简直无法相信能如此轻易地恢复过来。现在，我已经为下次比赛做好了百分之百的准备。

祝一切顺利。

保罗·蒂姆，哲学博士

跑马拉松是一个令人难以置信的挑战，它挑战的不是对疼痛的忍耐力，而是如何掌控你的身体和精神。当你练习太极跑并以谨慎的方法、循序渐进的原则进行马拉松训练时，你就能学会用一种真正成功的方式来跑马拉松。太极跑为你提供了一套内在的工具来迎接身心所面临的挑战，它为你提供知识和信心，使你以极好的精神状态和灵活、放松、健康的身体状态冲过终点线。疼痛、痛苦、噩梦和伤病将不再出现在马拉松的方程式中。

以下是成功的关键：首先要专注于姿态，然后训练这些姿态并在较长的距离内加深理解，缓慢而安全地积累跑量，直到你能够舒服地跑 42 公里，如果这需要一年的时间，那就给自己一年的时间。如果你能够比较好地掌握太极跑姿态并且已经跑过一个马拉松或半程马拉松，你有可能在 3～6 个月内做好准备。最重要的事情就是，不要让跑步使自己的身体受伤！你会发现马拉松并不是一个目标，而是一次训练和提高的机会，它将增加我们生活的价值和意义。

在我们的网站上有太极马拉松训练计划，也有关于半程马拉松、10 公里和 5 公里的训练计划。

最佳的状态和表现以及比赛都来自于你将所学应用于一项赛事之后，它们是非常美妙而又令人兴奋的挑战，你应该时刻让自己全身心地享受成功。这同时又是一个学习的过程，成功并不意味着获胜或者失败，而是你如何应对各种情况以及如何选择下一步的行动。

第 11 章
从食物中获得“气”

人生智慧在于对非必需品的消除。

——林语堂

太极跑在食物中的应用原则

金字塔

不要定式

健康饮食的实用步骤

跑步与减肥

简单地说，食物对于跑步而言与训练是同等重要的。这听起来似乎有些“过火”，但我还是要说，我们每个人都应该通过改善食物来提高跑步能力，如果没有足够的能量你是无法发掘出跑步的潜能的。充足和干净的食物可以让你获得更多的“气”，为带来更高水平的表现提供必要的能量。

我不清楚你的情况，但对我来说，吃饭从来就不是个简单的事情。当我还是个孩子的时候，这个问题就存在了，对于我和我的三个兄弟姐妹而言，晚餐就是一场自由竞争——不论是几个人在吃，总好像少一个人的饭，如果我想吃饱就必须和其他人争抢，否则就只能吃面包屑了。儿时的这些经历对我现在的饮食习惯还存留着影响，现在我吃起饭来还有点儿生怕不够的感觉。25 年前，当我清楚地意识到这个问题时，我开始努力克服这种现象，并取得了很大的进步，不过有时还是会出现这个问题。当我放松且专注的时候，我便可以静下来慢慢品尝美食，但当我焦躁、慌忙或特别懒惰时，我就会像从前一样迅速地将食物一扫而光，而在意识到这一点时，我已经吃撑了。

饮食问题促使我这些年来一直研究和练习如何从食品中获得最重要的东西，在这个过程中，我很幸运地遇到了一些非常好的老师。通过太极跑，我发现自己需要做的就是，用合理的饮食为“气”的流动创造合适的条件。这一方法使我受益多年，我也会为你提供健康的饮食指导。饮食的目标完全是为了积累“气”——不论是通过跑步还是吃新鲜的食物，只要“气”是流动的，你就会得到深层次的滋养。现在，就让我们来看看如何创造合适的条件吧。

太极跑在食物中的应用原则

关于食物有着海量的信息，其中有些甚至相互矛盾，使你很难判断哪个最适合你。而对我来说，最有效的饮食方案就建立在太极跑原则的基础上。现在，你脑子里可能会想：“好吧，让我听听这个第 10 005 号饮食方案吧。”请一定听我讲完，因为不论你是素食者还是杂食者，这些原则为饮食的各个方面都提供了健康而明智的指导。

绵里藏针

集中于一点，放弃其他。换种说法就是，首先要放弃那些对你的跑步和健康没有好处的食物和饮食习惯。如果你想让自己的饮食永远健康就必须坚持目标，还要时刻记住你为什么要这样做。

我喜欢奶酪而且可以每天都吃掉很多奶酪，但是它严重危害我的身体。当吃了太多奶酪时，我会感觉自己头脑笨拙、动作迟缓。因此，我限定自己一周只吃 4 次奶酪，这样才能让我既吃到了想吃的东西又不至于使身体不自在，正如“绵里藏针”原则所强调的，集中于一点（每周准备吃的奶酪数量），放弃其他（那些我还想吃奶酪的日子）。坚持计划就是集中于一点，不要被其他任何事物所干扰。当集中于一点时，你就是在聚集“气”，使自身变得更有力量。

循序渐进：一步一步来

如果你想吃更干净、更健康的食物就要养成一种新的饮食习惯。不要指望能够一气呵成，这并不容易，要一点点地进步，一次改变一小部分，逐步地积累起来，就像学习太极跑动作一样，每次练习一个动作就会容易得多。当这一点进步变成你身体内的一部分时，再加入另一个改变。花一些时间正确地去做，你便会在每一步中扎扎实实地强化自己的“气”。

举例来说，如果你想降低自己的摄糖量（我强烈建议你这样），不要与减少咖啡因的摄入同时进行。要把全部精力集中到减少摄糖量这件事情上，在你已经将摄糖量扎扎实实地降下来后再开始减少咖啡因的摄入。

通过在饮食方面循序渐进地进步使“气”得到增强会让你有信心继续进行下一个改善。请放心，这些积累会显示出效果来的。

平衡

为了在体内保持强壮的“气”，需要让营养素保持平衡。我的营养素平均摄入量约为 60%～70% 的碳水化合物，15%～20% 的蛋白质和 20%～25% 的脂肪。你需要判断哪个适合你，以一种最健康的方式使这 3 种营养素平衡地为你供给能量。如果你的营养是不平衡的，能量的供给就会产生波动从而无法保持稳定良好的供应，这也会引起情绪的波动和能量的峰谷变化，并在一定程度上使你的生活产生不确定性。

高品质的食物＝高品质的能量。在营养平衡的状态下摄入最高质量的碳水化合物、蛋白质和脂肪同样是非常重要的。如果你吃的是高品质的食物，你的身体会以两种方式达到平衡：首先，这 3 种营养素的比例将是平衡的，其次，运动所需的能量供给也是平衡的。

有很多食品会使身体处于不平衡的状态，如过甜、过多的蛋白质以及油炸食品等。我们的社会好像是由糖和甜品驱动的，到处都是糖，特别是在那些加工的食品中，你很容易就会摄入过多可以快速燃烧的糖，令血糖超标并最终威胁自己的生命。另外，似乎所有美国人每天都至少要吃一顿肉餐，这会使得动物蛋白超过身体的需要。我们的饮食文化非常迷恋饱和脂肪酸，这些饱和脂肪酸主要来自于油炸食品、加工过的烹饪油、黄油及动物的肉制品。这些食品吃一点是有好处的，但大多数人摄取的量都超过了身体的实际需求。

对于那些想控制体重的人来说，摄入卡路里与燃烧卡路里之间的平衡点是十分重要的。如果你想减肥，那么燃烧卡路里的量必须大于摄入的量，如果想增重，则需要反其道而行之——这是一个简单的公式，也是热力学的经典例子。

金字塔

我们推荐的这个金字塔（见图 11-1）可以使你建立一个坚实的食物基础，可以以最少的能量付出输送最大量的“气”。越靠近金字塔的塔尖，你越会发现虽然我们仍然需要那些食物，但是需要摄入的量要相对少一些，而且还要明白它们比金字塔下面的食物要差，你需要按金字塔的比例来摄入这些食物。

这个金字塔不是美国农业部发布的，而是根据我20多年的成功经验总结出来的。这只是个适合大多数人的指导图，如果你是个素食者或长跑运动员，那么可以根据需要调整自己的金字塔。

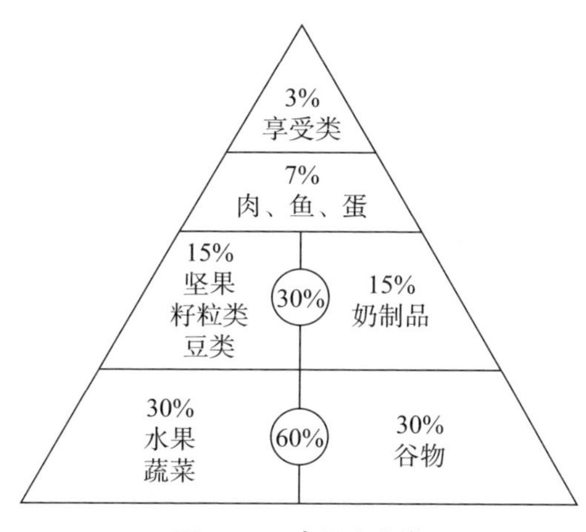

图11-1 食品金字塔

- **第1层。**为使你拥有健康卫生的能量供应，食品的基础（金字塔的基座）应该由谷物、水果和蔬菜构成，这不仅是因为水果和蔬菜是干净的碳水化合物燃料来源，也因为它们会为你的身体提供最重要的自由基清除剂——抗氧化剂（细胞组织中的自由基是由运动产生的，它会带来癌症、免疫系统衰退以及过早老化等多种危害）。在我们的饮食文化中，全谷物从未得到应有的评价和食用，它们是缓慢燃烧的复合碳水化合物，可以提供稳定长期的能量，而当全谷物被加工提炼后就变成了快速燃烧的简单碳水化合物和低能燃料。我最喜欢的全谷物食品包括糙米、荞麦粉、燕麦粥、燕麦片、小麦片以及全麦面包。我的60%的食物来自于金字塔的第1层，其中水果、蔬菜占30%，全谷物占30%。

- **第 2 层**。这一层包含我 30% 的食物，其中 15% 来自于坚果、籽粒类和豆类（大豆制品、果仁奶油、干豆和扁豆），15% 来自于奶制品（奶酪、酸乳和牛奶）。如果你不吃奶制品，便需要用植物制品来补充脂肪和蛋白质摄入的不足。但如果你吃奶制品，则要把摄入量控制在全部食物的 15% 以内。你需要第 2 层的食物来维持足够的“气”，但比例仅为第 1 层的 50%。
- **第 3 层**。第 3 层包含肉、鱼和蛋，对这些食品我通常是有节制地摄入。它们的量仅占我全部食品的 7%。我每周吃 1 次鱼、肉和豆腐，吃 1～2 次鸡蛋。过量食用动物蛋白会使身体处理蛋白的工作量增加从而消耗我们的“气”。如果你吃肉，应该尽量吃那些高品质的、有机的肉类。如果你是素食者，就需要从植物中摄取蛋白质，如豆类、油中的脂肪、坚果和果仁奶油等。
- **第 4 层**。这 3% 的食品不是为了补充必要的营养而是另有他用。我每 1 周或 2 周吃一次美味的甜点，但是当我可能要被引诱着吃太多甜品时，我会提醒自己——“气”比甜品更令人陶醉。毋庸置疑，摄入过多的糖会使免疫系统低下，并使原本稳定的食品金字塔失去平衡。咖啡因也属于这个层次，虽然咖啡因可以提神或提升状态，但它也是加速水分流失的利尿剂，因此，如果你在跑步中摄入咖啡因就要多带些水。

以下食品对你而言没有营养价值也不是金字塔中的一部分：糖果、加工后的调味品、经过加工的食品、防腐剂、添加剂、精白面（包括百吉饼和大多数意大利面）、提炼的糖及碳酸饮料。这些产品会降低你的能量，尽可能或根本不要摄入这些食品。

金字塔可以提示我们力量是从哪里来的，也显示了特定食品的重要性。请注意，这个金字塔是为运动型的生活方式而非静止型的生活方式而设计的。

不要定式：让自己摆脱条条框框

让自己摆脱条条框框是真正保持良好饮食的关键。我们一直恪守的饮食理念并非基于身体的需要，每当你迷恋于某种关于体重或饮食的理念时，你都是掉在了一个定式之中，也就是说，你是在以你的自负而不是身体感知来做决定的。比如：“我对巧克力上瘾了。”“要是不喝咖啡，我的一天就无法开始。”“我每天必须得吃点儿肉，否则就没劲儿了。”“我午饭得吃面包，否则就会一直觉得饿。”不要定式的意思是，为了用最好的食物来补充实际的运动付出，你就要从实际出发来摄入食物而不是按主观想法来摄入。

不要定式意味着你要做的一定是对身体最有利的事情。想象一下这样的饮食是多么好吧——做出健康有力的决定然后看着它们得到实施。

了解身体真正需求的首要方法就是身体感知，良好的饮食需要时间的检验。饭后那一刻你的身体感觉如何？饭后 6 小时之后感觉如何？第二天呢？问问自己这些问题，并仔细倾听身体的反应，它会告诉你你做的是否正确。

健康饮食的实用步骤

我从对健康生活方式的研究中学到的最有意义的一件事情就是，了解到饮食在我们的生活中是何等重要。我尝试将生活看作一个整体，饮食便和其他活动一样是构成我生活的一个组成部分。我不仅要关注吃什么，而且要关注何时吃和如何吃。

吃什么

如果你想要跑出高质量就要吃得高质量。没有好的饮食作为身体的支撑，就好像你买了一辆法拉利跑车却加了一箱低辛烷值的汽油。如果你用的是最好的汽油，你的车一定会跑得更出色，道理就是这样简单！

当你坐下吃饭的时候，想一想食物是从哪里来的，你是否觉得其中蕴含着许多生命和能量。毫无疑问，杂货店里最漂亮的区域就是农产品区，因为这些食品中蕴含着更多的生命。其中有机食物（包括肉类与奶制品在内）比那些依靠化肥和杀虫剂生长起来的食品而言更加干净也更加天然。我并不准备为你提供一个特定的菜谱，但是我确实希望你考虑一下打算往嘴里放些什么以及为什么。

高品质食品

- 有机食品。
- 新鲜食品。
- 新鲜烹制的食品。
- 天然食品。

低品质食品

- 大部分的罐装食品。
- 烹饪过度的食品。
- 经过加工和提炼的食品。
- 油炸食品。
- 微波食品。
- 含有添加剂、防腐剂、色素的食品。
- 烟熏食品。
- 调味品（市场上经过加工的调味品）。
- 大多数饭馆的食品，特别是快餐店里的食品。

一位非常了不起的老师为我制定了饮食方案，对此我始终心怀感激，他让我得以透过这扇窗一窥良好饮食所带来的力量。下面就是我的饮食方案概况。

我每天吃两顿主餐和一顿丰盛的早餐。每周吃 3 次全谷物大餐——用大碗盛满热的全麦谷物并掺有坚果、籽粒和干果。每周吃 1 次以鸡蛋为主的正餐，2 次一大碗的谷物和蔬菜配坚果，有时配些奶酪。每周吃 1 次酸乳配大量的坚果、籽粒、葡萄干和水果。每天中午我会随便吃一点午餐，包括干果配坚果、新鲜蔬菜配奶酪或茶和饼干。

我每周的晚餐大致是这样的：1 个月吃 1 次肉，1 周吃 1 次鱼，1 周吃 1 次丰盛的沙拉，1 周吃 1 次豆类和米饭。其他的晚餐我会吃谷物和蔬菜，有时配坚果、籽粒、奶酪或豆腐。

我经常选取最新鲜的有机食品，它们绝对值得你多花一些钱。这些饮食简单、美味，非常令人满意！

何时吃

如果能够有规律地补充能量，那你的身体就能更好地工作。每天要在相同的时间进食，这可以使得消化的周期始终保持一致，从而胃的工作效率也就更高了。在两顿饭之间吃东西会使胃在消化上一顿所吃的食物时再消化更多的食物，这是双重的工作，胃的负担就会更重。我的早餐和晚餐大约相距 12 个小时，这大概就是胃完全消化掉一顿饭所需要的时间。中午我只是随便吃一点，如果上午或下午需要增加能量的话就喝一杯蜂蜜茶（提炼的糖会使我的血糖突增）。

时间选择最重要

人人皆知，不仅食品的质量很重要，时间的选择也非常重要。训练的安排不同，身体所需的营养也不同。如果你刚做完力量练习，那么随后的两顿饭中应该有一顿是富含高蛋白质的，这样才能重建你的肌肉。丰盛的沙拉有助于补充体内重要的矿物质。提前设计好饮食可以很好地配合训练的内容。

饮食的基本理论是在大运动量训练之前摄入碳水化合物，在训练之后摄入蛋白质。如果你要在早晨跑步，那就在前一天晚上补充能量，这样，你就可以在一大早起床穿上衣服就出去跑步了。如果第二天是大运动量训练，而前一晚吃得过多便有可能无法完全消化，这样，你出去跑步的时候将会很大程度地降低自己的速度。强烈的、快速燃烧的能量可以使训练变得更加出色。

在跑步之前吃东西，一定要提前 3 小时。如果你在跑前一定要吃点儿什么的话，一根香蕉就可以帮助你维持血糖的平衡，也可以很好地为身体提供钾。

如何吃

要想从食品中获得最多的“气”，有些事情还是需要注意的。进食的环境对于从食物中获得的“气”的质量就十分重要，在吃饭的时候你应该静下心来，好好地摄取营养，补充能量。高质量进食的关键就是平静。

精心准备是高质量进食的最好方法。首先，让自己的进食环境清洁而安静，点上一支蜡烛或摆放上一些鲜花，收拾好所有杂乱的东西，将一切都预备好。这样，你就不必在开始进食后再次站起来了。

用一点点时间想一想你在做什么——你正在摄取营养。就如同跑步一样，要慢慢地开始，开始进食时的速度决定了整顿饭的速度。如果开始时的速度太快，整个进食的过程就会很快，你会觉得很撑，但却不觉得已经营养充足。如果你没有好好地咀嚼食物，胃就必须要加倍努力地工作来消化那些未被嚼烂的东西，在站起来的时候，你会更像个大蟾蜍而不是个营养充足、精力充沛的家伙。要慢慢地小口进食（我是不是像你的妈妈一样絮叨？），坐直，记住，每次张口开吃时都要进行呼吸。

吃好才是真正地尊重我们的身体，食物是我们获得健康的身体与高质量生活的保障。

跑步与减肥

没错，你可以通过跑步来减肥，但这是有条件的。体重产生变化是摄取与消耗卡路里的结果，控制体重的最好方式是聪明地将食物摄入与跑步结合在一起。如果你想增加体重，那就要使卡路里的摄入大于消耗，如果想减轻体重，就要反其道而行之——这就是法则，没有其他的途径！

不要单靠跑步来维持健康的体重，这样做带来的问题就是，当你不能跑步时（因为受伤、旅行等），你就没有办法来维持体重了。我的建议是，如果你想控制体重，先学着控制饮食，然后用跑步来控制住你的状态。

通过跑步控制体重的方法之一就是，用长距离跑来燃烧脂肪热量。用短距离快跑（燃烧糖原）来减肥是错误的。当你以一种舒适的有氧配速跑30分钟以上时，你的身体就会较少地燃烧糖原而更多地燃烧脂肪。这就意味着，只要不增加饭量，你就是在直接减少体内的脂肪量。

正如谷物和蔬菜是健康食品的基础一样，良好的食物是成功的跑步训练与充满活力的生命的基础。食物的重要性再怎样强调都不过分，最重要的就是，只吃那些可以深度滋养你的食物。吃是真正重要的事情！

推荐阅读

以下这些图书是我认为关于食物、营养和自然健康最好也是最全面的书籍：

Dyamic Nutrition for Maximum Performance. Daniel Gastelu, Dr.Fred Hatfield, Avery Publishing Group, 1997.

The Encyclopedia of Natural Medicine (2nd ed.). Michael Murray, Joseph Pizzorno, N.D., Prima Publishing, 1998.

Smart Medicine for Healthier Living. Janet Zand, L.Ac., O.M.D., Allan N. Spreen, M.D., C.N.C., James B. La Valle, R.Ph., N.D., Avery Publishing Group,1999.

Between Heaven and Earth: A Guide to Chinese Medicine. Harriet Beinfield, L.Ac., Efrem Korngold, L.Ac., O.M.D., Ballantine Books, 1991.

Feeding the Whole family. Cynthia Lair, Moon Smile Press, 1997.

第 12 章
像生活一样跑步，像跑步一样生活

在你的心灵中如果有一种生命的力量，那就寻找那个力量。
在你的身体中如果有一块宝石，那就寻找那块宝石。
啊，旅行者，如果你正在寻找，
不要四处张望，就在你的内心深处寻找吧。

——鲁米

太极生活指导
开启一扇崭新的大门

当刚完成周日的跑步时，我感觉自己好似重生了。这一周我比平时要忙碌，我需要到山里跑一跑。由于在昨晚之前一直忙于写作，当我来到小道的起点时感觉有点儿绵软无力，我期待着跑步，因为我知道当跑完时我的感觉要好得多。实际上，不到两小时我就完全恢复了精力，而在过去，这可能要花上几天甚至几周的时间。我必须感谢自己的一些个人习惯：始终坚持的跑步训练，高质量的饮食，冥想训练，充足的休息以及绝不放弃以上任何一点的坚定意志。

在我住的地方，邻居们的关系十分融洽，下雨时，隔壁的邻居可能会敲门告诉你你的车窗没有完全关闭。玛吉（Marge）就住在街对面，我们视她为长者，因为她对街区内所有的家庭都特别关心。我最欣赏的是她的生活态度，当我看到她在花园里给植物浇水时通常会问她感觉如何，而她总会满面笑容地回答道："从早晨醒来到现在我有很多要感谢的事物，当你到了像我这样的年龄时，你就会觉得这些事物都很重要！"我太赞同她的观点了！玛吉是我的榜样，她从不杞人忧天，且珍视着每一天的精彩。她精力旺盛、思维敏捷，多年坚持良好的饮食，锻炼身体，关心他人，始终持有珍惜每一天的人生态度。

我们的文化缺乏对内心世界的关注，致使我们将注意力过分地集中在外部环境而不是内心的感受上。我并不是在这里建议我们要变得封闭或以自我为中心，而是说如果我们能够首先了解自己的感受，以真实的自我来行事，而不只在乎是否能得到别人的认可，也许我们能够更好地服务于社会。

如何能够达到集中于一点的境界呢？在第 2 章所有的原则中最重要的原则就是"绵里藏针"。每当你跑步时都要进行这方面的训练，它可以使你的跑步和生活更加专注。"绵里藏针"原则贯穿于太极跑的所有主题之中——计划，保持放松，呼吸，心理的平衡，循序渐进，在挑战和挫折面前跳出条条框框，为运动建立一个不可动摇的牢固基础等。坚持不懈地将这些主题应用于你的太极跑训练中，你就会看到它们是如何在你的生活中发挥作用的。

我的一名学员告诉我，每当她感觉失落时就会问自己："如果这是跑步，我应该怎样解决？我应该做出什么样的调整？"她说依靠自己的身体所给予的知识，她从来没有解决不了的问题。下面是她最近的来信：

丹尼：

我感到太极跑的真正益处在于，它不仅能够使人没有疼痛地跑步，而且能够应用于我生活的所有方面。现在，我都是在尽量用那些太极跑的"动作"来让我的生活变得更简单、更自由，让自己远离压力和其他类型的痛苦（比如情绪上的与精神上的等）。我发现那些能够使人不费力气跑步的原则也可以使人在面对这疯狂嘈杂的世界时变得更加安静与平和。如果我能够在感到劳累或受打击时放松自己，如果我能够在感到压力或焦虑时集中精力，那么我便是能够真正应用太极跑原则了。单纯从物理的角度来说，太极跑可以使人跑得更快、更远，也的确使我成为了一个更好、更轻松的跑者。不过，我觉得太极跑的意义远不止这些，通过学习身体感知以及高效地使用肌肉来享受跑步，我学会了在任何情况下都从身心两方面感知自己，并且在生命的旅途中不浪费自己的能量。我懂得了将这些理念整合在一起才能够使自己真正地体会到平和与快乐。

阿加·古德塞尔

对我来说，太极跑的训练使我的身体产生了清晰而强烈的联系感——我称之为"内心的自由"：这种自由使我不惧面临的挑战，这种自由使我跟随自己的直觉而不是猜测进行选择，这种自由使我从实际出发来指引自己的未来而不是制定条条框框。

这种自由的感觉能给人的生命带来创造力。我的妻子常对我说她不是个有创造力的人，她认为自己与身边的那些艺术家和有创造力的人不在同一个语境。恰恰相反，在我看来，她有着很高的创造力——这不仅表现在她的生活方式上，也可以从她是怎样的一个人中一窥究竟。她是一个信仰坚定的人，在生活中坚守这些信仰并身体力行。她不被别人的目标所驱动，从不会不假思考地随波逐流。她一直保持着专注力并以太极大师教授的方法迎接挑战，同时满怀激情地以创造性的方式将这些知识传授给我们的女儿。

创造性有多种形式。我认为，只要能够通过专注于自身的训练使我们更加专注地生活，我们每一个人都可以成为有创造力的人。应用“绵里藏针”原则可以使你被自己的内心而不是其他人的意愿驱动。

太极的基础是“绵里藏针”，也就是以人的中心为核心来运动和生活。在这个日新月异的世界中，我们每个人都可以应用这一原则。事物并非总是如你所愿，但是当你能够做到专注并坚持自我时，你会变得更有创造性，能对身边发生的任何事情做出更好的反应。

徐师傅说，他在训练课上与别人对练时从来就没有想过将会发生什么，一切动作都是自然发生的。他告诉了我一个他刚从中国来到美国时发生的故事：他从杂货店步行回家的途中遇到了 6 个小混混（有些人还拿着刀子），他们在街上围住他要钱，当徐师傅拒绝给他们钱时，这些小混混便开始围攻他。这可是大错特错，徐师傅唯一能记住的就是，所有的小混混都倒在了他的周围，其中一个还进了医院。他告诉我，在那一刻他的身体掌控了一切并对所有的情况做出了本能性的反应。没有思考，一切都是纯粹的自发性、创造性的动作。我在一次高速跑下山坡的过程中也体会到过这种自发性、创造性的感觉——当岩石和树木飞快地向我的身后疾驰时，我的内心进入了一种静止的状态，我静静地看着自己的身体跑步，享受着奔跑带来的欢愉。这时，跑步会给你带来跳舞般的感觉，而不会再有危险感。

太极生活指导

从进行商业项目到经营杂货店都可以应用第 3 章所讲到的太极跑技能，每天都要坚持练习这些技能。将太极跑的知识融入生活的其他方面的最佳途径就是，每天从第 3 章提到的“身体扫描”开始，尽可能地坚持做，每天早晨把它作为了解身体的第一件事。请相信我，这样做的好处比喝一杯咖啡要强得多，它使你一大早醒来就能够了解自己的身体。随后，当坐在汽车里或办公桌前时再进入身体感知之中，再做一遍身体扫描，如果你感到自己哪里僵硬或不舒服就放松那个区域，然后继续扫描。一天做上几次这样的扫描，随时调整和纠正自己。如果你的姿态不够挺拔或呼吸不够顺畅就要做出调整，如果发现哪里紧张就放松它。如果你想使自己的身体中心更加强大，就在一整天中将意念集中于你的脊柱。

在工作的一天中保持冥想状态，并将注意力始终集中在脊柱上。呼吸与集中注意力于脊柱是几百年来一直使用的冥想练习。打坐冥想，将意念始终集中在脊柱上，各种位置的变化只是作为这种意念活动的补充，这种方法可以使你学会在运动中保持意念的静止。在各种动作变换的同时，脊柱和呼吸能够使你保持入定的状态。

当你跑步的时候，将身体成一条直线可以使你的注意力变得更集中，而当你不跑步的时候，这种方法同样有效。

开启一扇崭新的大门

三年前，埃迪（Eddie）开始了跑步。他生长在曼哈顿，之前唯一的一次跑步经历是为了赶上一列火车。他的兄弟需要进行肾移植，因此，埃迪为了成为一名合格的捐献者开始了跑步。谢天谢地，最终并没有需要他捐肾，但是他却没有中断跑步。随后，他搬到了加州并且跑得更多了，一年之内，他发现自己竟完成了第一个马拉松。第二年，在学习了一系列太极跑课程之后，他跑了 5 个马拉松。再之后的一年，他跑了 8 个超马，其中 3 个 50 公里，1 个 80 公里和 1 个 100 公里。如果他一直按这样的频率参赛的话，我估计明年的某个时间他就跑到夏威夷了。

埃迪故事的非凡之处在于，他是个 56 岁的人。最重要的是，他的人生态度使他能够跑如此长的距离而没有被吓倒。

他在 6 年前的第一堂太极跑课上学习了太极跑的动作，之后，这些动作就成为了他每次跑步中的法宝。现在，每当在跑步中遭遇挑战时，他都知道自己总有办法能够克服困难。当我问他在考虑要跑一个又一个更长的距离时是怎么想的时，他告诉我，他要做的就是，做好准备，坚持训练，然后享受过程。

他有一种特别强的正能量，我相信正是这种正能量使他可以自由地去做他想做的事情，而不去考虑前面会发生什么以及又能得到什么。我让他总结一下他对跑步的态度，他说："没有完成跑步的一天就是前一个跑步日的延续，如果你说这是退步，那我要说，根本就没有退步这回事！"

太极跑会给你带来自信。当以求实的眼光、周密的计划、始终如一的精神以及循序渐进的方法来处理任何事物的时候，你就可以完成一件伟大的事情。

我们要为保持与巩固自己的基础付出必要的努力，虽然有时会进步缓慢，但却总是在前进的。当你感觉自己既注意力集中又充满自信时，你的生活也会变得更加自由和充满创造力。你的物质世界会丰富多彩，而精神世界也会充满自由。你会更加享受过程而不是过分看重结果。

当你熟悉太极跑的时候，也就意味着开启了让你去体验你从未曾梦想过的事情的门窗。拾级而上，尽享每一层的风光，当你从高处向下回望的时候，之前的东西会显得那样渺小而没有意义，当在你到达顶峰的时候，你会发现自己被无限的空间和未曾探索的世界所包围。

创造性地跑步、创造性地生活意味着提高你的技能，直到没有什么事物能够吓倒你。伴随着太极跑的技能更多地融入你的日常生活，无比精彩的生活将成为一种常态！

CHI
RUNNING
附　录

本书中涉及的肌肉组织

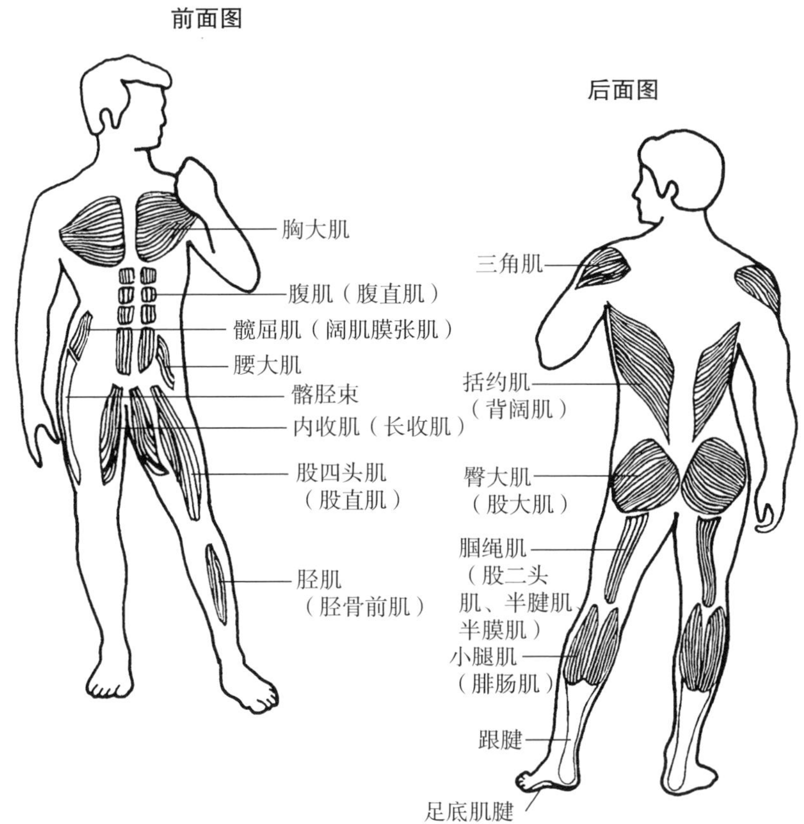

CHI
RUNNING

致　谢

凯瑟琳和我要对以下帮助我们完成这本书的人士表示衷心的感谢。他们中的有些人提供了直接的帮助，有些人则提供了间接的帮助，但他们都是不可或缺的。没有比他们更好的合作团队了！

徐师傅，我们永远感激您，是您教会我们将“气”带入我们的生活，还有您那慷慨的帮助，使我们将古老的中国智慧融入简单的跑步动作当中。对此，我们深表谢意。

感谢所有太极跑与太极走的专业辅导员，你们的投入与贡献是无价的，特别要感谢我们的两位主教练克里斯·格里芬（Chris Griffin）和凯西·格里斯特（Kathy Griest）。这本书也是所有太极跑学员们向我们传授知识的结果，感谢你们及时给予我们的反馈、建议和鼓励。感谢吉姆·邓恩（Jim Dunn），你使我们的生活丰富多彩。感谢阿加·古德塞尔，感谢那些我们一同跑过的日子，你就是本书最好的模特，因为太极跑的动作已经完全融入了你的身体。

感谢特里·劳克林，全浸式游泳和太极跑就好似孪生兄弟，而你开创了这种聪明的运动方式。那是如此令人难以置信，全浸式游泳和太极跑的本质竟是一样的。

感谢马克·库库泽拉医生将太极跑引入医疗领域，作为一个成功的跑者，你本身就是将良好的生物力学与跑步的快乐相结合的完美范例。

瑞安·米勒（Ryan Miller），你的精神领域如此纯洁，难怪你能够跑得那么快。

邦尼·索洛（Bonnie Solow），感谢你在本书写作过程中给予的指导。扎克·希斯盖尔（Zach Schisgal），你是最棒的编辑。洛丽·张（Lori Cheuny），你的摄影出类拔萃。弗兰克·韦罗斯凯（Frank Veronsky），很高兴与你合作完成封面照片的拍摄。我还要特别感谢克里斯·劳伦达（Chris Lloreda）、希达（Shida）、谢琳恩（Cherlynne），还有西蒙 & 舒斯特的伙计们，感谢你们的热心与帮助。

感谢所有的朋友和反对者、跑步同伴与竞争对手、挑战者与支持者。

美玲（Mei ling），你从天而降并成为了我们终生的跑步伙伴，你的热情无与伦比。

我们还要感谢父母和家人给予的支持与鼓励。

最后，我们要感谢我们的女儿朱妮（Journey），你是我们完成这一切的灵感所在。

CHI RUNNING

译者后记

我喜欢看书，也喜欢跑步，并且是狂热地喜欢！我的跑步总是和某一本书相联系的，2010 年一本叫作《跑步圣经》（*Running&Being*）的书让我迷上了跑步，同一年，我参加了北京马拉松赛。那只是一次小小的“试水”，却激起了我无限的遐想，从小到大惧怕长跑的我能完成一次马拉松吗？这时，哈尔·希格登（Hal Higdon）的《马拉松：终极训练指南》（*Marathon: The Ultimate Training Guide*）适时出现在了我的面前，遵循书上的 18 周训练方法，我在 2012 年以 4 小时 33 分的成绩轻松地完成了丹东全程马拉松。从此，我的马拉松生涯开始了，而伤病也随之而来了。

2012 年 5 月至 2013 年 3 月期间，我跑了 4 个马拉松，训练中的跑量积累超过 2 000 公里，髂胫束、外胫夹、脚踝内侧疼痛、足底筋膜炎等叫得上名字和叫不上名字的伤痛接踵而来。我想，这就是马拉松吧，为了战胜自我和享受冲过终点的快乐就应该付出这样的代价吧。有一天，我无意间看到了一本书，书的封面上赫然写着：*ChiRunning: A Revolutionary Approach to Effortless, Injury-Free Running*。说实在的，我对西方人通过琢磨东方人的理念和技艺搞出来的那些带有神秘色彩却又不得要领的东西总是不大感兴趣，可是“不费力、无伤害的革命性跑步法”这一口号确实让我心动。我买了一本，抱着怀疑的态度开始阅读，很快便发现了它的价值。我感觉丹尼所阐述的原理是可接受的，当然，身为太极拳故乡的中国人评判和理解太极跑的原理并不困难，书中教授的方法是具体且可执行的。更重要的是，书中所描绘的结果实在是我希冀得到的。于是，我开始按照书中介绍的方法进行练习。

跑姿的训练并非易事，因为现在的跑姿是多年的生活习惯和运动方式积累而成的，但同时我也明白，伤病正是由数以万次地重复不正确的姿态与动作造成的。通过一个月的练习，我成功地将脚跟着地转化为了全脚掌着地。随着练习的深入，我在跑步中的感觉也越来越轻松，各种伤病的症状或消失或大幅减轻。丹尼说如果这些技术中的某一项能够提高则整体表现都会大有不同，这一点我深有体会。2014 年的 1 月至 2 月期间，我集中训练了骨盆扭转和步频、步幅组合，在 2 月底的东京马拉松赛事中，通过应用这些技术我轻松地以 3 小时 53 分的成绩实现了跑进 4 小时的目标。从我的个人经验来看，每一个动作和姿态的改善都能够在跑步的训练和比赛中起到立竿见影的效果。

能够翻译《太极跑》这本书应当是跑者间的机缘巧合了。2013 年 9 月的一天，我在一个跑友的交流群中引述了两处《太极跑》的技术内容，群主郑敏问我是否愿意帮助同群中的跑友翻译跑步书籍。我对国内跑步书籍的匮乏深有体会，于是欣然应允。马上，群内跑友同时也是湛庐文化的高级副总裁张晓卿女士便同我取得了联系，跑友间的沟通是最痛快的，翻译工作马上开始了。

我真的非常感谢得到这次翻译机会，这就相当于一次精读。在翻译的过程中，我注意到了很多在之前的阅读中忽略的技术内容甚至是错误的理解。我在训练的过程中将这些错误的理解进行了修正，并取得了更好的效果。《太极跑》中有很多动作类的训练，不亲自做动作是无法准确地描述出感觉的，有时我会因翻译几组动作练习而把自己搞得满地打滚、浑身大汗，实为一乐！

《太极跑》不仅是一本讲跑步动作的书，也是一本讲述生活理念的书。

“绵里藏针”原则教人们在专注和努力的同时要保持放松，将注意力集中于一点而不必处处在意，这样，便可以降低前行的阻力。这实为一条放之四海而皆准的理论——不论是放之于运动还是放之于生活！

在翻译的过程中，我还要感谢湛庐文化的编辑张伟晶女士给予的指正，感谢好友谭杰和王志彤在文字理解上给予的帮助，感谢家人的鼓励、关心和理解——老爸像出版社一样督促我按时交稿，妻子对我一入书房便“两耳不闻家务事”表示理解，而女儿的一句“你还能翻译书哪？！”让我觉得自己得干得好点儿。另外，我还要感谢那些鼓励我的跑友们，为他们工作是我莫大的荣幸和真正的动力！

现在，我还在训练自己的太极跑技术，我追求也相信存在这种不费力、无伤害的跑步境界，也非常希望尽自己的绵薄之力帮助更多的跑友了解更广博的跑步知识。我在跑步杂志《领跑者》的创刊号上发表了一篇有关跑步姿态的文章，就是想告诉读者不要认为跑姿是天生的，是无法改进的，经过系统科学的训练，我们完全可以获得更适合自己同时也更安全、更高效的姿态和动作，而这些正是《太极跑》带给我的收获。祝愿大家跑出更健康、更精彩的人生！

跑者　吴洪涛

未来，属于终身学习者

我们正在亲历前所未有的变革——互联网改变了信息传递的方式，指数级技术快速发展并颠覆商业世界，人工智能正在侵占越来越多的人类领地。

面对这些变化，我们需要问自己：未来需要什么样的人才？

答案是，成为终身学习者。终身学习意味着具备全面的知识结构、强大的逻辑思考能力和敏锐的感知力。这是一套能够在不断变化中随时重建、更新认知体系的能力。阅读，无疑是帮助我们整合这些能力的最佳途径。

在充满不确定性的时代，答案并不总是简单地出现在书本之中。"读万卷书"不仅要亲自阅读、广泛阅读，也需要我们深入探索好书的内部世界，让知识不再局限于书本之中。

湛庐阅读App：与最聪明的人共同进化

我们现在推出全新的湛庐阅读App，它将成为您在书本之外，践行终身学习的场所。

- 不用考虑"读什么"。这里汇集了湛庐所有纸质书、电子书、有声书和各种阅读服务。
- 可以学习"怎么读"。我们提供包括课程、精读班和讲书在内的全方位阅读解决方案。
- 谁来领读？您能最先了解到作者、译者、专家等大咖的前沿洞见，他们是高质量思想的源泉。
- 与谁共读？您将加入优秀的读者和终身学习者的行列，他们对阅读和学习具有持久的热情和源源不断的动力。

在湛庐阅读App首页，编辑为您精选了经典书目和优质音视频内容，每天早、中、晚更新，满足您不间断的阅读需求。

【特别专题】【主题书单】【人物特写】等原创专栏，提供专业、深度的解读和选书参考，回应社会议题，是您了解湛庐近千位重要作者思想的独家渠道。

在每本图书的详情页，您将通过深度导读栏目【专家视点】【深度访谈】和【书评】读懂、读透一本好书。

通过这个不设限的学习平台，您在任何时间、任何地点都能获得有价值的思想，并通过阅读实现终身学习。我们邀您共建一个与最聪明的人共同进化的社区，使其成为先进思想交汇的聚集地，这正是我们的使命和价值所在。

CHEERS

湛庐阅读App
使用指南

读什么

- 纸质书
- 电子书
- 有声书

怎么读

- 课程
- 精读班
- 讲书
- 测一测
- 参考文献
- 图片资料

与谁共读

- 主题书单
- 特别专题
- 人物特写
- 日更专栏
- 编辑推荐

谁来领读

- 专家视点
- 深度访谈
- 书评
- 精彩视频

HERE COMES EVERYBODY

下载湛庐阅读App
一站获取阅读服务

著作权合同登记号　图字：11-2023-296

图书在版编目（CIP）数据

太极跑 /（美）丹尼·德雷尔，（美）凯瑟琳·德雷尔著；吴洪涛译. — 杭州：浙江科学技术出版社，2023.9
ISBN 978-7-5739-0763-9

Ⅰ. ①太…　Ⅱ. ①丹… ②凯… ③吴…　Ⅲ. ①健身跑—基本知识　Ⅳ. ①G806

中国国家版本馆 CIP 数据核字（2023）第 138501 号

书　名　太极跑
著　者　[美] 丹尼·德雷尔　[美] 凯瑟琳·德雷尔
译　者　吴洪涛

出版发行　浙江科学技术出版社
地址：杭州市体育场路347号　邮政编码：310006
办公室电话：0571-85176593
销售部电话：0571-85062597
E-mail:zkpress@zkpress.com
印　刷　唐山富达印务有限公司

开　本	710mm×965mm　1/16	印　张	18
字　数	249 000	插　页	2
版　次	2023年9月第1版	印　次	2023年9月第1次印刷
书　号	ISBN 978-7-5739-0763-9	定　价	99.90元

责任编辑　陈　岚　　责任美编　金　晖
责任校对　张　宁　　责任印务　田　文